Inhalt

Für die Nachdruckgenehmigung der Abbildungen danken wir: der Abi Melzer Productions GmbH, Dreieich (Abb. 1), der Rheingauer Verlagsgesellschaft, Eltville (Abb. 2), und den Herausgebern der Sathya Sai Briefe (Seite 53).

Einführung

Jede Zeit hat seit jeher ihre eigenen Anschauungen gehabt. Das Bewußtsein und das Wissen der Menschheit haben sich gewaltig erweitert. Gleichzeitig haben sich die Interessen der Menschen verlagert, indem sie sich immer wieder den neuesten Entdeckungen zuwandten.

Diese Feststellungen gelten aber nicht für alle Menschen im gleichen Maß. In unserer Zeit entwickelt sich aus der Subatomarphysik, die sich mit den winzigen Bestandteilen des Atoms befaßt, eine Philosophie der Wirklichkeit des Universums auf höchstem geistigen Niveau. Gleichzeitig verbreitet sich aber auf der ganzen Welt ein Rückwärtstrend zu fundamentalistisch-archaischen Anschauungen. Die Kirchen sehen sich angesichts dieser extremen Unterschiede in der Wirklichkeitsauffassung einer Zerreißprobe ausgesetzt. Dem einzelnen Menschen fällt die Orientierung angesichts der Vielfalt der Meinungen und Informationen immer schwerer, weil er die Ursachen dieser Verschiedenheit nicht erkennen kann und sich deshalb völlig inkompetent und hilflos fühlt, außerstande, sich eine eigene, wohlfundierte Sicht der Wirklichkeit zu schaffen. Sowohl im Westen wie im Osten gibt es überall gegensätzliche Lehren, die den einzelnen so verunsichern, daß er es vorzieht, sich irgendeine Autorität auszusuchen und sich auf diese Autorität zu verlassen. Mancher, der auszog, um die Wahrheit zu suchen, weil er mit seiner anerzogenen Auffassung nicht zufrieden war, kehrte mit einer Sammlung unklarer Wahrheiten zurück und reihte so eine Nichtlösung an die andere, bis er schließlich in die Psychiatrie aufgenommen werden mußte oder sich sogar das Leben nahm.

Das Verwirrende ist, daß es zwar eine einheitliche Grundwirklichkeit geben muß, andererseits aber auch gleichzeitig viele relative Wirklichkeiten, die sich auf bestimmte Daseins- und Bewußtseinszustände und auf die diesen entsprechenden Realitätsebenen beziehen. Nicht weniger verwirrend ist die große Zahl von Lehrern der Menschheit, die unterschiedliche und sich oft widersprechende Lehren entwickelt haben. Nur die besten unter ihnen waren sich der Relativität ihrer Lehre und der Multidimensionalität oder Vielschichtigkeit der Wirklichkeit bewußt. Kleine Meister schlossen das Nichtakzeptierte aus. Die großen hingegen verstanden es, alles an seinem Ort und auf seiner Evolutionsstufe einzuordnen und so in eine Gesamtwirklichkeit zu integrieren. Ihnen ist es zu danken, daß heute die drei scheinbar unverträglichen Weltbilder der theologischen Tradition, des wissenschaftlichen Positivismus und der neuesten Sicht an der Jahrtausendwende versöhnt werden können.

Ursprünglich empfand ich das Bedürfnis, meinen Kindern diesen Sachverhalt schriftlich darzulegen, um ihren geistigen Horizont zu erweitern. Auch einige Bekannte begannen, sich für die Studie zu interessieren. Sie machten mich auf Schwerverständliches aufmerksam und bedauerten die große Zahl von Fremdwörtern, die vermindert werden mußten (für die restlichen Fremdwörter dient das Verzeichnis im Anhang). Nun entschloß ich mich, die Arbeit auch von Fachleuten verschiedener Disziplinen durchsehen zu lassen. So wuchs das Ganze allmählich zum vorliegenden Werk. Ich habe mich bemüht, alles so einfach wie möglich darzustellen und für genügend Themenwechsel zu sorgen, um Langeweile zu verhindern.

Der Leser soll auf diese Weise wieder eine Orientierung in dieser Welt der Widersprüche zwischen Wissenschaft, Mythologie, Philosophie und Religion finden können. Es wird ein Konzept angeboten, das alles an seinem Ort integriert und nichts ausschließt. Es wird also keine Auslese und auch kein Vermischen nach einem neuen Glaubensrezept (Synkretismus) betrieben. Es wird vielmehr im Bewußtsein der ständigen Wand-

lung und Evolution alles Seienden, insbesondere auch des menschlichen Denkens und Auffassens, bei den großen Denkern und Meistern der Menschheit nach einem geistigen Ordnungsprinzip gesucht, in dem sich alles auf den jeweils zugehörigen Realitätsebenen zu einer evolutionären Gesamtwirklichkeit einordnen läßt. Es wird auch versucht, einigen wesentlichen Bibeltexten eine zeitgemäße Auslegung zu geben, bei der aber substantiell nichts verlorengehen darf: Was zeitbedingt oder kulturell beeinflußt ist, wird nicht ausgeschieden, sondern eben als zeit- und kulturbestimmte Aspekte oder als archaisch, statisch oder hochgeistig etc. eingeordnet. Zum Zweck dieses Ordnungschaffens können wichtige Einsichten der im Text zitierten Meister jedem Leser nützliche Hinweise geben, die jeden seinen eigenen gegenwärtigen Standort und seinen weiteren Weg im evolutionären geistigen Aufstiegsprozeß erkennen lassen sowie ihn seine innere Welt erschließen lehren.
Zuerst verschaffen wir uns Klarheit über das, was man als »die Wirklichkeit« bezeichnet. Dann folgen wir den Spuren der Wirklichkeit über das sinnlich und verstandesmäßig Erfaßbare hinaus und lernen Methoden kennen, die unsere eigene, persönliche Wirklichkeitserfahrung ausweiten. Dieses Vordringen in den Bereich der Raumzeit, ins Übersinnliche oder Supramentale, wird neuerdings auch von Wissenschaftlern betrieben. Die Theologen sehen sich plötzlich von den Physikern und Biologen konkurrenziert – zu Unrecht; denn manche theologische »Behauptung« findet dank der Wissenschaft eine auch für den Verstand akzeptable Stütze. Das Gesamtkonzept, das auf Integration beruht, bezieht auch die Psychologie ein und zeigt einen Weg im Umgang mit den Polaritäten wie Gut und Böse, Freiheit und Gesetz, Gnade und Karma etc. und wie sich hier für jeden einzelnen eine wirkliche und praktisch erprobbare Lösung finden läßt.
Da es sich also um eine interdisziplinäre Arbeit handelt, müssen

esoterisch oder theologisch interessierte Leser(innen) in den ersten Kapiteln Erkenntnisse aus der Physik, Evolutionslehre, Biologie und Psychologie in einfachster, für jedermann verständlicher Darstellung zur Kenntnis nehmen, bevor ihr bevorzugtes Interessengebiet zum Zug kommt. Das ist für ein umfassendes Verständnis notwendig. Und naturwissenschaftlich orientierte Leser(innen) müssen die Toleranz aufbringen, daß auch die religiösen Ansichten aller Zeiten nach ihren tiefsten Aussagen hinterfragt werden. Denn nicht nur die Wissenschaften befassen sich mit der Wirklichkeit, sondern auch die Religionen. Wer nur die ihn speziell interessierenden Kapitel liest, wird keine Bewußtseinserweiterung erfahren. Das Buch ist so aufgebaut, daß sich nach und nach immer weiter Einsichten eröffnen, wozu gerade eben parallele Erkenntnisse aus verschiedenen Fachgebieten beitragen. Es ist so gehaltvoll, daß sich auch nach zwei- bis dreimaligem Lesen immer noch neue Aspekte und Zusammenhänge erkennen lassen. Die Leser(innen) werden um so größeren Gewinn davon haben, je intensiver sie sich mit den Themen befassen und auch die im Literaturverzeichnis angegebenen Bücher benützen.

Es ist mir ein Anliegen, daß die Leser(innen) grundsätzlich nichts Geschriebenes einfach glauben oder ablehnen, sondern der Wirklichkeit durch eigenes Forschen und praktisches Erfahren auf den Grund gehen. Dieses Buch soll dazu Anregung und Anleitung geben. Bei der Auswahl der Weisheitsschätze konnten aus Platzgründen nur relativ wenige Autoren berücksichtigt werden, was aber die Verdienste anderer Autoren nicht schmälern will. Ich mußte mich auf die Gegenüberstellung weniger westlicher und östlicher Autoren beschränken, die sich besonders gut entsprechen oder ergänzen. Dabei sollten auch einige weniger bekannte berücksichtigt werden.

Ich möchte noch dankbar hinzufügen, daß ich während meines Aufenthaltes in Prasanthinilayam (Südindien) Gelegenheit fand, wiederum verschiedene wichtige Stellen meiner Arbeit zu überprüfen. Prof. Dr. H. B. Sunder Rao bestätigte mir in liebenswürdiger Weise einige wichtige Sachverhalte, und Prof. Dr. K. Srinivasan bot mir trotz Arbeitsüberlastung Gelegenheit zu langen Gesprächen, ermöglichte mir die Benützung der Universitätsbibliothek und unterstützte mich bei der Suche nach wichtigen Stellen in den Veden. Vielen Dank schulde ich auch dem großen spirituellen Lehrer Swami Krishnananda, der mir im Shivananda-Ashram in Rishikesh zahlreiche Fragen beantwortet hat und mich mit zwei wertvollen Büchern beschenkte. Am allermeisten Dank gebührt aber Swami Sathya Sai Baba, der mich mit kostbaren Erfahrungen geradezu überhäuft hat. Die schweizerischen Fachleute aus Theologie, Psychologie, Indologie und Esoterik, denen ich ebenfalls viele Hinweise verdanke, möchte ich hier nicht namentlich erwähnen, weil ich bei ihnen weniger große Übereinstimmung fand als bei den Indern und nicht den Eindruck erwecken möchte, daß sie alle restlos mit mir einverstanden seien. Immerhin stieß ich auch bei ihnen auf mehr Verständnis und Zustimmung, als ich zuvor erwartet hatte. Dem Leser möchte ich nun noch wohlwollend ans Herz legen, unvoreingenommen und offen an die Lektüre heranzutreten, weil viel Neues und Ungewohntes auf ihn zukommt. Wichtiger als die unvermeidliche Theorie ist es dann, alles in längere Zeit dauernden Versuchen im Alltag zu erproben. Nur so wird aus den neuen Erkenntnissen ein dauerhafter Gewinn erzielt.

1
Die Welt, in der wir leben

»Das Leben selbst muß als etwas angesehen werden, das in gewisser Weise einer Gesamtheit angehört ... Das Leben ist in gewisser Weise in das ganze System ›hineingefaltet‹, und dazu gehören auch dessen eindeutig unbelebte Bestandteile wie die Atemluft, deren Moleküle möglicherweise eines Tages unserem Körper einverleibt werden.«
»Es ist bloße Abstraktion, wenn man bei der Betrachtung anorganischer Materie sagt, sie sei tot und habe keine Intelligenz ... Für mich ist der Prozeß der Evolution das Entfalten des in der Materie verborgenen Potentials, das in seiner Tiefe vom Potential des Geistes nicht zu unterscheiden ist. Damit will ich nicht Materie und Geist gleichsetzen oder das eine auf das andere reduzieren. Vielmehr fließen beide parallelen Ströme aus einer gemeinsamen Quelle, die jenseits beider liegt und in diesem Stadium nicht beschrieben werden kann. Vielleicht ist dieses ›Jenseits‹ der Ort, wo der Mystiker Transzendenz und Immanenz zusammen als ein Ganzes erfährt.«

David Bohm, Physiker

Unser alltägliches Erleben der Welt wird uns durch unsere Sinnesorgane und unser Bewußtsein ermöglicht. Sowohl unser westliches Bewußtsein wie auch dasjenige aller anderen Menschen mit dualistischer oder magischer Weltauffassung wird bestimmt durch die Unterscheidung des eigenen Ichs vom Rest der Welt, dem Nicht-Ich. Das Organ, das unterscheidet, ist der Verstand. Das Ich wird als Subjekt, die Gestaltungen des Nicht-Ichs (Natur, Umwelt) werden als Objekte verstanden, die man verändern kann. Sogar der Mitmensch, das Du, dem man zwar auch Subjektcharakter zubilligen muß, wird wie ein Objekt behandelt, das man manipulieren kann. Daß man selber jedoch auch manipuliert wird, dessen wird man sich weniger bewußt. Wir glauben, einen unabhängigen, freien Willen zu haben, der zur unbeeinflußten Entscheidung fähig ist. Wir glauben auch, objektiv erkennen und entscheiden zu können. Denn sonst gäbe es die traditionelle Wissenschaft nicht, die objektiv zu sein glaubt.

Unsere »Mutter Erde« erkennen wir »objektiv« als ein Gebilde aus vorwiegend toter Materie mit einer dünnen Oberflächenschicht, auf der sich das Leben entwickelt hat. Als »Mutter«, also das Lebewesen, erkennen wir unsere Erde nicht mehr. Das scheint uns eine überholte, romantische Anschauung der alten Griechen und anderer Völker zu sein. Für die Griechen war die Erde die Göttin Gaia.

Nun geschah aber in unserer Zeit etwas Sonderbares: Ein Astronaut schaute aus dem Weltraum auf die Erde zurück und rief spontan aus: Die Erde ist ein Lebewesen! Intuitiv erschloß sich ihm eine Erkenntnis, die der »objektiv-wissenschaftlichen« Auffassung widersprach. Und inzwischen gibt es in verschiedenen wissenschaftlichen Disziplinen aufgeschlossene Forscher, die die Erde als ein lebendiges Ökosystem verstehen.

Was ist Leben? Leben scheint letztlich mechanische und evolutionäre Bewegung zu sein. Alles bewegt sich, und in jedem Atom der Materie ist Bewegung. Aber Bewegung ist nicht alles, was das uns vielleicht nie ganz verständliche Geheimnis des Lebens ausmacht. Der Atomkern wird von Elementarteilchen umkreist, von denen die Elektronen am bekanntesten sind. Jedes Elektron hat aber schon in sich selber jene fließende Bewegung: Es gibt sich dem Beobachter bald als Korpuskel (also Materie), bald als Welle (Energie) zu erkennen. Zwischen diesen beiden Grenzzuständen pulsiert es ständig hin und her, so daß man das Elektron weder als Materie noch als Nichtmaterie (Energie) bezeichnen kann. Und doch ist es an seinen Polen oder Grenzzuständen beides zugleich. So illustriert uns das Elektron die berühmte Formel von Einstein, nach welcher die Materie eine andere Form oder eine Manifestation der Energie ist. Dementsprechend wird in der Esoterik in allem Materiellen[1] eine energetisch-geistige Dimension erkannt, die sich wiederum in mehrere Unterdimensionen oder Unterebenen aufgliedern läßt. Die Verwandlung, Anordnung oder Manifestation der energetisch-geistigen Dimension in Materie ist das Prinzip des Schöpfungsvorgangs, der auf der untersten Ebene der Elementarteilchen beginnt, wo sich Energie und Materie komplementär verhalten. Das Elektron bildet dort die Grenze zwischen Energie und Materie. Es besitzt also gleichzeitig zwei gegensätzliche Qualitäten, was unserer traditionellen westlichen Verstandeslogik des »Entweder-Oder« widerspricht. Nach dieser dualistischen Logik kann ja etwas nicht gleichzeitig weiß und schwarz oder gut und schlecht sein, ebensowenig wie materiell und zugleich immateriell. Wir werden auf dieses Problem zurückkommen.

Lebewesen zeichnen sich durch ihre Bewegung und ihr Verhalten (mit dem Geist als Wirkkraft) aus und setzen eine besondere Organisation gewöhnlicher Atome auf einer bestimmten Komplexitätsstufe voraus, die ihren Körper bildet. Die Atome sind also dieselben wie in der »toten« Materie. In diesen Atomen liefern die bewegten Elementarteilchen eine der untersten Voraussetzungsstufen für das Leben. Da sich alles bewegt und es keinen Stillstand[2] gibt, ist der organisierte Kosmos das Leben schlechthin. Ganzheitlich gesehen ist Materie der andere Pol des Geistes[3] und Totes der andere Pol des Lebens. Es gibt also weder Totes für sich noch Lebendiges ohne den toten Pol. Immer wenn wir Totes für tot erklären wollen, entzieht es sich, indem es seine inhärente Beweglichkeit und Organisation vorweist, sobald wir in das Tote hineingehen und seine Elementarteilchen betrachten. Im Toten steckt der Keim des Lebendigen und im Lebendigen der Keim des Todes. Auch in unserem menschlichen Körper gibt es durchaus »tote« Dinge wie Wasser, Kohlenstoff, Stickstoff, Nierensteine, tote Zähne etc. Aber auch in ihnen ist Bewegung und Organisation und damit die unterste Voraussetzungsstufe für das Leben mindestens ansatzweise gegeben. Hier verschwindet der Kontrast zwischen »träger« Materie und »tätigem« Leben, zwischen umkehrbarer Materie und nicht umkehrbarem Leben. Es gibt bei ganzheitlicher Betrachtung nur unterschiedliche Organisationsstufen des Lebendigen, und dieses verfügt auch immer über elementare, höhere oder höchste Intelligenz (Geist). Diese Organisationsstufen reichen vom Elementarteilchen bis zum weisen Menschen mit multidimensionalem Bewußtsein, das sich der zahllosen sichtbaren und unsichtbaren Ebenen der Wirklichkeit bewußt ist.

Im Samen ist die Information für das künftige Lebewesen gespeichert. Die zur Entfaltung benötigte Energie und Materie wird aus der Umgebung bezogen, indem das Samenkorn nach einer Theorie an die anorganische Materie der Umwelt ständig Signale abgibt. Dadurch wird die Umgebung veranlaßt, die lebende Pflanze oder das Tier heranwachsen zu lassen. »Wer will also behaupten, das Leben sei nicht immanent, sogar bevor das Samenkorn eingepflanzt wurde? Ebenso gilt, daß mit der größeren Komplexität des Tieres auch Intelligenz stärker in Erscheinung tritt. Doch muß die Intelligenz auch in der Materie immanent sein, aus der das Tier geformt ist. Verfolgt man die Immanenz immer tiefer in die Materie, könnten wir meines Erachtens auf das Fließen stoßen, das wir auch als Geist erfahren, so daß Materie und Geist miteinander verschmelzen«, sagt David Bohm. Und anderswo bemerkt er: »Wenn wir einerseits sagen, Geist stehe hoch über der Materie, andererseits aber erklären, wir kennen keinen Geist oder Materie, dann kann man doch wohl die These vertreten, daß Geist in Materie immanent

ist.« Damit bestätigt ein Wissenschaftler, was verschiedene Religionen seit Jahrtausenden behauptet haben.
In unserem Körper findet laufend der Tod von Körperzellen und deren Neubildung statt. Nach einiger Zeit ist fast der ganze Körper erneuert worden. Und nach dem Tod des ganzen Organismus kann nichts verlorengehen. Die Elementarteilchen können sich nicht in nichts auflösen, selbst wenn sie scheinbar im »Fließen« verschwinden. Aus dem »Fließen« des Kosmos entsteht etwas Neues: Der Geist bringt neue untergeordnete Ganzheiten oder Systeme hervor, die zu unterschiedlichen Ebenen der Wirklichkeit gehören. Werden und Vergehen sind das Erneuerungsprinzip der permanenten Schöpfung. Alles wird neu (2. Petr 3,13; Offb 21,5).
Unser Körper besteht aus Milliarden Lebewesen. Jede Körperzelle ist ein Einzellebewesen und verfügt über den »Konstruktionsplan« des ganzen Menschen. Aus jeder Zelle könnte theoretisch eine Kopie des Ganzen herangezüchtet werden, wenn es nur auf die grobe Vollständigkeit der notwendigen Information ankäme. In jeder Zelleinheit ist also die Potentialität für das Ganze vorhanden. Man spricht auch vom holographischen Prinzip, das für den ganzen Kosmos gilt: Das Ganze ist immer im Teil enthalten und der Teil im Ganzen.
Auf unserer Körperoberfläche leben Milliarden von Lebewesen (Mikroorganismen). Analog leben auch wir Menschen auf der Oberfläche der Erde. Wie unser Körper, so besteht auch die Erde aus Atomen und Elementarteilchen, aus Einzelzellen und aus Milliarden von Lebewesen und Ökosystemen verschiedenster Entwicklungsstufe, wenn auch der Anteil der »toten«, anorganischen Materie bei der Erde ungleich größer ist. Die alten Griechen und der Astronaut hatten also durchaus nicht unrecht mit ihrer Feststellung, daß die Erde ein Lebewesen sei.
An der Grenze zur immateriellen Ebene besteht das Universum aus dem kosmischen Elektromagnetfeld. Und jenseits von die-

sem gibt es nur noch das »Fließen« und die Leere, die allerdings die Potentialität für alles Manifeste enthält. Im »Urknall« entstehen aus dieser vermeintlichen Leere ganze Planetensysteme. Dieser immaterielle Urgrund, aus dem sich alles Materielle entfaltet, kann daher als das betrachtet werden, was wir als Geist bezeichnen. Das sind nicht nur Vorstellungen und Spekulationen. Die Mystiker *erleben* sich in ihrer meditativen Versenkung selber als Kosmos, genauer als kosmisches Bewußtsein oder als kosmisch-weiten Geist. Dabei erleben sie etwas durchaus Reales: Auf der Ebene des Geistes erfaßt ihr Bewußtsein den Kosmos als ein einziges Kontinuum oder als ein unvorstellbar feines »Gewebe«, in dem auch jeder Mensch eingeschlossen ist ohne jede Abgrenzung vom Ganzen. Die mystischen Vordenker der modernen Physik bestätigten so auf ihrer jenseits der Materie liegenden Erfahrungsebene dieses kosmische Kontinuum schon vor mehr als zwei Jahrtausenden, ähnlich wie es die moderne Physik heute als ein zusammenhängendes Ganzes von ineinandergeschachtelten und zusammenwirkenden Systemen und Prozessen auf der materiellen Ebene beschreibt (Systemtheorie und Holomovement). Die Mystiker sind also lange Zeit von vielen Skeptikern zu Unrecht belächelt worden, weil diese nicht verstanden, daß die Wirklichkeit auf einer intuitiven Ebene ohne Interpretation durch den Verstand *direkt* erkannt und sogar erlebt werden kann. Mystik ist mithin als alternativer Erkenntnisweg rehabilitiert worden, soweit es sich um wirkliche Mystik im engen Sinn handelt. Sie gewahrt die »höchste«, die »primäre« oder die »eigentliche« Wirklichkeit, während unsere äußeren Sinnesorgane nur die ihnen einzig zugänglichen materiellen Verdichtungen oder Manifestationen oder Dinge wahrnehmen können, die aus der unsichtbaren und unvergänglichen Wirklichkeit hervorgehen. Von diesen Verdichtungen ausgehend, macht sich der Verstand durch seine Interpretationen *Vorstellungen* von der Wirklichkeit, die er dann für *die* Wirklichkeit schlechthin hält. So gibt es dann je nach dem kulturellen Hintergrund viele, unterschiedlich interpretierte »Wirklichkeiten«. Die »eigentliche«, allgemeingültige Wirklichkeit befindet sich jedoch *über* der Denkebene des Verstandes auf der supramentalen, raumzeitlichen oder übersinnlichen Ebene im Bereich des Geistes (Tab. 2, im Anhang). Auf der mentalen Ebene des Verstandes kann man nur *relative* Wirklichkeiten erkennen.

2
Die Wirklichkeit und wie die Menschen sie interpretieren

»Die Wirklichkeit ist das, ›was‹ auf der nichtdualen und nichtsymbolischen Ebene des Geistes verstanden und erfahren wird. Das nichtduale Erkennen *ist* die Wirklichkeit, es hat sich selbst zum Inhalt.«

Ken Wilber

Die archaische Wirklichkeit

Wenn die Menschen der früharchaischen Zeit in der Natur Phänomene wie das Reifen von Früchten oder den Blitzschlag beobachteten, dann vermuteten sie dahinter einen unsichtbaren Bewirker: Die Fruchtbarkeitsgöttin bewirkt das Reifen der Frucht, und der Gott des Blitzes sendet seine feurigen Pfeile. Daß beide Wirkungen von einem einzigen Gott oder gar Geist bewirkt werden können, war für sie mangels Abstraktionsvermögen noch nicht vorstellbar. Die Wirklichkeit wurde also zweischichtig interpretiert: Einer sichtbaren, diesseitigen Ebene stand eine unmittelbar hinter den Dingen vermutete unsichtbare, jenseitige Ebene gegenüber. Die »unsichtbaren Bewirker« wurden als feinstoffliche Geistwesen oder Dämonen verstanden. In der spätarchaischen Phase wurden dann diese Göttergestalten, die sich ursprünglich direkt hinter den Dingen verbargen, in den »Himmel« und in die »Hölle« verlegt, von wo sie aus Distanz die Welt lenkten. Durch Opfer konnten sie von den Menschen günstig gestimmt werden.

Die Wirklichkeit der Welt war nun also ein dreistöckiges, polytheistisches (mit vielen Göttern ausgestattetes) und später ein monotheistisches Königreich. Alle Autorität lag bei den Regierenden. Das Denkmuster war also konkretistisch-personifizierend, alles wurde konkret vorgestellt mit transparenten Personen (Geister, Dämonen, Götter, Gott) als Bewirkern. Dieses Bild liegt auch heute noch den meisten Glaubensvorstellungen als Konzept zugrunde. Das Beispiel der Griechen soll uns in die weitere Evolution des Wirklichkeitsverständnisses einführen.

Die altgriechische Wirklichkeit

Zunächst finden wir auch im antiken Griechenland eine Vielgötterschaft mit dem obersten Gott Zeus und seiner Gattin Hera an der Spitze. Der kritisch werdende Verstand der griechischen Denker beginnt jedoch bald zu zweifeln, insbesondere auch wegen des allzu menschlichen Verhaltens der Götter. Die Betrachtungsweise wird kritischer und differenzierter. Es wird nach einem *Urstoff* gesucht, aus dem die ganze Welt entstanden ist. Für Thales von Milet (625–545) ist dieser Urstoff das Wasser, für Anaximander (611–546) ein abstraktes, unbegrenztes, bewegtes Substrat, das er »Apeiron« nennt. Für Anaximenes (585 bis 525) ist dieser Urstoff die Luft, die auch die Eigenschaften der Seele aufweist (*pneuma*). Durch Verdichtung bzw. Verdünnung des Urstoffs entstehen Wasser und Wolken oder Erde und Steine. Parmenides (geb. 540) ist der erste Denker, der dem Verstand Erkenntnisvermögen zugesteht. Er versucht, alle Erscheinungen auf letzte Wahrheiten zurückzuführen. Für ihn ist alles einzelne in seiner Vielheit und Veränderung nur Erscheinung des einen allein wahren Seins. Seine Lehre wird später von Platon in ähnlicher Weise systematisiert wie in Indien die gleichlautende Lehre Gaudapadas von Shankara, deren Quelle noch weiter zurück in den Veden und Upanishaden liegt. Pythagoras (571–497) und die Pythagoreer versuchen durch Zahlenmystik ein in Zahlen- und Größenverhältnissen verankertes Weltbild der Harmonie zu entwerfen. Empedokles (490–430) glaubt, daß das Weltall aus der Mischung von vier Urstoffen oder Elementen (Feuer, Luft, Wasser und Erde) entstanden sei. Für Heraklit (544–483) ist *Gott* oder der Logos die *Vereinigung* aller Gegensätze, und der *Streit* ist der Vater aller (einzelnen) *Dinge*, Gott also als einigendes, der Verstand mit seinen denkerischen Auseinandersetzungen als vereinzelndes Prinzip. Seine Forschungen gelangten außerdem zur Überwindung der Vorstellung einer statischen Wirklichkeit. »Alles fließt«, so formulierte er diese revolutionäre Erkenntnis. Alles Sein entstand nach den unveränderlichen und unvergänglichen Gesetzen des Logos (Geist). Hier bekommt der Geist erstmals in Europa unendliche Dimensionen wie der entsprechende Begriff »Brahman« in den Upanishaden der Inder. Leukipp (geb. um 400) und Demokrit (460–371) sind die beiden ersten reinen Materialisten. Der Kosmos besteht für sie aus unendlich vielen kleinsten materiellen Teilen oder Atomen und wird durch einen rein mechanischen Ablauf bestimmt. Der Geist existiert nicht. Anaxagoras (um 500–428) ist dann der erste Denker, der dem Geist die Kraft zuspricht, das ganze Sein zu ordnen und die Materie zu beherrschen. Sokrates (469–399) glaubt, die Menschen müßten nur ihre Fehler und Schwächen erkennen, um sie vermeiden zu können. Sein Grundsatz war: Erkenne dich selbst, und du wirst tugendhaft sein! Leider hat er sich getäuscht ... Sein Schüler Platon (427–347) stellt über die materielle Welt eine Welt der Ideen und Begriffe. Die Idee ist für ihn nicht nur ein Gedanke, sondern etwas tatsächlich Seiendes oder Vorhandenes, und der Begriff ist unveränderliche Wirklichkeit. Platons Denken ist deduktiv, er geht vom Allgemeinen (Begriff) aus zum Einzelnen hin. Das Allgemeingültige, z. B. der *Begriff* »Tisch«, ist keiner Wandlung unterworfen, weil er in jedem Fall als eine Platte mit Bein(en) definiert ist. Der einzelne Tisch hingegen kann sehr unterschiedlich aussehen. Den entgegengesetzten Standpunkt nimmt Platons genialster Schüler Aristoteles (384–322) ein. Er denkt induktiv, er geht also vom Einzelnen aus zum Allgemeinen (= Begriff) hin. Im Zentrum des Universums steht für ihn die Erde, um die sich sieben Sphären mit zunehmender Vollkommenheit[4] hüllen. Jeder Teil dieses universalen Ganzen hat darin seinen ihm bestimmten Platz inne und bemüht sich, an diesen Ort zu streben und die ihm zugewiesene Aufgabe zu übernehmen. Für Aristoteles hat das Einzelding Vorrang vor dem Begriff. Die Frage nach dem wahren Wesen der Dinge, die schon die Vorsokratiker angetönt hatten, die Sokrates erörtert und Platon geschaut hat, bleibt bei Aristoteles vernachlässigt. Hingegen beschäftigt er sich mit dem gegenüberstellenden Vergleich zwischen Stoff und Form. In dieser bereits zwischen Platon und Aristoteles bestehenden gegensätzlichen Auffassung darüber, was mehr Wirklichkeitsanspruch erheben kann, das Allgemeine (die »Universalien«, die Ideen und Begriffe) oder das Einzelding, liegt der Ausgangspunkt für den im Mittelalter heftig ausgetragenen »Universalienstreit« um das, was mehr Wirklichkeit hat, das Immaterielle der Universalbegriffe oder das Materielle des Einzeldings. Heute würde man sagen, daß die Wirklichkeit eben relativ zur jeweiligen (immateriellen oder materiellen) Realitätsebene gesehen werden muß. In bezug auf die materielle Ebene ist das Einzelding wirklicher; in bezug auf die immaterielle Ebene ist das Geistige oder das Wesen der Dinge (= die Universalien) wirklicher. Wenn man ferner noch berücksichtigt, daß von jedem individuellen Menschen und von jedem Tier die Wirklichkeit nochmals unterschiedlich wahrgenommen wird, dann erkennt man, daß die Wirklichkeit unzählige Aspekte oder Dimensionen und ebenfalls viele Realitätsebenen hat. Um sie voll wahrnehmen zu können, müßte unser Bewußtsein ebenso multidimensional und zugleich ganzheitlich sein. Sokrates hat erkannt, daß dieses Ziel für den Verstand unerreichbar ist. Deshalb bekennt er, er wisse, daß er nichts wisse. Dieses alles mentale Wissen als »Nichtwissen« erkennende Bewußtsein wird »Überbewußtheit« genannt. Im Westen hat sich später das Wirklichkeitsverständnis des Aristoteles durchgesetzt, nach welchem das Einzelding mehr Wirklichkeit hat. So führte der Weg schließlich zum Materialismus und Positivismus des 19. Jahrhunderts sowie zum Individualismus mit der hauptsächlich im 20. Jahrhundert gipfelnden Reaktion des Existentialismus und des Nihilismus.

Die Grundlage zur für den Westen typischen Ich-du-Beziehung und zum folgerichtigen, logischen und dualistischen Denken verdanken wir den Lehr*dialogen* des Sokrates, die von seinem Schüler Platon niedergeschrieben wurden. Andererseits hielt es Platon für ein göttliches Geschenk für den Menschen, im Vielen das Eine, den gemeinsamen Urgrund, zu erkennen. Den Menschengeist sieht er als Sproß des ewigen Weltgeistes. In der östlichen Wirklichkeitsvorstellung werden wir diese unitarische oder monistische Einsicht wieder antreffen.

Die biblische Wirklichkeit

Wie in den meisten Religionen wird auch in der Bibel die Welt vom Schöpfer durch seinen Willen geschaffen: Am Anfang war das Wort, und das Wort war bei Gott, und Gott *war das Wort* (Joh 1,1). »Das Wort« ist so umfassend zu verstehen, daß es auch Gott bedeutet oder der göttliche Urgrund. Denn der Begriff »Gott« geht bereits im Alten Testament über eine personale Auffassung hinaus.[5] Und im Neuen Testament erklärt Jesus, daß Gott Geist sei.[6] Er ist zugleich immanent (im Menschen drin) als auch allgegenwärtig. Die biblische Wirklichkeit ist auf mehreren Realitätsebenen dargestellt, wobei aber meistens entsprechend der damaligen archaischen Denkweise die *sinnbildlich konkretisierte Ebene des Gleichnisses* benützt wird, um die geistige Wirklichkeit zu veranschaulichen. Die Wirklichkeit wird dann als das Reich Gottes oder etwa als sein Weinberg versinnbildlicht. Gleichzeitig betont Jesus aber, daß sein Reich nicht von der materiellen Welt sei, daß also die göttliche Wirklichkeit geistig sei. Die materielle Welt dient in der Bibel vor allem der Veranschaulichung, ist aber sekundär. *Die immaterielle oder übersinnliche Ebene hat Vorrang* (Jesus: »Mein Reich ist nicht von dieser Welt«). Trotzdem wird aber die manifeste Welt nicht verdrängt, sondern ernst genommen, weil sie von Gott gewollte Schöpfung ist.

Das erste Wort, das von Jesus überliefert ist, zielt auf die als Königreich Gottes oder als Himmelreich versinnbildlichte Wirklichkeit.[7] Damit ist ganz klar festgestellt, daß es auch in den auf den biblischen Schriften beruhenden Religionen um nichts anderes als um die Wirklichkeit geht.

Nach dem bekannten Theologen Hans Küng geht es um die »allesdurchdringend-allesbelebende göttliche Wirklichkeit«. Diese »umgreift das Männliche und das Weibliche und das Neutrische, das Personale und das Apersonale«. Alle Gegensätze sind in ihr durch Harmonisierung aufgehoben.

Was die Logik betrifft, die das Neue Testament im Umgang mit der Wirklichkeit anwendet, so kann gesagt werden, daß diese im Gegensatz zum größeren Teil des Alten Testaments und zum hellenistisch-römischen Denken nicht nur dualistisch-ausschließend ist (Prinzip Entweder-Oder), sondern vermehrt auch – entsprechend den Prinzipien der Gnade, Versöhnung und Liebe – integrierend-einschließend (Sowohl-Als-auch). Das Alte Testament kennt vor allem den strafenden, das Neue Testament vor allem den liebenden und vergebenden Gott, der die Sonne über Guten und Bösen scheinen läßt und sogar den Feind in die Liebe einschließt. Diese beiden Auffassungen entsprechen einem niedrigeren und einem höheren Verständnis der Wirklichkeit bzw. der fortschreitenden Evolution des menschlichen Bewußtseins.

Die wissenschaftliche Wirklichkeit

Durch einseitig mentale Wirklichkeitserkenntnis ist es im 19. Jahrhundert zur Wissenschaftsauffassung des Positivismus gekommen, in der nur derjenige Teil der vielschichtigen Wirklichkeit anerkannt wird, der materiell oder im Experiment nachprüfbar und wiederholbar ist. Alles andere wurde als »unwissenschaftlich« ausgeschieden. Erfahrungen wie Träume oder Geist gibt es demnach nicht, weil sie (im Labortest) nicht beweisbar sind.

Diese reduzierte Sicht der Wirklichkeit geriet allerdings mit den neuen Erkenntnissen der Psychologie, der Mathematik und der Teilchenphysik immer mehr in Bedrängnis, so daß die Wissenschaft sich heute veranlaßt sieht, nach einem neuen Denkmuster (Paradigma) zu suchen. Dieses neue wissenschaftliche Paradigma bemüht sich, auch *Erfahrungswerte* unter bestimmten Voraussetzungen als wissenschaftlich gelten zu lassen. Denn die Mathematik als besonders exakte Wissenschaft hat neue Realitäten gefunden, die sich nur in Zahlen und Formeln ausdrücken lassen und sonst nicht nachweisbar sind. Das Wichtigste an diesem neuesten Wissenschaftsverständnis ist, daß nun auch immaterielle und im Labortest nicht nachweisbare Realitäten, insbesondere psychische und geistige, anerkannt werden können: Psychologische und tiefenpsychologische Empirie sind heute keine umstrittenen Wissenschaften mehr, und sogar die Parapsychologie ist heute in vielen Ländern als Wissenschaft akzeptiert.

Nach Einstein ist die einzige Realität das unsichtbare, aber materiell verstandene kosmische Feld. Andere Wissenschaftler formulieren, es gebe eigentlich nur *eine* letzte Wirklichkeit: Schwingungen. Feld und Schwingungen liegen hart an der Grenze zum Immateriellen. Die Schwingungen werden von unserem Gehirn in materielle Objekte »umgerechnet«. Ohne diese »Umrechnung« gäbe es für uns keine Objekte, und die Behauptungen der Mystiker, die nur die objektlose Wirklichkeit als Realität anerkennen, kämen der Wirklichkeit näher als die Behauptungen der Positivisten. Es muß aber beachtet werden, daß auch die heutige Avantgarde der Physiker die materielle Ebene nicht oder nur in spekulativen Exkursen verläßt, weil Physik von ihrer Aufgabenstellung her im geistigen Bereich nichts zu suchen habe. Interdisziplinäre Forschung unter Einbeziehung des Geistigen ist auch heute noch eine Randerscheinung im Bereich der Wissenschaften. Die letzte Erfahrungsebene der Mystiker und der Meditierenden ist jedoch immateriell-geistig und daher noch sehr wenig erforscht. Interessanterweise hat sich Einstein der mystischen Erfahrung angeschlossen, als er sagte: »Was wirklich zählt, ist Intuition.« Und sein Schüler David Bohm findet in der Tiefe der Materie etwas, das mit dem Geist aus einer gemeinsamen Quelle fließt.

Noch sind wir aber von einer Harmonie zwischen intellektuellen und intuitiven Erkenntnissen weit entfernt. Kennzeichnend ist für den Westen vorläufig immer noch die intellektuelle Einseitigkeit, die nur Manifestes oder im Labor Beweisbares anerkennt. Zeugenaussagen Tausender über eine nicht beweisbare, aber immer wieder erlebbare Erfahrung zählen in der westlichen Naturwissenschaft nicht, wohl aber in der ebenfalls rationalen Jurisprudenz. Diese Einseitigkeit des verstandesmäßigen Denkens tritt aber nicht nur bei Wissenschaftlern, sondern ebenso auch bei ganz einfachen, unakademischen Menschen als »Kopflastigkeit« zutage. Sogar die rauhen Wikinger hatten dieses Phänomen schon an sich feststellen müssen (Abb. 1). Kopflastig sein bedeutet also nicht intellektuell oder gebildet sein, sondern nur, daß der Betreffende seinen oft noch wenig entwickelten, elementaren Verstand einseitig ohne Intuition gebraucht. Intuition ist einfallender Geist und hat nichts mit dem Gefühl zu tun, obschon die Wikinger den Mangel an Gefühl als Ursache der Kopflastigkeit sahen. Die Beobachtung der Menschen zeigt aber, daß auch Gefühlstypen sehr gerne schwatzen, ohne sich von der Intuition sinnvoll leiten zu lassen. Ihr Gefühl unterstützt dann den elementaren Verstand mit Emotionen, anstatt ihn vom sinnlosen Geplapper abzuhalten. Das Wesen der Kopflastigkeit liegt im Mangel an Führung und Kontrolle durch den Geist, dessen feine Impulse nicht wahrgenommen werden. Diese wollen Verstand und Gefühl zur Harmonie hin lenken.

Es ist für das Verständnis des Folgenden wichtig, sich zu merken, daß auch der Dümmste kopflastig wird, wenn er intuitionslos redet und emotional denkt. Beispiele sind Schwätzer, »Waschweiber«, Meckerer oder Zyniker. Auch disharmonische Gefühlstypen werden zum schwatzhaften Mißbrauch des Verstandes getrieben und werden so kopflastig. Was in allen Fällen von polarisierter Einseitigkeit gebraucht wird, ist das harmonisierende Prinzip der Intuition oder des Geistes. Hier finden wir eine Gemeinsamkeit zwischen transpersonaler wissenschaftlicher Beobachtung und biblischer Erkenntnis, die dem Menschen den (Heiligen) Geist zuspricht, der gleichzeitig auch überall sonst als harmonisierende Wirkkraft latent oder effizient vorhanden sei. Es ist allerdings noch lange nicht soweit, daß in dieser Auffassung der Wirklichkeit mit einem individuellen (Verstand, Gefühl) und einem universalen Pol (Geist) Einigkeit herrschen würde. Immerhin definieren sowohl der Osten als auch die Transpersonale Psychologie die zwei psychischen Zentren »Ich« und »Selbst« auf die gleiche Weise: das Ich als ausschließlich immanentes Zentrum der Individualität und des Verstandes einerseits und das Selbst mit zwei Bedeutungen andererseits, die die Inder seit der Zeit der Upanishaden mit

Abbildung 1
Schon die rauhen Wikinger hatten – wie auch die Naturvölker – das Problem des einseitigen Kopfmenschen gekannt. Auf dieser Darstellung des Wikingers sind der Leib und die Extremitäten gefesselt. Das Gefühl ist eingekehrt. Dafür ist der Kopf zur übergroßen Birne angeschwollen mit Hörnern als Symbolen für die Haken und Widersprüche des Verstandes.

Atman und Brahman bezeichnen. Atman (genauer: Jivatman) ist die einmalig-persönliche geistige Seele, Brahman die geistige Weltseele oder die kosmisch-weite Dimension jeder Seele oder der Allgeist. Atman ist daher von Brahman nicht abtrennbar. In der christlichen Analogie gibt es den immanenten und den transzendenten Aspekt des Geistes mit gleicher Bedeutung.
Seit sich das Interesse der Wissenschaft den Einzeldingen und Details zugewandt hat, ist der *Zusammenhang* der Einzeldinge in übergeordneten ökologischen, physiologischen, physikalischen, psychischen und geistigen Ganzheiten oder Systemen lange Zeit übersehen worden. Heute beginnt die Wissenschaft mit ihrer Systemtheorie jedoch, die Welt als ein zusammenhängendes Netz von Systemen oder als »Holomovement«, als zusammenhängende Prozeßabläufe, zu sehen: Atome – Moleküle – Zellen – Lebewesen – Ökosysteme – Planeten – Universum, das ist die Reihe der immer komplexer und umfassender werdenden und ineinander verschachtelten Systeme oder Prozesse, die schließlich im Universum zur allem übergeordneten Einheit vernetzt sind. Dieses stellt die alles umfassende Ganzheit dar, und alles einzelne, bis hinunter zur kleinsten Einheit, ist punktueller Pol des Ganzen. Nichts ist abgetrennt oder isoliert. Die Einheiten sind »Fokalisationen« des Ganzen, wie Anagarika Govinda es bezeichnet. Bei diesem unistischen Denken hat es die Wissenschaft aber noch nicht gewagt, Geist und Psyche einzubeziehen, obwohl deren Existenz heute wissenschaftlich erkannt ist. Die Konsequenzen wären allzu umwälzend, wie wir noch sehen werden. Einzig die Transpersonale Psychologie hat bisher diesen Schritt gewagt und trifft daher auf heftigen Widerspruch der traditionell und inkonsequent denkenden Mehrheit der Wissenschaftler, die noch nicht ganzheitlich denkt.

Die Wirklichkeit in der Psychologie

Der Schweizer Psychoanalytiker Carl Gustav Jung (1875–1961) hat die Wirklichkeit als das umschrieben, was wirkt, und er war davon überzeugt, daß allein das Psychische für den Menschen letztlich von Bedeutung ist. In der Tat leiden wir weniger unter den Realitäten als vielmehr unter den Gedanken und Vorstellungen, die wir uns von ihnen machen. Wenn wir unseren Gedankenstrom beherrschen, fühlen wir uns wohler. Obwohl die Erkenntnis nicht neu ist – schon der Grieche Epiktet (ca. 50–138) hatte dies erkannt –, so ist sie doch wieder neu entdeckt worden, und diese Formel scheint immer mehr richtungweisend zu werden. Die neueste Richtung der Psychologie, die Transpersonale Psychologie, begrenzt nun das Psychische nicht mehr auf das Individuum oder auf die Art eines Lebewesens, sondern weitet den Begriff des Psychischen auf kosmische Dimensionen aus. Damit wird eine Verbindung zur östlichen Quelle der Psychologie wiederhergestellt. Die Asiaten haben schon lange behauptet, daß der Mensch neben seiner Individualität gleichzeitig eine viel wichtigere universale Dimension besäße, die das wahre geistige Wesen des Menschen sei.

Die Wirklichkeit in der Sicht des Ostens

In Asien sind die Auffassungen über die Wirklichkeit ebenfalls nicht einheitlich, wenn auch die Übereinstimmung in grundsätzlichen Fragen umfassender ist als im Westen. Sowohl in den östlichen wie in den westlichen Philosophien und Religionen spielt es eine große Rolle, auf welchem geistigen Niveau[8] erkannt wird. Das Niveau als Merkmal der geistigen Evolutionsstufe ist noch wichtiger als der kulturelle Hintergrund oder die anerzogene religiöse Auffassung. Denn nur vom hohen Verständnisniveau aus können die kulturellen und religiösen Unterschiede durchschaut werden.

Auf der verbreitetsten Erkenntnisstufe der populären Denkmuster und der Volksfrömmigkeit herrscht auch im Osten einseitiger Konkretismus (= Tendenz, alles manifest zu machen und zu personifizieren) und eine weit überbordendere mythische Phantasie als im Westen. Auf höherem geistigen Niveau hingegen wird im Osten die immateriell-geistige Realität als höchste Realitätsstufe verstanden. Sie durchdringt jedoch alle relativen Wirklichkeitsebenen und liegt ihnen zugrunde. Das Materielle ist – wiederum je nach Verständnisstufe – wirklich, relativ wirklich zur zugehörigen Realitätsebene oder Täuschung. Es gibt also auch in Indien dualistische Philosophiesysteme mit völlig realer Auffassung der Materie, so die klassische, noch dualistische Sankhya- und die Dvaita-Vedanta-Philosophie. Entsprechend soll das Ich, das an das Materielle verhaftet ist, gelebt, relativiert oder vernichtet werden. Charakteristisch ist es für den Osten, daß nur das Selbst für real gehalten wird, da es auf die allein wahre Wirklichkeit der geistigen Welt ausgerichtet und mit ihr identisch ist. Meistens wird im Osten zwar die Doppelpoligkeit des Menschen erkannt und anerkannt; da das Ich aber entweder als Produkt der Täuschung (Maya) durch den Verstand, als relativ unwichtig oder als störend empfunden wird, streben die Inder je nach Verständnisniveau die Unterordnung oder die »Vernichtung« des Ichs an. Im zweiten Fall wird dadurch der Mensch einseitig, und zwar im entgegengesetzten Sinn wie im Westen, wo das geistige Selbst nicht wahrgenommen wird oder sogar nicht einmal bekannt ist.

Die Asiaten *mit hohem Verständnis* wie Aurobindo, Ramanuja, Ramana Maharshi, Krishnananda oder Sathya Sai Baba im Hinduismus, S. Govinda und D. T. Suzuki im Buddhismus, lehnen das Materielle nicht ab, sondern relativieren es und ordnen es der geistigen Realität unter. Diese ist allgemeingültig und durchdringt alle Wirklichkeitsebenen, während die Materie nur auf ihrer Ebene relative Wirklichkeit besitzt. Auf hohem geistigen Niveau wird also im Osten keine von allen Wirklichkeitsebenen verleugnet, sondern alle werden anerkannt, aber unterschiedlich eingestuft.

Damit gewinnt das Bewußtsein eine multidimensionale Qualität. Das heißt, man ist sich immer bewußt, daß die eigentliche, vollgültige und alles durchdringende Realität zwar immateriell ist, daß diese aber dank ihrer Potentialität oder dank der Allmacht des Geistes Manifestationen oder Verdichtungen verschiedenster Art auf allen Realitätsebenen hervorbringen kann. Solche Manifestationen sind materielle Dinge, Feinstoffliches, Träume, Gedanken, Vorstellungen, Ideen, Inkarnationen etc. Diese Potentialität oder der Brahman oder der Geist bewirkt so die ganze Schöpfung als Manifestation ihrer selbst. Der Schöpfer – in inkarnierter Form oder als Geist – und die Schöpfung sind eins.

Da sich geistig höherstehende Hindus vor allem ihres Selbst bewußt sind, fühlen sie sich mehr als Atman-Brahman, also mehr als immateriell-geistiger Kosmos denn als Individuum, und erleben sich selber so mehr als das geistige Selbst. Das hat mit Überheblichkeit oder Egoismus nichts zu tun, da das Ich unbeteiligt ist. Das Selbst wohnt als immanenter Atman im Körper, beobachtet das Ich und beeinflußt es, ohne sich mit ihm zu identifizieren. In seinem transpersonalen Aspekt ist der Atman identisch mit dem Brahman, so wie in der Bibel der Geist Gottes im Menschen oder der immanente Christus mit dem göttlichen Allgeist identisch ist. Indem sich die Inder so ganz auf die geistige Wirklichkeit einstellen, erhält ihr ganzes Bewußtsein eine entsprechende Ausrichtung und wird so zur »Überbewußtheit«.

Dabei gelingt es – wie schon angedeutet wurde – allerdings nur den einigermaßen multidimensional Denkenden, der Gefahr einer intuitiven Einseitigkeit zu entgehen, die in den einseitigen Monismus und Nondualismus führt und damit in die zur Kopflastigkeit entgegengesetzte Einseitigkeit. Das Denken muß beweglich genug sein, um zu erkennen, daß das Selbst in vielen Situationen der Mitarbeit des Ichs bedarf, da sich das Ich mit seinem weltzugewandten Verstand auf der materiellen Wirklichkeitsebene besser zu Hause fühlt als das im geistigen Bereich angesiedelte Selbst, das in bestimmten weltlichen Belangen nur generelle Richtlinien gibt und freien Willen gewährt.

Der Asiate mit *niedrigerem* Verständnisniveau identifiziert sich weniger mit dem Selbst als mit seiner Sippe, die so etwas wie ein personifiziertes Selbst darstellt, von dem er sich nicht unterscheidet. Er ist die Sippe, und diese ist er. Ebensowenig unterscheidet er Vergangenheit, Gegenwart und Zukunft. Er lebt nahezu zeitlos, ohne das Gefühl eines Zeitablaufs oder mit einem zyklischen Zeiterleben nach den Naturzyklen.

Wenn der Abendländer ein Ding betrachtet oder bedenkt, dann ordnet er es sogleich in eine von zwei Kategorien ein: Entweder lehnt er es ab, oder er akzeptiert es. Das Ding ist entweder schwarz oder weiß, gut oder schlecht, groß oder klein, hat aber niemals beide jeweiligen Merkmale gleichzeitig. Nichts ist sowohl schwarz als auch weiß, und eine dritte Möglichkeit gibt es auch nicht. So will es die zweidimensionale oder binäre Verstandeslogik des Westens. Sie hat den Vorteil, daß der Entscheid einfach ist und rasch getroffen werden kann, aber den Nachteil, daß alle Wertungen zu Extremqualitäten polarisiert werden.

Wenn der Inder – besonders der gemäßigte Nichtdualist – ein Ding betrachtet und bedenkt, dann umkreist er das Ding gewissermaßen und betrachtet es von allen Seiten und unter allen Aspekten. Während der kopflastige Abendländer nur jeweils zwei polare Aspekte heraussucht, entspricht das vielschichtigere Vorgehen des Ostens – besonders bei geistig hochstehenden Asiaten – viel besser der multidimensionalen Wirklichkeit, obwohl dem Asiaten das Unterscheiden mehr Mühe macht als dem Abendländer. Für die dem Paradoxen zugängliche östliche Logik ist dann nicht nur eine dritte Möglichkeit gegeben, sondern das Schwarze ist hier selbstverständlich zugleich weiß, weil alles relativ ist und stets den Keim des Gegenteils enthält (vgl. das Yin-Yang-Symbol im Anhang). Auf Varianten der Logik verweist ein weiterer Beitrag im Anhang. Wir beschränken uns hier auf die westliche und die typisch hinduistische, integrierende Denkmethode. Andererseits braucht der Inder für seinen Entscheid bedeutend mehr Zeit. Sein Denken kann man aber in der Tendenz als multidimensional-dynamisch bezeichnen. Es beharrt nicht auf einem Standpunkt, sondern versucht alle Standpunkte und Erkenntnisebenen integrierend einzuschließen. Dadurch wird aus dem starren Standpunkt, der im Westen so gern verteidigt wird, ein beweglicher Ausgangspunkt, zu dem das Denken immer wieder zurückkehren kann, aber nicht muß. Aus dieser Sicht ist es auch verständlich, weshalb sich selbst für konkretistisch denkende Inder beispielsweise das Göttliche immer wieder unter einem andern Aspekt in einer andern Inkarnation oder Gottheit präsentieren kann und doch immer wieder an seinen Ausgangspunkt, zum umfassenden Gott Isvara[9], zurückkehrt. Das Verständnis dieser multidimensional-dynamischen Denkweise[17], über die aber viele Asiaten nur partiell verfügen, ist sehr wichtig, um das Wirklichkeitsverständnis und die paradoxe Logik des Ostens begreifen zu können. Andererseits bewirkt die verbreitete asiatische Unwilligkeit zur Unterscheidung eine typische Undifferenziertheit und Unklarheit im vielschichtigen Denken. Trotzdem kann der Abendländer von dieser elastischen Denkweise viel dazulernen. Denn er hat trotz der ihm bekannten Relativität der Wirklichkeit noch kein multidimensional-dynamisches, sondern immer noch vorwiegend ein zweidimensionales Gegensatzbewußtsein mit festen Standpunkten und Bekenntnissen, die er verteidigt anstatt sie zu

hinterfragen. Er lebt fast nur auf der Realitätsebene des materiellen Alltags. Dadurch kann er beispielsweise nicht begreifen, wieso das Gute immer auch den Keim des Bösen enthält und weshalb unter dem Guten eigentlich das Harmonische und unter dem Bösen das Unharmonische zu verstehen ist.
Zum Verständnis der nachfolgenden Texte ist es notwendig, sich diese integrierende Denkweise anzueignen. Am wichtigsten ist es, zu verstehen, daß alles Sein und Geschehen in der für uns sichtbaren Welt und in unserem Alltag seine Entsprechung auf den für unsere Sinnesorgane nicht wahrnehmbaren supramental-geistigen Ebenen hat, denen allein die letzte Realität zukommt. Das hatte im Prinzip schon Platon mit seinen irgendwie feinstofflich gedachten »Ideen« sinngemäß gemeint, ebenfalls die indische Vedanta-Philosophie mit ihrem Begriff des Atman als geistige Dimension oder Wesen des Menschen. Selbst die moderne Physik tendiert in diese Richtung, wenn auch bisher nicht über die Grenze des als Materie Definierten hinaus. Wenn Wirklichkeit das bedeutet, was wirkt, dann ist aber auch das Geistige wirklich. Das Geistige hat in der Bibel zwei Bereiche, den Menschengeist und den Geist Gottes oder den Geist schlechthin. Psychologisch entspricht dem Menschengeist der Verstand des Menschen und dem Geist Gottes der universale Geist der Transpersonalen Psychologie. Es handelt sich, wie aus der Tabelle Nr. 2 im Anhang ersichtlich, um zwei verschiedene Wirklichkeitsebenen: um die Mentalebene und um die Supramentalebene, also um eine egozentrische und um eine transpersonale Ebene. Biblisch gehören dazu der Menschengeist, das »Reich des Satans« und der »Sündenfall« im ersten Fall und das »Reich Gottes« und das »Paradies« im zweiten Fall. Es ist daher sehr wichtig, sich beim Lesen von Texten zu vergewissern, welche dieser beiden Ebenen des Geistes jeweils gemeint ist, da der Ausdruck »Geist« leider für beide Bedeutungen gebraucht wird.

Nach hinduistischer Tradition ist die Verstandesebene (Manomaya-Kosha) durch »Unwissenheit und Unwirklichkeit« gekennzeichnet. Der Verstand (Manas) hält das Materielle für *die* Wirklichkeit. Da alles Materielle vergänglich ist, kann es nach östlicher Ansicht nicht wirklich sein. Denn »wirklich« bedeutet im Osten »unvergänglich«. Es ist wichtig, sich dies gut einzuprägen. Unvergänglich ist nur die geistige, supramentale, unsichtbare oder übersinnliche Welt, die in den östlichen Denksystemen als Atman-Brahman, Selbst, Wesen, Zen, Tao, kosmische Ordnung, Shunyata (Leere) oder Potentialität bezeichnet wird.

Schlußfolgerungen

Die Vielfalt der Vorstellungen über die Wirklichkeit zeigt, daß diese subjektiv erlebt wird je nach dem anerzogenen und dem in der Lebenserfahrung erworbenen Denkmuster und Bewußtseinsniveau. Daraus ergibt sich, daß wir uns unsere Wirklichkeit durch unsere Vorstellungen und Überzeugungen, die aus dem Verstand kommen, selber herstellen. Oder anders ausgedrückt: Was die Menschen als Wirklichkeit beschreiben, ist tatsächlich nur eine Interpretation der Wirklichkeit, die ihr Verstand nach seiner Auffassung formuliert. Diese Auffassung kann sich auf die materielle Alltagsebene beschränken oder weitere Realitätsebenen einbeziehen (geistige, wissenschaftliche, psychologische). Das Denken kann statisch, dynamisch, kopflastig, einseitig intuitiv oder multidimensional-dynamisch sein. Der geistige Horizont kann weit oder eng sein, das geistige Niveau hoch oder niedrig. Je niedriger das Niveau und je enger der Horizont, desto mehr wird als »unwirklich« oder falsch ausgeschlossen. Der Weise aber weiß alles an seinem Platz zu integrieren. So wird die vielschichtige Wirklichkeit von jedem unter anderen Aspekten verschieden interpretiert, obwohl es sich immer um Aspekte

der gleichen Gesamtwirklichkeit handelt. Daher gibt es so viele unterschiedliche Religionen und Ideologien.
Das typische enge Wirklichkeitsverständnis der meisten Menschen und das dadurch verursachte Denken in ebenso engen Kategorien hat in der Transpersonalen Psychologie zu einem interessanten neuen Verständnis der Psychose (Geisteskrankheit) geführt. Bisher hielt die Psychiatrie den Zustand unseres materiellen Alltagsbewußtseins für den alleinigen Normalzustand der gesunden Psyche. Psychosen verstand sie als verzerrte Wahrnehmung »der« Wirklichkeit, ohne sich dieser Verzerrung bewußt zu sein. Diese Definition der Psychose als verzerrte und eingeschränkte Sicht gilt nun aber in der Transpersonalen Psychologie exakt auch für ebendieses bisher als gesund und normal betrachtete Alltagsbewußtsein, das ja durch seine Beschränkung auf die materielle Ebene nur einen winzigen Bruchteil der multidimensionalen Wirklichkeit umfaßt. Psychose kann demnach auch als Verhaftung auf nur einer einzigen oder auf nur sehr wenigen Wirklichkeitsebenen und damit als Unfähigkeit zur Erkenntnis der Vielschichtigkeit der umfassenden Realität definiert werden … Wo aber das Anhaften auf der alleinigen Ebene des Materiellen und Mentalen und damit das statische Denken aufgegeben wird, da hört nach östlicher Meinung auch das Leiden auf, und die Transpersonale Psychologie schließt sich dieser Erfahrung an.
Eine weitere Gefahr, die durch eine *statische* bzw. bekenntnishafte Wirklichkeitsauffassung entsteht (Sekten, Kirchen), ist der soeben erwähnten Gefährdung durch eine *enge* Wirklichkeitsauffassung sehr ähnlich. Es ist die Gefahr, daß ein Mensch mit *moderner* westlicher Lebensführung geistig nicht beweglich genug ist, um mit dem *archaischen* Weltbild der Kirchen zurechtzukommen. An den Werktagen spricht er eine ganz andere Sprache als diejenige, die die Kirche am Sonntag spricht. Sonntags müßte er also auf »Archaisch umschalten«. Dieser Um-

denkprozeß erfordert, soll er nicht in eine Spaltung der Psyche in zwei unterschiedliche Wirklichkeitsauffassungen zugleich führen, ein multidimensional-dynamisches Bewußtsein. Dieses sollte so umfassend und so beweglich sein, daß es hinter allen unterschiedlichen Formulierungen und auf allen Bewußtseinsebenen immer die gleiche Wirklichkeit in verschiedener Darstellung zu erkennen vermag. Die dazu notwendige Erweiterung und Dynamisierung des Bewußtseins wird von den Kirchen vernachlässigt oder ängstlich vermieden, ist aber das Ziel guter spiritueller Schulen. Diese versuchen insbesondere, die verschiedenen Ebenen und Dimensionen der Wirklichkeit bewußt und verständlich zu machen, und bemühen sich dabei um Wissenschaftlichkeit in einem erweiterten Sinn. Tabelle 2 im Anhang versucht einen Überblick über die Bedeutung der sieben Hauptebenen der Wirklichkeit zu geben. Diese müßten eigentlich in zahllose Unterebenen aufgeteilt werden, was die Tabelle aber unübersichtlich werden ließe. Zur besseren Darstellung der neuesten Erkenntnis der Wissenschaft, daß die Wirklichkeit je nach Bewußtseinszustand verschieden wahrgenommen wird, also bewußtseinsspezifisch ist, wäre eine Verfeinerung der Tabelle nützlich.

3
Wege zur Erkenntnis der Wirklichkeit

»Ein Mensch mit dualistischem Denken ist halb blind.«
Sathya Sai Baba

»Verstand ist die Illusion der Wirklichkeit.«
Hazrat Inayat Khan

Das charakteristische Erkenntnisorgan des Abendländers ist sein Verstand mit den ihm dienenden Sinnesorganen. Tendenziell führt einseitige Verstandeserkenntnis wegen ihrer dialektischen Erkenntnismethode in Widerspruch und Materialismus. Alles Abstrakte wird konkretisiert und personifiziert, weil der Verstand, sofern er nicht im abstrakten Denken ausreichend geschult worden ist, infolge seiner Abhängigkeit von den Wahrnehmungen der Sinnesorgane in *konkreten* Vorstellungen denkt. Die Intuition hingegen, das empfangende »Organ« der unreflektierten Direkterkenntnis, das sich uns durch das unvermittelte Reagieren auf das Einfallen des Geistes bemerkbar macht, ist beim Abendländer verkümmert. Die Intuition braucht die äußeren Sinnesorgane nicht unbedingt. Sie kann sie aber unter Umgehung des Verstandes zur Direktwahrnehmung benützen und diese Direkterkenntnisse auch dem Verstand zur Kenntnisnahme anbieten. Die Skepsis des westlichen Verstandes mißtraut jedoch der Intuition und weist ihre Hinweise meistens ab. Der westliche Verstand hält sich eben für die oberste Instanz, die allein »objektiv« beurteilen kann. Dieser Hochmut ist schuld an der westlichen Einseitigkeit.
Andererseits hat der Wissenschaftler seinen Verstand zur Fähigkeit abstrakten Denkens weiterentwickelt, was ihm erlaubt, auch ohne konkrete Vorstellungen Realitäten mittels mathema-

tischer, physikalischer oder philosophischer Experimente und Formeln einzufangen. Bei dieser abstrakten Denkmethode, der Spitzenleistung des Verstandes, bedient sich dieser einer Erkenntnismethode, die sich derjenigen der Intuition annähert, weil der Verstand auf das Konkretisieren hier verzichten kann. Umgekehrt bedient sich die Intuition, um einen konkretistisch denkenden Verstand ansprechen zu können, zum Beispiel im Traum oder beim Phantasieren, des sonst zur Methode des Verstandes gehörenden Mittels der Verdichtung einer unanschaulichen Mitteilung zu konkreten Vorstellungen als veranschaulichende Bilder. Verstand und Intuition verhalten sich funktional zueinander komplementär. Beide tragen aber den Keim des andern in sich, wie dies im chinesischen Yin-Yang-Emblem veranschaulicht ist. Auch dieses Emblem wurde einst von der Intuition hervorgebracht, um den unanschaulichen Sachverhalt der Komplementarität für den Verstand zu veranschaulichen (s. Anhang).

So kann also selbst beim einseitigen Kopfmenschen dennoch der Keim der Intuition in einem gedankenfreien Moment durchbrechen. Auf diesem Prinzip beruht denn auch der intellektuelle Zugangsweg zu intuitiver Direkterkenntnis, den die Hindus Jnana-Yoga nennen. Dieser intellektuelle Zugangsweg führt schließlich doch noch in ein gemeinsames Geleise mit der Intuition. Auf diesem gemeinsamen Geleise fährt der Verstand als Lokomotive und die Intuition als Lokführer dem Ziel der Erkenntnis entgegen, wobei sich ihre komplementären Methoden (Geleise) angenähert und vereinigt haben.

In der Bhagavadgita ist der Verstand durch den Menschen Arjuna als Krieger personifiziert und die Intuition durch Krishna als Wagenlenker. Beide fahren auf einem Kampfwagen (= der Körper) gemeinsam in die Kampfmentalität als Realität dieser materiellen Welt hinein, damit Arjuna hinter dieser vordergründigen Wirklichkeit von seinem Meister auch die andern Ebenen der innern oder transzendenten Wirklichkeit gezeigt bekommen kann.

Die Inder unterscheiden vier hauptsächliche Zugangswege zur Erkenntnis der wahren Wirklichkeit, die alle durch die Innenwelt führen: Jñana-Yoga, Raja-Yoga, Karma-Yoga und Bhakti-Yoga, die Zugangswege über den Intellekt, den Willen, selbstlose Arbeit und liebende Hingabe. Yoga ist der verbindende Erkenntnisweg zwischen materieller und immaterieller Wirklichkeit. Ein Yogaweg allein bringt aber keine volle Erkenntnis. Allein kann keiner der Yogawege existieren. Immer mischen sich Elemente der andern Yogawege hinzu. Daher empfiehlt Aurobindo seinen integralen Yoga, der in erneuerter Form Elemente aus allen Yogawegen enthält. Nicht zu empfehlen ist hingegen der meist im magischen Sinn mißverstandene Weg des Kriya-Yoga, der die effizientesten Elemente aus allen Yogawegen vereinigt und durch Willenskonzentration zu so erstaunlichen Resultaten führt. Aber die dabei auftretende Freisetzung enormer Kräfte gerät leicht außer Kontrolle und ist daher gefährlich. In allen höheren östlichen Religionsverständnissen geht es ganz bewußt um Erkenntnis der Wirklichkeit, während die westlichen Religionen dies vergessen und die Wirklichkeitserkenntnis an die Wissenschaft abgetreten haben. Da muß man sich dann nicht wundern, wenn solche Religion als unwirklich empfunden wird. Im Osten geht es um immer besseres und umfassenderes Verstehen der Wirklichkeit durch Bewußtseinserweiterung und um Verwirklichung durch richtige Lebensweise (Orthopraxie) und Gnade. Im Westen geht es weitgehend um Rechthaberei durch das allein »wahre« konkretistische Bekenntnis (Orthodoxie) und um dessen Konservierung, um Abgrenzung gegenüber andern Verstandesbekenntnissen, um Institutionen und historische Tatsachen bzw. deren Interpretationen. Nur eine kleine Minderheit weiß noch, daß es eigentlich um multidimensionale Wirklichkeitserkenntnis und entsprechende Lebensweise geht, um Hingabe an den immanenten und allgegenwärtigen Geist und nicht an die historische inkarnierte Person oder Personen, die ihn verkündet haben. Diese dienten lediglich der Veranschaulichung des unanschaulichen Geistes, so wie der Sämann, der Weingärtner, der Hirte, der König, der Vater oder der Nächste ebenfalls. Die Veranschaulichungen sind interreligiös auswechselbar, weil sie nur Vorstellungsmöglichkeiten sind. Ebenso sind die historischen Gottpersonen nur Inkarnationen des Geistes, sie sind nur das Fleisch, das den inkarnierten Geist enthält. Auf höherem Verständnisniveau sind sich alle Hochreligionen einig, daß es nur einen Gott und damit auch nur einen Geist gibt. Aber es gibt auch viele veranschaulichende Darstellungs- und Manifestationsformen und -namen für das für uns Unvorstellbare und Unfaßliche, das wir Gott oder Geist nennen. Der Streit, wer den »richtigen« oder den »falschen« Gott »besitzt«, kann nur auf niedrigen Verständnisebenen stattfinden.

Das Wort »Religion« kann auf das lateinische *religare* (= »zurück-/anbinden«), auf *religari* (= »sich festmachen«) oder besser noch auf *religere* zurückgeführt werden. Dieses obsolete Verb bedeutete einst etwa soviel wie »wiederlesen« (wie man alle Wahrnehmungen sorgfältig berücksichtigen kann). Genau um diese Sorgfalt und Intensität geht es. Lactantius, ein Kirchenschriftsteller des 4. Jahrhunderts und Verteidiger der christlichen Lehre, erklärt *religio* als Verbundenheit mit Gott.

Voraussetzung für das erfolgreiche Begehen der Yogawege, die als *östliche* Erkenntniswege ebenfalls die Verbindung mit Gott herstellen (Yoga = »Joch, Verbindung«), ist eine meditative Lebensweise. Das heißt, der Zugangsweg zur Erkenntnis geht im Osten durch die Innenwelt: In meditativer Stille oder Versenkung wird durch Konzentration und schließlich Ausschluß der Gedanken des Verstandes die Wirklichkeit innerlich wahrgenommen und geschaut und so Direkterkenntnis erworben. Anfänglich wird 1–2mal täglich meditiert. Später wird das ganze Leben zur Meditation. Im Karma-Yoga, dem Erkenntnisweg durch selbstlose Arbeit, werden im Alltag nur diejenigen Gedanken zugelassen, die zur Verrichtung der aus Liebe verrichteten Arbeit notwendig sind. Beim intellektuellen Zugangsweg des Jñana-Yogas konzentriert man sich möglichst ununterbrochen auf erkenntnisfördernde Gedanken, so daß für ablenkende Gedanken kein Raum mehr bleibt. Beim Raja-Yoga wird der Verstand durch Willensanstrengung von ungeeigneten Gedanken abgehalten. Immer wird im Yoga der Verstand leer gehalten, zunächst bis auf unentbehrliche und förderliche Gedanken, und am Schluß in der eigentlichen Meditation restlos. In der Bergpredigt nach der Version des Matthäus werden Menschen mit solchermaßen geleertem Geist[10] – gemeint ist hier der Verstand – als »Arme im Geist« bezeichnet und im Zen-Buddhismus gemäß D. T. Suzuki als »namenlose Menschen«. Immer wird dabei das Denken auf das Wesentliche ausgerichtet und konzentriert. Und in der tiefen östlichen Meditation werden dann auch noch die letzten förderlichen Gedanken losgelassen, um den Brahman, die universale Potentialität, als letzte Wirklichkeit erleben zu können.

Da keine unnötigen Gedanken zugelassen werden, fragt man sich beim Karma-Yoga nicht, warum oder ob man eine notwendige Arbeit tun soll, ob dies allenfalls Sache eines andern wäre oder welcher Lohn bezahlt wird. Man tut es einfach aus innerem Antrieb. Beim Bhakti-Yoga besteht die Hintansetzung des Ichs und des Eigenwillens darin, daß man diese völlig aufgibt und sich selber in Liebe an seine numinose Erfahrung und an die Schöpfung als deren Manifestation hingibt. Man konzentriert sich auf den Empfang göttlicher Liebe und gibt diese weiter. Diese Hingabe ist nach Sathya Sai Baba nichts anderes als der Vollzug der Vereinigung des Atman mit dem Brahman, das Einswerden mit Gott. Auf allen Yogawegen fühlt man sich in seinem Tun innerlich geführt. Man handelt – außer auf den beiden ersten Stufen des Raja-Yoga (s. Tab. 5 im Anhang) – nicht mit dem eigenen Willen, sondern läßt sich in das jeweilige Geschehen harmonisch einbinden. Das eigene Ich tritt ganz zurück. Dieses Verhalten soll nicht nur eine kurze Übung sein, sondern vor allem eine Anleitung zu einer meditativen Lebensweise. Diese führt zur Wahrnehmung und schließlich zur Verwirklichung des Selbst (Atman), was sich als beständiges Gefühl der Einheit mit dem Kosmos mit allen seinen Manifestationen oder mit dem Göttlichen zu erkennen gibt.

Der *westliche* Erkenntnisweg führt hingegen über den Verstand und durch die manifeste Außenwelt, auf die der Verstand seine Vorstellungen projiziert. Darum haben sich gewisse westliche Religionen mit menschlichen Autoritätspersonen ausgestattet, die geistliche Funktionen in der Außenwelt ausüben und dabei die Innenwelt nicht mehr erleben können, weil sie nicht mehr in dieser verankert sind. Auch der Erkenntnisweg der Wissenschaften führt durch die Außenwelt, da diese keine Innenwelt kennen. Der Wissenschaftler erkennt vorzugsweise an den materiellen Dingen der Alltagswelt, die aber eigentlich nur Gleichnisse oder Symbole für unanschauliche geistige Realitäten sind. Durch zunehmende Abstraktion im Denken löst er sich allmählich von der einseitigen Verhaftung an allem Konkretisierten und bereitet so den Weg für den erleichterten Einfall der Intuition. So kann sowohl der kirchliche als auch der wissenschaftliche Weg an den gleichen Punkt, zur gleichen Wirklichkeit führen wie der östliche Weg, der für den Wissenschaftler den Jñana-Yoga anbietet. Aber die meisten, die diesen Weg ausprobieren, haben große Mühe, von der Verhaftung an ihre konkretistischen Vorstellungen wegzukommen.

Nur wer den intuitiven Zugang zum Selbst gefunden hat, ist nachher zur Erkenntnis der multidimensional-dynamischen Wirklichkeit fähig. Dann ist es einerlei, ob sich die Wirklichkeit in abstrakt intuitiver oder in manifester Form oder auch in subjektiver oder in symbolischer Darstellung präsentiert. Immer sieht er in allem die gleiche vielschichtige Wirklichkeit auf dem immer gleichen geistigen Urgrund.

Die harmonischen Schwingungen des Kosmos, der Brahman oder das Göttliche läßt sich von jedem Yogi täglich erleben. Dieses Erlebnis kann sich dreifach bemerkbar machen: In der Meditation erscheint innerpsychisches *Licht*, auch wenn sich der Betreffende mit geschlossenen Augen in einem dunklen Raum befindet. Zweitens verspürt er ein *angenehmes Entspannungsgefühl*, weil sich seine vorher unharmonischen Eigenschwingungen dem harmonischen Einklang der kosmischen Rhythmen angeglichen haben. Drittens kann er einen *harmonischen Wohlklang* wahrnehmen, der etwa so tönt wie die Silben OM oder AUM. Es kann aber auch anders tönen. Nach östlicher Ansicht sind diese drei Erfahrungen das Erlebnis der Präsenz des Göttlichen. Die beiden ersten dieser drei Erfahrungen sind auch für den Abendländer nicht allzu schwer nachvollziehbar. Dieses numinose Erlebnis kann sich zu unbeschreiblicher Wonne und Ekstase vertiefen. Diese Wonne hat nichts mit Vergnügen und Lust im verbreiteten Sinn zu tun; sie ist ein viel höheres, geistiges Glückserlebnis, das im Sanskrit »Ananda« genannt wird und im Fall der Verwirklichung dauerhaft ist. Es ist das Glück der Befreiung von allen Bedrängnissen und Bindungen durch Einssein mit dem Geist und durch Distanzgewinn zur materiellen Welt und zum eigenen Ich. Der Meditierende wird in seinen stillen Momenten auf dem Weg zu Ananda bald einmal dieses Wohlgefühl kennenlernen. Je häufiger er dieses ersehnt, desto näher kommt er einer dauerhaften Verwirklichung. Es kann also schon bei konsequenter meditativer Lebensweise zu einem mehr oder weniger intensiven, beständigen Glücksgefühl kommen bis zur Verwirklichung des Anandamayakosha, wie es in der Taittiriya-Upanishad und bei Shankara[12] bezeichnet ist.

Ananda kann also auf verschieden hoher Stufe verwirklicht werden. So etwas können sich die Menschen normalerweise nur im Traum wünschen, und manche suchen es mit Drogen zu erreichen. Diese können unter Umständen auch kurze Glückstrips erzeugen, denen aber gleich ein Umschlagen ins Gegenteil folgt. Dann werden immer neue und stärkere Dosen benötigt bis zur Süchtigkeit und Verelendung.

Wir haben uns ausführlich mit der Wirklichkeit beschäftigen müssen, weil es vielen sehr schwerfällt, von den Vorstellungen ihres Verstandes über die Wirklichkeit loszukommen. Wer trotzdem weiterhin ausschließlich mit Verstandestätigkeit nach der Wirklichkeit suchen will, möge folgende Worte von Albert Einstein beherzigen: »Rein logisches Denken verschafft uns keine Erkenntnis über die wirkliche Welt. Alle Erkenntnis der Wirklichkeit beginnt mit der Erfahrung und endet in ihr. Alle Aussagen, zu denen man auf rein logischem Weg kommt, sind, was die Realität angeht, vollkommen leer.«

Der Bewußtseinszustand, in dem man die Multidimensionalität oder Vielschichtigkeit der Wirklichkeit, die auch als das »Sosein« bezeichnet wird, erkennt und die früheren Vorstellungen von der Wirklichkeit durchschaut, dieser Zustand wird als »Erleuchtung« bezeichnet. Je nach dem Verwirklichungsgrad dieser hohen Bewußtheit ist der Erleuchtete mehr oder weniger verwandelt und von allem weltlichen Geschehen unabhängig.

Der Mitbegründer der Humanistischen Psychologie und Wegbereiter der Transpersonalen Psychologie, Abraham Maslow, äußert sich zum Verhältnis Wissenschaft und Religion wie folgt: »Die Tatsache, daß die Wissenschaft wie auch die Religion zu eng aufgefaßt worden sind und daß zu ausschließlich jede für sich betrachtet und damit beide voneinander getrennt worden sind, ist der Grund dafür, daß sie als zwei sich gegenseitig ausschließende Welten angesehen werden.« Ursache davon sind also das Trennungsbewußtsein und die Enge des Verstandes. Das Gegenteil ist das Einheitsbewußtsein der Spiritualität. Das vereinigende Prinzip heißt Liebe. Liebe ist harmonisierende Kraft des Geistes, integrierende göttliche Gnade. Wenn sie sich im Menschen des Gefühls als Werkzeug bedient, dann entsteht ein Gefühl der Zuneigung, des Verbundenseins und der Ichlosigkeit. Bedient sich die göttliche Kraft der Liebe des Verstandes, dann entstehen ganzheitlich integrierendes Denken, Solidarität mit dem Mitmenschen und Einheitsbewußtsein. Liebe ist kein Gefühl, wie die Psychologen glauben. Auf Gefühle reduzierte Liebe ist körperliche Erotik. Das ist nur der zur physisch-emotionalen Ebene gehörende Aspekt der Liebe, der bei isolierter Betrachtung Gefühl mit Liebe verwechselt, so wie der isolierte Verstand sich auf der Mentalebene mit dem Geist verwechselt und sich beim Homo faber, dem hochmütigen Menschen, als oberste Instanz versteht. Diese beiden Verwechslungen haben für den Menschen schlimme Folgen: Die Existenz einer der Verstandesebene übergeordneten, geistigen oder göttlichen Ebene wird übersehen. Liebe ist viel mehr als nur Gefühl; dieses ist nur ihr Werkzeug, mit dem sie sich in uns fühlbar macht. Liebe ist ein viel höheres und umfassenderes, grenzenloses göttliches Prinzip auf der allem übergeordneten Ebene des transpersonalen Geistes (Tabellen 2 und 9 im Anhang). Sathya Sai Baba sagt, Liebe sei Bewußtsein. Bewußtsein ist Geist, und Gott ist ebenfalls Geist (Joh 4,24). Darum sagen die Religionen, daß Gott die Liebe sei. Liebe ist Göttlichkeit; sie ist es auch, die – von den Psychologen unerkannt oder mit dem Gefühl verwechselt –, die (nicht gerade überwältigenden) Erfolge der Psychologie bewirkt, indem sich der Psychologe in seinen Klienten *ein*fühlt. Was sich da seines Einfühlungsvermögens als Werkzeug bedient, ist diese unbeschreibliche Kraft, die wir Gott, Geist oder die Liebe nennen. Diese Erkenntnis ist so zentral und wichtig, daß die Leser sich diesen Sachverhalt gut einprägen müssen.

4
Aus der Symbolik des Paradieses

»Hast du erst einmal Seelenfrieden erlangt, dann stellt sich alles andere von selbst ein.«

Sathya Sai Baba

Das Paradies des Alten Testaments wurde ursprünglich ganz konkret als ein eingezäunter Garten Eden irgendwo auf der Erde verstanden. Das Wort »Eden« hat im Hebräischen mit Wonne zu tun. Es ist eine symbolische Bezeichnung für den harmonischen Zustand der Psyche. Heute versteht man die Paradiesgeschichte als eine aus dem Unbewußten aufgestiegene Symbolik für die ganzheitliche Wirklichkeit und die dort herrschende Harmonie. Im Paradies der Psyche herrschen ein (statisches) Ordnungsprinzip (die kosmische Ordnung) und ein (dynamisches) Führungsprinzip (Gott). Die Tiere und Objekte im Garten haben alle eine innerpsychische Bedeutung. Gesamthaft symbolisieren sie die Vielheit in der Ganzheit oder Einheit.

Im zweiten biblischen Schöpfungsbericht wird dieser Garten dem Menschen zugewiesen; dieser wird so in die Ganzheit eingegliedert. Alles, was er braucht, ist hier reichlich vorhanden. Von allen Früchten darf er essen – außer vom Baum der Erkenntnis des Guten und Bösen (= Erkenntnis in Gegensatzpaaren, Dialektik), dessen Früchte (= die polarisierten Begriffspaare) sich der Mensch nicht zu eigen machen soll. In der paradiesischen Harmonie liegen Raubtiere friedlich neben Beutetieren (Jes 11). Das Raubtier symbolisiert das Böse (die Aggression), das Beutetier das Gute (die Ergebenheit). Beides gibt es also im Paradies, sowohl Gutes als auch Böses! Aber beides ist nur latent, nur als extreme theoretische Möglichkeit für eine eventuelle spätere Verwirklichung vorhanden. Denn der Zustand der Harmonie liegt zwischen allen vom Verstand künstlich polarisierten Extremen: Hier gibt es weder den Überfall noch den Opfertod. Die Extreme bleiben unverwirklicht.

In der Kabbala, einer Geheimlehre mystisch ausgerichteter Juden, wird der Mensch im Paradies *vor* seinem Sündenfall Adam Kadmon genannt. Er lebt noch ganz unbewußt-harmonisch wie ein kleines Kind, das sich widerspruchslos führen läßt. Sein Ichbewußtsein ist noch kaum entwickelt. Er erlebt sich selber als integralen Bestandteil des Gartens und des harmonischen Geschehens darin ohne Unterscheidung seines Ichs vom Nicht-Ich seiner Umgebung. So ist das Paradies ein Symbol für die kosmische Ordnung und für deren ganzheitliche Wirklichkeit mit ihrer harmonisierenden Führung. In der biblischen Sprache wird diese Harmonie des Kosmos und der menschlichen Psyche sinnbildlich als »Reich Gottes« bezeichnet. Was wir heute Potentialität, Geist, universalgeistiges Steuerungsprinzip oder universalen Gesamtintegrator nennen würden, ist in der konkretisierenden archaischen Denkweise jener Zeit als Gottkönig personifiziert.

Als nun Adam Kadmon trotz Verbots vom Baum der (analysierenden) Erkenntnis ißt, erwacht sein ichbewußter Verstand. Er wird als Person gottgleich. Das heißt, er kann nun selber und unabhängig bestimmen, was gut und was böse sei. Er braucht die intuitive Führung mit ihrem harmonisierenden Ziel vermeintlich nicht mehr. Vor dem Übermächtigwerden seines Verstandes hatte er sie noch wahrgenommen und respektiert. Sein Verstand ist jetzt seine oberste Instanz und löst sich infolge des in ihm erwachten Trennungsbewußtseins aus der Integration des harmonischen Paradieses, was als »Vertreibung aus dem Paradies« beschrieben wird. Durch die Verdrängung der Intuition wird die Psyche einseitig mental. Die Folge ist dialektisch-widersprüchliches Denken in Gegensatzpaaren wie Gut und Böse, wodurch die Psyche unsicher und disharmonisch wird.

Abbildung 2
Harmonie im Paradies. Die Polaritäten sind harmonisiert durch Einbindung in die Ganzheit. Der Tiger greift das Reh nicht an (Jes 11,6–9). Holzschnitt von M. C. Escher.

Die intuitive Entscheidungsanleitung ist verlorengegangen. Die Schlange, die zum Widerspruch überredet, symbolisiert die Polarität und das polarisierende Denken im Trennungsbewußtsein. Adam hat die Früchte dualistischer Erkenntnis gegessen und so in sich hineingenommen. Diese stehen aber allein der göttlichen Führung zu.

Damit ist es aus mit der inneren Harmonie. Der Mensch hat sich durch seinen anmaßenden Ungehorsam selber aus der Ganzheit gelöst und versteht sich fortan als vom Universum getrenntes Subjekt, als einseitiges Ich ohne Selbst. Diesen Austritt aus der Ganzheit vollzieht jeder kopflastige Mensch täglich von neuem, wenn er eine Entscheidung allein mit dem Verstand trifft, ohne sich vom Selbst oder Geist die generellen harmonisierenden Richtlinien geben zu lassen. Es wäre deshalb falsch, den Sündenfall für ein einmaliges, »historisches« Ereignis zu halten.

Diese *Isolierung* des Verstandes durch Austritt aus der Verbundenheit mit dem Ganzen – und nicht etwa der untergeordnete Gebrauch des Verstandes als analysierendes Werkzeug der Intuition – ist das Wesen der »Sünde« oder, besser gesagt, der »sündigen« Haltung oder Einstellung der Absonderung. Die einzelne Missetat ist nur *Symptom* dieser geistigen Trotz- und Ausweichhaltung. Das Wort »Sünde« hat mit »Sonderung« zu tun und bezeichnet diese von der Ganzheit absondernde Haltung, was dem ganzheitlich denkenden Menschen ohne weiteres verständlich ist. Er sieht die Vereinzelung als einen Aspekt der Ganzheit, in die sie eingebunden ist, als Vielheit in der Einheit. Der einseitig mentale, absondernd denkende Mensch sieht hingegen jedes Einzelding als etwas Isoliertes und sich selber als von Gott getrenntes Subjekt. Das ist die Haltung der Absonderung oder der Sünde, in der folgerichtig auch jede einzelne Missetat isoliert als einzelne Sünde betrachtet wird.

Die Haltung des ganzheitlich-harmonischen Fühlens und Den-

Indisches Symbol des inneren Paradieses

kens ist im biblischen Paradies mit zwei Beispielen versinnbildlicht. Im ersten Beispiel wird die Harmonie des *unbewußten* Menschen gezeigt. Vor dem Sündenfall hatte Adam in unbewußter Harmonie unter der Führung durch die göttliche Intuition gelebt. Im zweiten Beispiel geht es um den einsichtigen Schächer auf Golgatha, der sich plötzlich der göttlichen Wirklichkeit des neben ihm gekreuzigten Jesus *bewußt* geworden war und diese wahre Wirklichkeit der göttlichen oder intuitiven Regentschaft anerkannt hatte. Er war sich im letzten Moment seines irdischen Lebens noch der geistigen Realität bewußt geworden und ließ sich als bewußtgewordener Mensch ins geistig-psychische Paradies zurückführen. Er ist zum »neuen Adam« geworden, während der andere, uneinsichtig gebliebene Schächer seinem selbstgewählten Schicksal oder seinem Karma überlassen blieb.

Die Harmonie des Paradieses öffnet sich also nicht nur den unbewußten Menschen, sondern auch allen bewußten, die bereit sind, ihren Verstand wieder der Führung durch die Intuition zu überlassen. Sie sind durch diese intellektuelle Hingabe ebenfalls wieder »arm im Geist« oder gehorsam geworden. Die Rückkehr in die Harmonie des Paradieses erfordert also nicht eine Rückkehr in Unbewußtheit, wie viele meinen, sondern eine

Hingabe des Verstandes im Sinn einer Unterordnung unter die göttliche oder intuitive Führung. Der Verstand erklärt sich dann bereit, ihr zu folgen.
Auf unbewußte Art hatte auch Adam Kadmon seiner inneren Führung gehorcht. Im konkretisierten biblischen Paradies war es seine gärtnerische Aufgabe, zu hegen und zu pflegen, was da nach dem schöpferischen Plan oder gemäß der Evolution heranwuchs. Er fühlte sich noch nicht als »Macher« im Sinn des Homo faber, der meint, er sei es, der alles allein entwickeln und verändern könne. Er verzichtete im Gegenteil darauf, das Gleichgewicht der Natur durch besserwisserische Eingriffe zu stören.
Wer einmal aus der Ganzheit der göttlichen Einheit ausgetreten ist, der kann also jederzeit ohne Rückfall in Unbewußtheit durch Einsicht und Reue bewußt zurückkehren. Das hatte einst auch Sokrates getan, der praktisch über das gesamte Wissen seiner Zeit verfügte, also »geistig reich« gewesen war. Als er die Multidimensionalität der umfassenden Wirklichkeit und die Unzugänglichkeit ihres letztlich allein wahren geistigen Teils für den Verstand erkannt hatte, kam er zur Einsicht, kein wirkliches Wissen zu besitzen. Er ordnete fortan seinen Verstand der höheren Instanz unter und wurde so bewußt und gewollt »arm im Geist« im Sinn fehlender intellektueller Einbildung. So wurde er »überbewußt«. Ihm öffnete sich die harmonische Abgeklärtheit des geistig-psychischen Paradieses, die bei seinem Tod so deutlich zutage trat. Um diesen Bewußtseinssprung möglich zu machen, mußte er vorher die Erfahrung des Gespaltenseins in der Welt der Gegensätze gemacht haben. Daher müssen alle Menschen in dieser dualistischen Welt die künstlichen Polarisationen des Verstandes, die Erkenntnis des Guten und des Bösen mit der Folge der Disharmonie kennenlernen. Erst wenn der Mensch auch das virulente Böse, das der isolierte Verstand schafft, kennengelernt hat, wird er sich der Künstlichkeit der

Polarisationen wie Gut–Böse bewußt und erkennt, daß das wirklich Gute die Harmonie ist, die das Böse in sich integriert und transformiert hat nach dem Muster des Paradieses. Dann weiß er um das trügerische Wissen des Trennungsbewußtseins, das in Wirklichkeit Nichtwissen ist. Ohne das Erlebnis der Tragödien der Welt des Verstandes würde er immer unbewußt bleiben, und seine Evolution zum neuen Adam bliebe aus.

Wenn Jesus sagte, daß nur diejenigen, die wie die Kinder werden, ins »himmlische« Paradies kämen, dann meinte er nicht die kindliche Unbewußtheit, sondern die vertrauensvoll-harmonische Ganzheit der kindlichen Psyche, die es wiederherzustellen gilt. Die Psyche muß durch Einsicht in die höhere Realität und durch Hingabe harmonisiert werden. Als praktische Methode zur Erreichung dieser Hingabe hat sich besonders die geführte und später die stille Meditation bewährt. Jesus hat die Wüste aufgesucht, um Stille zu finden, in der er nach den Auseinandersetzungen mit dem »Satan« (= sein eigenwillig lockender Verstand) dem »Vater« begegnete. Die Begegnung mit dem »Vater« – heute sagt man eher »Selbst« anstelle des konkretistischen Wortes »Vater« – ist das Wesen der Meditation. Auch das Gebet ist eine meditative Form. Es ist also nicht zutreffend, zu sagen, Jesus habe nicht meditiert. Das war es, was er in der Wüste tat. Die Stille der Wüste finden wir in uns drin. Es ist die geistige Ebene im supramentalen Bereich der Wirklichkeit. In der Bewußtheit des Selbst gilt es aber nicht nur, in kurzen Meditationen zu verweilen, sondern allmählich ununterbrochen den ganzen Tag. Das ganze Leben muß zur Meditation werden. So wird das Leben zum Paradies.

Auch im Osten spielt die Paradiesvorstellung eine Rolle. Im Hinduismus wird das Paradies als Bewußtseinszustand des »Anandamayakosha« bezeichnet. Das ist der psychische Zustand andauernder Glückseligkeit des von der materiellen Welt völlig unabhängig gewordenen Weisen (Tabelle 2 im Anhang).

In den chinesischen und japanischen buddhistischen Schulen des Amidismus gibt es viele, meist konkret vorgestellte Paradiese, die nach dem Volksglauben von vielen Buddhas geleitet werden. Auf höherem Verständnisniveau sind diese Paradiese jedoch ebenfalls psychische Harmoniezustände, in denen der Verstand mehr oder weniger abgeschaltet ist, um nur bei Bedarf benützt zu werden. Denn im Osten gilt der isolierte Verstand als Störfaktor. Auf höherer Verständnisstufe wird er aber in untergeordneter Funktion integriert. Im Vergleich zu ganzheitlichen Verständnissen im Westen wird der Verstand im Osten allgemein strenger an die Leine genommen.

Das Paradies ist aber weder im Hinduismus noch im Buddhismus, noch in der christlichen Religion der höchste »Himmel«, sondern es bezeichnet überall die spirituelle Stufe der Harmonie. Im Hinduismus folgt über der paradiesischen Anandastufe die Ebene des reinen Geistes oder Brahman, mit dem alles zu einer Einheit verschmilzt. Im Buddhismus sind die obersten Ebenen das Nirvana und Nirodha, die Ebenen des Erlöschens aller Vorstellungen. Im christlichen Himmel, der von Paulus irgendwie feinstofflich gesehen wird, leben die Menschen in einem »himmlischen« Leib (1. Kor 15,40). Es gibt aber für die Christen ebenfalls eine rein geistige Ebene. Denn Jesus übergibt am Kreuz unmittelbar vor dem Tod seinen Geist an Gott, von dem er gesagt hatte, er sei Geist und er sei mit ihm eins.

In allen drei Religionen wird auf höherem Verständnisniveau das Paradies als ein psychischer Zustand aufgefaßt und nicht mehr als ein harmonischer Ort im »Jenseits«. Der harmonische Mensch erlebt es schon im Erdenleben, während die endgültige Einswerdung mit dem Geist das Ablegen des Körpers voraussetzt. Da der Mensch aber auch eine im Körper vorhandene und darüber hinausreichende geistige Dimension ohne Abgrenzung besitzt, kann er in dem Maß schon zu Lebzeiten mit dem Geist eins werden, als er sich allein mit diesem und nicht mit seinem

Körper identifiziert. Spirituelle Wege geben Anleitung zu diesem spirituellen Aufstieg (s. Tab. 2 im Anhang).
Gelingt der Harmonisierungsprozeß, dann hat der Mensch seine Ganzwerdung erreicht. Nach der analytischen, zerlegenden Arbeit des meistens sehr unabhängig handelnden Verstandes in der ersten Lebenshälfte erarbeitet er sich in der zweiten Lebenshälfte durch integrierendes Zusammenfügen alles scheinbar Getrennten ein ganzheitlich-unistisches Weltbild. Das geschieht als Ergebnis der sich im Reifungsprozeß durchsetzenden harmonischen Abklärung, sofern die Individuation erfolgreich verlaufen ist. Individuation ist ein psychologischer Begriff und bedeutet die volle Entwicklung aller *psychischen* Fähigkeiten des Individuums nach den Möglichkeiten seiner Veranlagung. Dieser evolutionäre Prozeß wird auch als Ganzwerdung oder als Heilsweg des Menschen bezeichnet. Es muß dann aber über das Psychologische hinaus auch noch eine volle *spirituelle* Entwicklung folgen. Da die traditionelle Psychologie den spirituellen Bereich den Religionen überläßt und sich nur mit der physisch-psychischen Person befaßt, ist ihr menschlicher Ganzheitsbegriff nicht vollständig, es sei denn, daß der spirituelle Teil der Ganzheit ausdrücklich erwähnt wird. Diesen Teil des Menschen bezeichnen die Inder als den »eigentlichen, unvergänglichen, wahren« Menschen – im Gegensatz zur »unwirklichen, weil vergänglichen« physisch-psychischen Person, die beim Eintritt in die Spiritualität »hingegeben« werden muß. Nach der Hingabe ist dann alles Physische und Psychische nur noch »Werkzeug« für den Geist (Atman-Brahman, immanenter Christus nach Gal 2,20, Geist der Wahrheit nach Joh 14,16–17 und 16,13). Im mystischen Christentum wird dies gleich verstanden.

5
Bestätigung durch die Biologie

»Geist ist das Wesen des Lebens.«

Gregory Bateson

Während die Theologen von der Schöpfung eines Schöpfers reden, sprechen die Biologen von einer Evolution ohne Vorausplanung und ohne Planer. Trotzdem bewundern beide die Großartigkeit und Zweckmäßigkeit des Resultats, das ganz eindeutig Prinzipien erkennen läßt. Für multidimensional-dynamisch denkende Menschen stellt sich die Frage, ob mit oder ohne separaten oder personalen Planer, dank integrierender Denkweise nicht. Für sie ist dies lediglich eine Frage der Auffassung (Apperzeption).

Aus biologischer Sicht begann die Evolution im kosmischen Feld mit einer *chemischen* Phase, in der als erste materielle Verdichtung das Wasserstoffatom entstand. Aus diesem entwickelten sich in der Folge alle weiteren Elemente. Diese kombinierten sich sodann durch vielfältige Zusammenschlüsse zu Molekülen. So kam es durch gewaltige Zusammenballungen von Molekülen zur Entstehung der Planeten, deren Gravitation eine weitere Anlagerung und Verbindung von Molekülen auf ihren Oberflächen beschleunigte. In den letzten Jahrzehnten haben Biochemiker nachgewiesen, daß der Zusammenschluß von Molekülen zu immer komplizierteren Gebilden aus innergesetzlichem Zwang bis zu einer so weit fortgeschrittenen Kompliziertheit fortschreiten *mußte*, daß gelegentlich daraus die *biologische* Phase der Evolution entstand. Ebenso erscheint es als folgerichtige Weiterentwicklung der Evolution, daß schließlich psychische und intellektuelle Phänomene auftraten.

Die Evolution (im Sinne einer wissenschaftlichen Betrachtungs-

weise der Schöpfung) begann also mit den Verdichtungen im kosmischen Kraftfeld in einer chemischen Phase, auf die mit der Höherentwicklung eine biologische und schließlich eine psychische und eine intellektuelle Entwicklungsstufe folgten. Der Vorgang verlief nach innerer Gesetzmäßigkeit, nach ganz bestimmten, immer wiederkehrenden Prinzipien ab, so daß man berechtigt ist, von einer Art *innerer* Selbststeuerung zu sprechen.
In der letzten dieser Phasen entwickelte sich das menschliche Gehirn als *Reaktion* auf die zuletzt erreichte Möglichkeit des Umgangs mit einem »psychisch-geistigen Substrat«, das vorher schon da war. Es ist also nicht so, daß das menschliche Gehirn die Psyche und das Denken hervorgebracht hat. In der Evolution werden die Organe (Flossen, Beine, Sinnesorgane, Gehirn) ganz allgemein *nachträglich* als Reaktion auf das Leben im Wasser, auf dem Festland, im Licht (Augen) und im Umgang mit Materie (Tastsinn, Hände) und Schall (Ohren) entwickelt. Zuerst waren stets die entsprechenden »Substrate« da: Materie, Licht, Schall, Geist, Bewußtsein, Psyche. Die Augen sind der Beweis für die Existenz des Lichts, das von den Dingen reflektiert wird und auf dessen Wellenlängen die Augen abgestimmt sind. Tastsinn und Beine/Hände beweisen die Existenz von fester Materie und festem Boden, auf deren Schwingungsbereich Tastsinn, Beine und Hände (bzw. deren eigener Schwingungsbereich) abgestimmt sind. Materie, die in einem anderen Schwingungsbereich schwingt, als dem Spektrum unseres Tastsinns entspricht, würde von den greifenden Händen nicht als feste Materie erkannt, und der Fuß würde durch eine solche Materie (z.B. Licht, Luft, Feinstoffliches) hindurchtreten. Denn alle unsere Sinnesorgane – das muß man sich immer vor Augen halten – sind auf einen ganz kleinen Ausschnitt aus dem gesamten Schwingungsbereich des Kosmos bezogen. Darum ist die von uns wahrgenommene Wirklichkeit auch nur ein ganz winziger Ausschnitt aus der kosmischen Gesamtwirklichkeit. Un-

sere Wahrnehmung ist daher in keiner Weise objektiv. Alles, was neben dem Schwingungsbereich unserer Sinnesorgane schwingt, das registrieren diese nicht. Und dennoch spricht unsere Wissenschaft immer wieder von Objektivität ohne ausdrückliche Einschränkung auf die ihr zugänglichen Schwingungsbereiche bzw. Realitätsebenen. Alle uns verfügbare »Objektivität« ist relativ zu den uns jeweils zugänglichen Bereichen. Die Signale, die die Sinnesorgane zur Großhirnrinde leiten, werden dort bewußt. Das ist der Beweis dafür, daß ein als Bewußtsein wahrgenommener Geist existiert, so wie die Lichtempfindung des Auges und des Gehirns der Beweis für die Existenz des Lichts bzw. dessen Reflexionen ist. Entsprechend kann das menschliche Gehirn als Beweis für die Existenz des im Universum unabhängig vorhandenen Geistes mit den Aspekten des Psychischen sowie des kosmischen Bewußtseins und der Matrix des mentalen Bewußtseins gelten. Was dieser Geist ist, wissen wir nicht. Wir können nur sein Wirken in uns und in allem erfahren. Diese Erfahrung ist für uns der Beweis, daß es ein Wirkprinzip gibt, das wir Geist nennen.

Aus dieser Sicht erscheint es als abwegig oder zumindest als inkonsequent, anzunehmen, daß Geist, Psyche und Bewußtsein von unserm Gehirn erzeugt werden. Es ist vielmehr so, daß das Gehirn als Reaktion auf diese immer schon vorhanden gewesenen »Substrate« des Geistes mit der Höherentwicklung der Evolution nach Jahrmilliarden entstehen *mußte*. Diese geistigen »Substrate« sind überall vorhanden, logischerweise also auch in den individuellen Gehirnen, die darauf reagieren und die bewußten und unbewußten Resultate und Vorstellungen geistiger und psychischer Art produzieren und reproduzieren. In Analogie dazu kann man annehmen, daß auch den im Genom und in den »morphogenetischen Feldern« nach R. Sheldrake (S. 64) gespeicherten Informationen eine immaterielle Entsprechung im geistigen »Substrat« zugrunde liegt. Das Entstehen der Materie, der Dinge und des Physischen in ihrer Evolution kann ebenfalls als eine Reaktion auf das Einwirken des Geistes oder als Materialisation einer immateriell-geistigen Vorlage oder eines Konzepts betrachtet werden. Die Materialisation ist letztlich eine Veränderung im Schwingungsbereich: Die feinen geistigen Schwingungen geraten irgendwie in einen unsern Sinnesorganen entsprechenden Schwingungsbereich. So kann auch die biblische Schöpfung, in der durch Wille und Wort die manifeste Welt entsteht, gedeutet werden.

Diese Folgerungen – bewiesen sind sie wissenschaftlich noch nicht – machen Erfahrungen wie Telepathie leichter verständlich. Auch die von den Ostasiaten auf intuitivem Weg erfahrene und in tiefer Versenkung erprobte Existenz einer »Weltseele« und eines »kosmischen Bewußtseins« findet hier eine Stütze. Das gleiche gilt für die christliche Vorstellung eines überall vorhandenen »Heiligen Geistes« im Sinn einer Harmonie und Evolution bewirkenden Kraft.

Im weiteren mag es noch interessieren, welchen Beitrag die Biologie zum Thema unserer psychischen Harmonie zu leisten vermag.

In der frühen Phase der Evolution gab es wahrscheinlich noch keine Lebewesen, die auf psychisch wirksame Einflüsse reagieren konnten. Die Einzeller waren nur dazu ausgerüstet, das harmonisch-ausgeglichene Milieu in ihrer Zellflüssigkeit aufrechtzuerhalten, um die Stoffwechselvorgänge unterhalten zu können. Es ging hier also um *die Harmonie des flüssigen Zellmilieus.* Bei den Tieren mit Stammhirn übernahm das vegetative Nervensystem die Regulierung der Stoffwechselvorgänge. Auf dieser Stufe vermittelte das vegetative Nervensystem durch harmonisierende Abstimmung zusätzlich ein Grundgefühl der Behaglichkeit und Geborgenheit. Auf dieser Stufe kommt also zusätzlich die *Harmonie eines Nervensystems und eines Gefühls* ins Spiel. Auf der Evolutionsstufe mit Mittelhirn kam es dann zur Ausbildung einer arttypischen Steuerung durch Instinkte und vollständige Verhaltensabläufe, die wegen ihres immer gleichen »automatischen Ablaufs« noch mehr Sicherheit und Harmonisierung boten. Auf den höchsten Entwicklungsstufen kam es insbesondere durch die Heranbildung des Großhirns zu psychischen Reaktionen.[13] Dies ist am ausgeprägtesten beim Menschen der Fall, wo *psychische Harmonie* oder Verstimmung am besten beobachtet werden können.

Wenn wir Menschen uns grundlos so richtig wohl und glücklich fühlen, ohne das Denken zu bemühen, dann verdankt das auch unsere Psyche weitgehend der Harmonie im vegetativen Nervensystem, das somit eine Basis für die durchschnittliche Grundstimmung unseres Gemüts liefert. Aber unser Vegetativum kann unterschiedlich veranlagt sein. Ein *vegetativ* labiler Mensch wird auch zu *psychischer* Labilität tendieren. Denn der psychische Zustand ist auch von der individuellen vegetativen Konstitution abhängig.

Die tendenziell ausgeglichene oder schwankende Grundstimmung unseres Gemüts ist also an ihrer tiefsten Basis (Stoffwechselharmonie, Vegetativum) zu einem guten Teil angeboren. Einen weiteren Anteil haben die Denkgewohnheiten und das psychische Milieu der Umwelt, die konditionierend einwirken. Hier ist der entscheidende Faktor unser Verstand, der uns bedrohliche oder erfreuliche *Vorstellungen* oder *Interpretationen* über die Wirklichkeit vorgaukelt. Diese gedankliche Konditionierung kann geändert werden, indem der dominierende Verstand in seine Schranken zurückverwiesen wird. Dann kann sich die angeborene Grundstimmung und das unkonditionierte Unbewußte unserer Psyche wieder durchsetzen. Ist die unbewußte Psyche von ihrer Konditionierung durch die Gedanken harmonisch gestimmt gewesen, dann setzt sich die vorherige harmonische Stimmung wieder durch. Ist das Unbewußte durch den Einfluß und die Vorstellungen des Verstandes unharmonisch und polarisiert, dann kann diese unharmonische psychische Verfassung durch geführte Meditation weitgehend – mit Ausnahme der geerbten Grundveranlagung – harmonisiert werden. Die meditative Lebensweise mit dem auf Harmonie ausgerichteten Bewußtsein und entsprechendem Interesse kann aber die unveränderbare Grundveranlagung weitgehend überspielen. Dies darf jedoch nicht mit (aktiver) Verdrängung verwechselt werden.

Sobald das Denken und das Interesse aber wieder von der Ausrichtung auf das Harmonische abweichen, setzt sich infolge der einsetzenden Polarisierung des Denkens die Unausgeglichenheit sofort wieder durch. Ohne *ständige* harmonisierende Ausrichtung läßt sich besonders beim vegetativ Labilen kein dauerhaft zufriedener Zustand erreichen. Unsere hektische Umwelt läßt von außen so viel Disharmonie in uns eindringen, daß auch ein Mensch mit relativ stabiler vegetativer Veranlagung aus dem Gleichgewicht gebracht werden kann. Daran ist aber nicht nur die Umwelt schuld, sondern eben besonders auch unser falsch ausgerichtetes und polarisierendes Denken und die entsprechenden Interessen. Was hier vom einseitig dominierenden Verstand gesagt wurde, gilt ebenso für einseitige Emotionalität.

Hierher passen auch einige Bemerkungen aus der modernen Gehirnforschung: »Diese versteht das Gehirn und das übrige Universum als ein zusammenhängendes Ganzes; man kann sie nicht trennen und einzeln untersuchen, ohne daß man dadurch eine künstliche und verfälschende Dualität schafft, die ihre tiefere Verbundenheit und Einheit verschleiert. Struktur und Funktionsweise des Gehirns sind eine Funktion des Ganzen und der Interaktion zwischen Gehirn und Umwelt. Das Universum erkennt sich selbst durch das Gehirn, und das Gehirn scheint sich selbst so zu verändern und anzupassen, daß es dieser Aufgabe immer besser gewachsen ist.

In der Entwicklung der Gehirnforschung kommen, kurz gesagt, eine Reihe von ganzheitlichen Zügen ans Licht – Verbundenheit, wechselseitige Abhängigkeit, Akausalität –, die uns wie Parallelen zu Aussagen der modernen Physik und der Bewußtseinsdisziplinen anmuten müssen« (Zitat von Roger N. Walsh, der sich auf mehrere Hirnforscher bezieht).

Ebenfalls ins Gebiet der Gehirnforschung gehört die Hypothese der »morphogenetischen Felder« und der »morphischen Resonanz«. Der britische Biologe Rupert Sheldrake versteht darunter eine Art Feld, das der Wissenschaft bisher noch nicht bekannt war. So wie um jeden Magnet ein Magnetfeld existiert, so ist auch alles Lebende von diesem Feld umgeben, das wie eine unsichtbare Gußform wirkt. Die werdende *Form* des heranwachsenden Organismus wird nicht von den Genen – diese enthalten andere Informationen –, sondern von diesem Feld bzw. von einer ganzen Hierarchie solcher Felder bestimmt. Sie enthalten alle dazu nötigen Informationen und außerdem auch die Gedächtnisinhalte, die beide durch morphische (formgebende) Resonanz an den Organismus bzw. an das Gehirn abgeben werden. Diese morphische Resonanz ist unabhängig von Zeit und Raum, würde also in der Tabelle 2 dem supramentalen Bereich der Wirklichkeit angehören. So können Informationen auch an andere Organismen abgegeben werden und sogar auch noch lange nach dem Tod des zuerst erwähnten Lebewesens. Die Information bleibt nach dem Tod also bestehen und kann nachwirken. Das Gehirn ist hier ein empfangendes Organ und kein Speicher. Wenn die Informationen und die Gedächtnisinhalte aber nicht im sterblichen Gehirn, sondern in einem überlebenden Feld lokalisiert sind, dann ist außerdem die Möglichkeit des körperlosen Überlebens nach dem physischen Tod gegeben. Diese an Experimenten mit Ratten erprobten Forschungsergebnisse scheinen unserer Zeit und dem heutigen Stand der Wissenschaft weit voraus zu sein. Sie benötigen noch viele weitere Untersuchungen. Sie erscheinen uns als sehr gewagt und utopisch. Wenn sie auch keineswegs für abgeschlossen gelten wollen, so dürften diese Forschungen Rupert Sheldrake im nächsten Jahrhundert als Pionier in die Geschichte eingehen lassen – wie einst Charles Darwin, Thomas Edison, Jules Verne und andere, die am Anfang ausgelacht oder sogar angefeindet worden waren.

6
Gut und Böse und die Harmonie

> Erst seit auf Erden
> Ein jeder weiß von der Schönheit des Schönen,
> Gibt es die Häßlichkeit;
> Erst seit ein jeder weiß von der Güte des Guten,
> Gibt es das Ungute.
>
> *Lao-tse*

Dieser »Sündenfall« des Lao-tse macht deutlich, daß Gut und Ungut zwei künstliche Polarisierungen des menschlichen Verstandes sind und daher nur auf der Mentalebene gelten. Bevor dieses Trennungsbewußtsein durch einseitigen Gebrauch des Verstandes im Paradies des Einheitsbewußtseins aufkam, gab es noch keine Gegensätze, keine Gier und keine Bindung. Der Mensch war noch frei und »vollkommen«. Was ist aber ein vollkommener Mensch?

Für den Verstandesmenschen ist der vollkommene Mensch der »gute« Mensch, dem nichts Ungutes nachgesagt werden kann, einer, der nach moralischen Grundsätzen lebt. Gut bedeutet auf der Mentalebene Abwesenheit des Bösen, anders als in der Harmonie des Paradieses, wo *beides* latent anwesend ist. Die mentale Logik schließt das Unpassende aus; die ganzheitlich-harmonische Logik integriert und transformiert alles. In der Konsequenz wird im mentalen Trennungsbewußtsein Gott als das absolut Gute verstanden wie in der Scholastik.

Wieso aber läßt dieser absolut gute Allmächtige so viel Böses zu in dieser Welt? Warum erfüllt er seine »Pflicht« nicht, das Böse aus der Welt zu vertreiben? Als das Böse im Paradies manifest geworden war, hatte er es doch auch vertrieben! Sobald der Verstand auf diese Weise Gegensätze schafft, treten sofort viele unlösbare Fragen auf, für die die Theologen immer wieder

mehr oder weniger gewundene Erklärungen suchen müssen. Immer wieder treten dabei Widersprüche auf – so ist es eben beim einseitig rationalen Denken seit dem Sündenfall!
Was ist denn also ein vollkommener Mensch wirklich?
Wir haben bereits ganzheitlich-multidimensional denken gelernt und haben damit die zweidimensionale Denkweise überwunden. Nun sehen wir die Realität schon besser. »Vollkommen« ist, was »voll kommt«. Nach Anagarika Govinda bedeutete es ursprünglich »vollständig«. Von Vollkommenheit sprechen wir beim Menschen also, wenn sein Denken und Fühlen alle Dimensionen einbezieht und wenn er alle seine psychischen Fähigkeiten nach den Möglichkeiten seiner Veranlagung und entsprechend seiner Evolutionsstufe entwickelt hat. Das ist bei wenigen Menschen zutreffend. Viele Abendländer haben Gefühl, Instinkte und Intuition fast schon verloren.
C. G. Jung hat die psychischen Hauptfähigkeiten eingeteilt in Denken, Empfinden (Sinnesorgane), Fühlen und Intuition. Diese Einteilung hat sich als tauglich erwiesen, wohl vor allem wegen ihrer Einfachheit. Im Osten wird meistens sogar nur zwischen zwei psychischen Hauptfähigkeiten unterschieden: gefühls- und verstandesmäßiges Denken sowie Empfinden einerseits, intuitivem Erkennen andererseits. Diese noch einfachere Unterteilung wird in dieser Arbeit aus ebendiesem Grund meistens verwendet. Scheinbar unlogisch vertritt der Verstand nach östlicher Ansicht die manifeste Außenwelt, und das (unmanifestierte) Kosmische steht für das Immaterielle, das Göttliche und die Innenwelt.
Obwohl die traditionelle westliche Psychologie keinen supramentalen menschlichen Bereich kennt, sondern sich nur mit dem Menschen als körperlich-psychischer Person befaßt, hat C. G. Jung die dem supramentalen Bereich zugehörige, über dem Psychischen stehende Intuition in sein Schema aufgenommen, das die vier psychischen Hauptfähigkeiten des Menschen

darstellt. Die Intuition kann aber vom Menschen nicht so wie die mentalen und inframentalen psychischen Fähigkeiten gehandhabt und beherrscht werden. Sie ist im Gegensatz zur Psyche auch nicht an den Körper gebunden. Aber sie kann auf allen Ebenen autonom und unabhängig, also unbeherrschbar, einwirken. Sie gehört daher nicht der Psyche an, sondern dem supramentalen, überpsychischen, geistigen Bereich, von wo aus sie auf das Psychische einwirkt (vgl. Tab. 2 im Anhang).

Die niedrige Intuition kommt aus den im Gedächtnis gespeicherten Vorstellungen, Erinnerungen, Erfahrungen, Gedanken und Erlebnissen der Vergangenheit, die teilweise plötzlich ins Bewußtsein gehoben werden können. Sie wird auch äußerliche oder empirische Intuition genannt. Man kann sie von der höheren, transpersonalen oder metaphysischen Intuition, die aus dem unbegrenzten geistigen Bereich kommt, nicht sauber abtrennen. Beide können vom menschlichen Willen nicht beherrscht werden. Sie bilden zusammen ein polares Ganzes und sind in das kosmische »Holomovement« eingebunden und von diesem abhängig.

Nach Jung strebt die Seele nach Vervollständigung der psychischen Fähigkeiten gemäß der individuellen Veranlagung (Individuationsvorgang). Sie verfolgt dabei das Ziel, auch das Negative der Persönlichkeit zu integrieren. Im Gegensatz dazu will der Verstand unter den polaren Eigenschaftspaaren immer nur denjenigen Pol akzeptieren, den er sich aussucht. Wenn er sich tugendhaft vorkommt, will er nur die ihm positiv erscheinenden Eigenschaften wie Tugend, Askese, Gutes oder Tapferkeit gelten lassen. Da es aber solche Einpoligkeiten in der Wirklichkeit gar nicht gibt, ist sein »vollkommener« Mensch eine reine Fiktion. Im Buddhismus[14] und im jüdischen Chassidismus wird daher nicht nach sogenannter Vollkommenheit, sondern nach Ganzheit durch Integration und Harmonisierung des Bösen gestrebt. Die Tiefenpsychologie hat diese weise Einsicht später

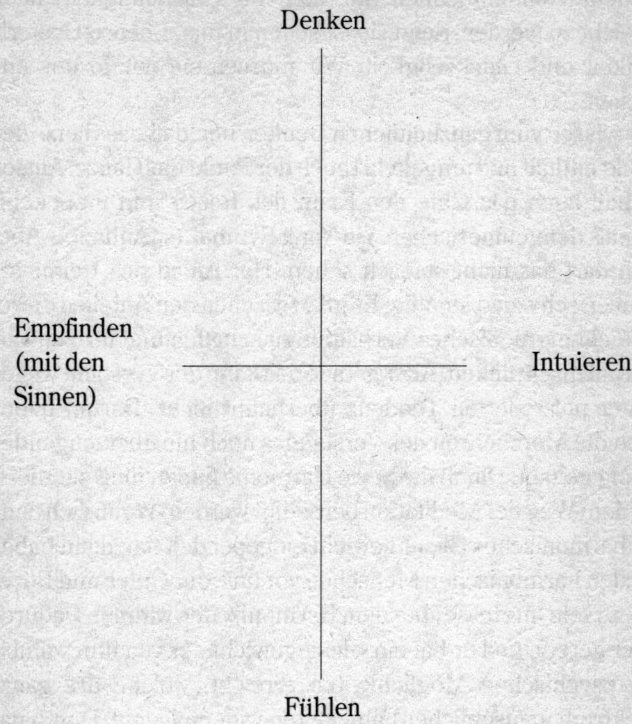

Abbildung 3
Darstellung der vier gegensätzlichen Hauptfähigkeiten der Psyche nach C. G. Jung

aufgrund eigener Erfahrung bestätigt. Nach Vivekananda braucht Vollkommenheit (im Sinn von Vollständigkeit) nicht erreicht zu werden, denn sie ist schon in uns. Ebenso Unsterblichkeit und Glückseligkeit. Wir müssen sie nur in uns entdecken.

Wir wissen vom ganzheitlichen Denken her, daß das Ganze den Punkt enthält und umgekehrt auch der Punkt das Ganze. Analog enthält auch das Gute den Keim des Bösen und umgekehrt gemäß dem chinesischen Yin-Yang-Symbol (s. Anhang). Aber man darf das nicht statisch sehen. Der Anteil des Keims am Ganzen schwankt ständig. Es gilt, zwischen den Anteilen dieser Pole ein harmonisches Verhältnis zu schaffen und ihr Schwanken einzuschränken. Aber gerade das kann der Verstand wegen seiner polarisierten Tendenz überhaupt nicht. Darum haben auch die Morallehren des Verstandes noch nie überzeugenden Erfolg gehabt. Damit die Seele Harmonie findet, muß sie zuerst auf dem Weg der Meditation befriedigt werden. Wenn sich dann ein harmonisches Gleichgewicht eingependelt hat, dann haben wir den harmonischen Menschen vor uns, der Gutes und Böses kennt, sein Interesse aber dem Harmonischen widmet. Dadurch ist er gereift, und er hat ein Gleichgewicht der von ihm wählbaren psychischen Möglichkeiten erreicht, welche das ganze Spektrum menschlicher Fähigkeiten widerspiegeln. Durch das verständnisvolle Gesamterleben hat er alles zu innerer Harmonie verarbeitet. Ihm ist unter allen Menschen am ehesten zu vertrauen, und nicht dem »guten« oder gut sein wollenden Menschen. Denn dieser ist einseitig. Sein Verstand unterdrückt das von ihm nicht akzeptierte Böse, anstatt dieses durch Integration in der harmonischen Ganzheit zu entschärfen. Der einseitig »gute« Mensch will seinen nach polarisierten Vorstellungen künstlich geschaffenen, bösen Pol vernichten und einpolig gut sein. Aber wirkliche Einpoligkeit gibt es nicht. Das wirklich Gute ist das Harmonische. Das hat mir auch Swami Krishnanan-

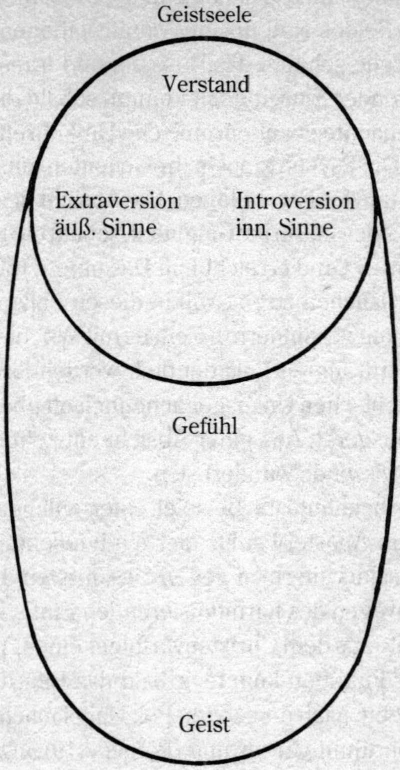

Abbildung 4
Darstellung der Hauptfähigkeiten der Psyche im transpersonalen Sinn. Der Kreis umfaßt die persönliche Psyche, das Oval symbolisiert das Selbst, den Geist.

da für den Hinduismus bestätigt, und das Schlechte sei die Disharmonie. Beides sind für ihn Manifestationen des Selbst. Das Harmonische schließt das Böse ein und transformiert es. Bei moralisierender Einseitigkeit kommt, sobald diese zu stark wird, der sogenannte enantiodromische Umkehreffekt der Psyche zum Zug: Die Psyche kippt in ihr Gegenteil um. Das ist eine Lebenserfahrung der Psychologen. Die Absicht des einseitigen Verstandes wendet sich in ihr Gegenteil, sobald die Einseitigkeit einen bestimmten Grad erreicht hat. Das innere Führungsprinzip, das nach Ganzheit strebt, will in diesen Fällen die psychische Einseitigkeit verhindern, indem es mit Wucht die Existenz des andern, verdrängten Pols deutlich werden läßt und dabei wegen der psychischen Unausgeglichenheit oft über das eigentliche Ziel hinausgerät. Aus guter Absicht entsteht dann Böses, und der Nichtwissende wundert sich.

Das vielleicht bekannteste Beispiel einer solchen Erfahrung finden wir beim Apostel Paulus, der ein intellektueller Eiferer war. Vor Damaskus eiferte er gegen die Christen. Dabei kippte seine Psyche wegen des harmonisierenden Einflusses des Geistes und machte aus dem Christenverfolger einen Apostel. Aber auch in dieser Funktion konnte er bald das Eifern nicht mehr lassen und strebte nach dem guten Pol. Dabei machte er folgende, ebenfalls berühmte Erfahrung (Römer 7,19): »Das Gute, das ich will, das tue ich nicht; aber das Böse, das ich nicht will, das tue ich.« Er hatte damals noch nicht verstanden, daß »Gutes tun« bedeutet, den göttlichen Geist in sich und aus sich heraus als Führungsprinzip wirken zu lassen.

Ein weiteres Beispiel für den Umkehreffekt der einseitig mentalen Psyche ist von Thomas von Aquin[15], dem Vater der stark intellektuellen Scholastik, bekannt. Er verlor alles Interesse an Verstandeserkenntnis, nachdem er am 6.12.1273 nach dem Besuch einer Messe in Neapel in einer Vision die geistige Welt geschaut hatte. Er dachte daran, sein Hauptwerk, die »Summa

Theologica«, das er nun als nichtig wie Stroh empfand, zu verbrennen. Durch seinen Tod im Jahr 1274 entkam er noch rechtzeitig der bereits vorbereiteten Ketzerverfolgung durch die gleiche Kirche, die ihn später heiligsprach. Die Kirche verharrte auf der Unübertrefflichkeit der scholastischen Vernunftserkenntnisse, indem Papst Pius V. diese im Jahr 1567 zur Kirchenlehre erhob. Am 4. 8. 1879 schrieb Papst Leo XIII. schließlich in seiner Enzyklika »Aeterni Patris« die scholastische Lehre des Thomas für alle Zeiten dem kirchlichen Denken als verbindlich vor. Hier war die katholische Kirche ihrer theologischen Autorität in dessen spiritueller Evolution nicht gefolgt, da sie kein Verständnis und kein Interesse für Direkterkenntnis und innere Führung aufbringen konnte. Zu weit war der gewaltige Geist des Thomas für die enge Kirche geworden, die sich von ihren mentalen Fesseln nicht befreien konnte! Und dabei wäre es doch die zentrale Aufgabe der Kirchen und der Lehrer der Menschheit, den Fluß der spirituellen Evolution der Menschen durch Anleitung und durch das eigene Beispiel sowie durch Verzicht auf jeden Versuch zur geistigen Plafonierung und Eingrenzung in Gang zu halten. Gott ist nicht einseitig, er ist nicht das absolut Gute, wie der polarisierende Verstand sich das Unfaßliche und Grenzenlose des Allgeistes vorstellt. Er ist vielmehr das Absolute, das von den Vorstellungen des Verstandes Gelöste, das Prinzip der absoluten Harmonie nach dem Vorbild des Paradieses, in dem alles in transformierter Form enthalten ist, potentiell auch das Böse, indem es dem freien Willen zur Verwirklichung zur Wahl überlassen wird.

Es ist bei diesen Erfahrungen zu beachten, daß diejenigen Regungen, die aus einem disharmonischen, einseitig konditionierten und beengten Unbewußten oder Tiefenbewußtsein entspringen, nicht den harmonischen Ausgleich suchen, sondern den fehlenden Gegenpol. Dadurch kommt es zu dialektischen Schwankungen des Denkens und zu Störungen im Fühlen. Die

Verdrängungen und die disharmonischen Konditionierungen schlagen mit Wucht zurück, und es ist dann schwierig, seinem ursprünglich harmonischen Gewissen zu folgen. Denn nur aus einem harmonischen »Herzen« kann auch eine harmonische Führung kommen. Darum müssen wir erst einmal werden wie die noch unverdorbenen Kinder oder so fügsam wie der einsichtige Schächer auf Golgatha. Es wird möglich, wenn wir unser Leben zu einer einzigen Meditation, zu einem ständigen Verbundensein mit dem Selbst oder dem Allgeist ausgestalten. Dann kann die harmonische Transformation eintreten.

Der zeitgenössische indische Avatar Sathya Sai Baba sagt: »Wir neigen dazu, in dieser Welt einen Unterschied zwischen Gut und Böse zu machen. In Wahrheit sind jedoch beide nur das Resultat der Art und Weise, wie wir die Dinge anschauen. Gut und Böse haben nichts zu tun mit der eigentlichen Natur der Dinge.« Er spricht zuerst von den Gesetzmäßigkeiten auf der Ebene dieser mental polarisierten Welt und nachher von der spirituellen Ebene der »eigentlichen Natur der Dinge«, wo es keine Polarisationen gibt. Das ist der Urgrund alles Seienden mit seinen harmonischen kosmischen Schwingungen. An einer andern Stelle sagt Sai Baba: »Eine Fessel bleibt eine Fessel – sei sie nun aus Eisen oder aus Gold. Man muß von beidem frei sein. Das heißt, man muß ein Stadium erreichen, wo man weder vom Guten noch vom Bösen angezogen oder abgestoßen wird.« Zwischen dem Angezogenwerden und dem Abgestoßensein verläuft der Mittelweg, den die großen Weisen empfehlen. Er führt aber nicht etwa in Gleichgültigkeit oder in introvertierte Eigenbrötelei, sondern in Freiheit von den Fesseln der Emotionen und des Verstandes. Er führt auch nicht zur Aufgabe der Individualität, sondern zur Erkenntnis des Einsseins mit der kosmischen Ganzheit unter Beibehaltung der eigenen Einmaligkeit.

Es könnte nun das Mißverständnis aufkommen, daß der Verstand keine wichtige Funktion zu übernehmen habe. Insbesondere wenn in der östlichen Literatur von der »Vernichtung« des Verstandes, des Willens oder des Ichs die Rede ist oder wenn das biblische »Nicht wie ich will« in Betracht gezogen wird, kann dieser Eindruck leicht aufkommen. Der Verstand kann mit dem Minister (= Diener) eines Herrschers verglichen werden. Er hat eine untergeordnete, dienende Funktion; insbesondere muß er die *Ordnung* im Staat *organisieren* und *überwachen*, die Wünsche seines Herrn dem Volk *verständlich machen* und deren Erfüllung *kontrollieren*. Aber sogar der Herrscher wird, wenn er ein einsichtiger Mann ist, seine eigene Funktion als Dienst an der Ganzheit verstehen.

Bei der Gestaltung dieses Buches hat beispielsweise der Verstand als »Minister« (= Diener) des Herrschers dessen Intuition zu einem übersichtlichen Ganzen *geordnet*, zu einem folgerichtigen Aufbau *organisiert*, hinsichtlich Fehlerhaftigkeit *überwacht* und versucht, es allgemein *verständlich* darzustellen. Dies erforderte auch ein beträchtliches Maß an *Kontrolle* des Verfassers über seine eigenen Gedanken.

Was der Verstand hingegen nicht tun darf, dies soll noch einmal ganz deutlich gesagt werden, ist das Überschreiten seiner untergeordneten Kompetenz. Er darf *nicht unabhängig* entscheiden, was gut oder schlecht, verrückt oder »normal« (= *seiner* Norm entsprechend) ist, weil sein Prinzip der Wertung auf Polarisation zu unvereinbaren Gegensätzen beruht. Die intuitive, übergeordnete, nichtwertende Schau schließt hingegen nichts aus, sondern integriert alles an seinem Ort *innerhalb* der Ganzheit. Die Einordnung erfolgt dann auf den fundamentalen Ebenen der Materie, der Pflanzen oder der Tiere, auf den disharmonischen Ebenen der Emotionen und des Verstandes (Mentalebene), auf den harmonisierenden und harmonischen Ebenen der Intuition und der Glückseligkeit oder auf der alle Ebenen durchdringenden göttlichen Ebene des Absoluten, wo alles jeder Faßbarkeit, Wertung und Vorstellung durch den Verstand entzogen ist und daher von diesem als das »Nichts« empfunden wird, wo es keine Eigenschaften mehr gibt oder nur noch göttlich-potentielle, wo nur noch der Geist mit seiner Intuition zuständig ist. Von dieser höchsten geistigen Ebene aus betrachtet ist der Verstand eine durch die Materie des Physischen eingeengte Fokalisation des Geistes und damit ein konditioniertes Zipfelchen von ihm.

Der Weg zur Bewußtheit

Wer das Denken verachtet, steht in Wirklichkeit auf der niedrigen, stark emotional beeinflußten Mentalstufe, wo das Unpassende ausgeschlossen wird. Will er spirituell werden, dann muß er seine Ablehnung zuerst einmal hingeben und sein stumpfes, eigenwilliges Gemüt zu einem tauglichen Werkzeug transformieren. Dann muß er es aus seiner Hand geben und es ganz der göttlichen Führung zum harmonisierenden Gebrauch übergeben. Bleibt er hingegen bei seinem emotionalen Denken, dann bleibt sein stumpfes Werkzeug in der Hand seines polarisierenden Ichs (Tab. 3 im Anhang).
Das Wesen geführten Denkens ist hingegen Einheit mit der geistigen Realität.

Vgl. Spr 9,1–8

7
Wer bin ich? Das Ich und das Selbst in westlicher und östlicher Sicht

»Alles, was wir sind, ist das Ergebnis dessen,
was wir dachten.«

Buddha

1. Ich und Selbst in der westlichen Psychologie

Das Ich ist im Westen der entscheidende Teil der Psyche, der den Willen bildet. In seinen Tätigkeiten erlebt sich das Ich als Individuum und identifiziert sich mit all dem, was es (bzw. sein Verstand) als ihm zugehörig betrachtet. Freud grenzte das Ich ab vom Über-Ich (innerer Richter des Ichs, Ideal und Moral) und vom Es (Unbewußtes), doch sind hier keine scharfen Abgrenzungen möglich, sondern die Übergänge sind fließend. Das Unbewußte ist für Freud nicht viel mehr als der Ort unserer psychischen Verdrängungen. Das Ich ist sich seiner selbst bewußt (Ichbewußtsein). Ich und Verstand sind eng miteinander verknüpft. Der Verstand als abtrennendes Prinzip trennt das Ich vom Nicht-Ich.
Das Selbst als neuer, erweiterter psychologischer Begriff für das *Ich* wurde notwendig wegen der Probleme der Anpassung (Erfahrung, Erziehung, Konditionierung, Prägung) des Ichs an seine Umwelt. Es wird auch als das Selbstbild definiert, als die Wahrnehmung also, die das Subjekt von sich hat. Bei C. G. Jung hingegen ist das Selbst das Ganzheitszentrum der Psyche, die somit zwei Zentren enthält. Jungs Selbst enthält das persönliche und das kollektive Unbewußte und ist das übergeordnete Zentrum und zugleich die Gesamtpersönlichkeit, da es in sich auch

das Ich enthält (Abb. 5). Es ist aber nicht transpersonal im Sinn einer grenzenlosen geistigen Dimension des Menschen, wie es die östlichen Philosophien und neuerdings auch die Transpersonale Psychologie vertreten, sondern auf das Individuum beschränkt bzw. arttypisch hinsichtlich des kollektiven Anteils (so wenigstens beim »offiziellen« Jung).

2. Ich und Selbst in der östlichen Auffassung

Während das Ich im Westen spätestens seit Descartes das eigentliche Wesen der menschlichen Persönlichkeit bestimmt und somit als der Beweis für die menschliche Existenz betrachtet wird, ist das Ich für den Osten etwas Unwirkliches, Veränderliches und Vergängliches, etwas in der Schöpfung für rund 70 Jahre Geschaffenes, das dann wieder verschwindet. Das Ich wird praktisch mit dem emotionalen und mentalen Eigenwillen des Menschen gleichgesetzt, der durch die Inkarnation des formlosen und unendlichen Geistes in eine enge Körperform gepreßt und so verengt worden ist. So entsteht aus dem unsterblichen Atman (biblisch: der unsterbliche Mensch, der das ewige Leben hat und nach Röm 8,29 Christus gleichgestellt ist) ein begrenzter und sterblicher Mensch aus »Fleisch und Blut«. Seine Unsterblichkeit hat er verloren, weil er sich für den sterblichen Körper und dessen vergängliche Psyche hält. Diese Identifikation ist aber reine Täuschung. Der Verstand ist vom Schleier der »Maya« verhüllt oder wie ein von Staub bedeckter Spiegel, der die Wirklichkeit verzerrt widerspiegelt. Wird der Spiegel gereinigt, dann sieht man in ihm die Wirklichkeit »kristallklar«, und der Betreffende ist in niedrigerem bis höherem Grad »erleuchtet« – je nach Verwirklichungsgrad. Der normale Verstand allein kann die volle oder wahre Wirklichkeit nicht erkennen, was übrigens auch Einstein gesagt hat. Er

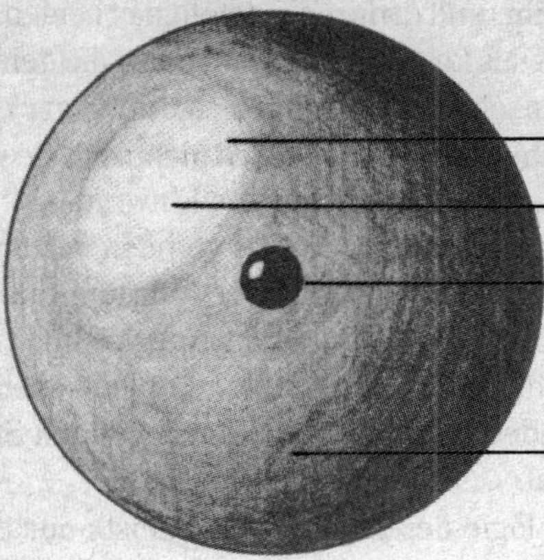

Abbildung 5
Die ganze Psyche oder die Gesamtpersönlichkeit als Kugel dargestellt nach C. G. Jung. Aus dem Buch »Der Mensch und seine Symbole«.

macht sich infolge seiner beengten und verstaubten Sicht falsche Vorstellungen von ihr, und dadurch entsteht das Leiden in der materiellen Welt. Dieses Leiden ist notwendig für die geistige Entwicklung des Menschen; denn ohne sich die Finger ein paarmal verbrannt zu haben, lernt der Mensch nicht, daß Feuer heiß ist. Also muß der Verstand durch intuitive Einwirkung des göttlichen Geistes (Atman-Brahman, Selbst) von den falschen Wirklichkeitsvorstellungen gereinigt und der Führung durch den Geist untergeordnet werden – man vergleiche Gal 2,20/5,18! Dann hören die durch eigenwillige Fehlentscheide des begrenzten Verstandes (bzw. des Ichs) entstandenen Störungen in der Psyche auf.

Während in der Psychologie der Begriff des »Selbst« nur ein durch Erziehung, Umweltkonditionierung und durch das Unbewußte erweitertes Ich bedeutet, bedeutet das Selbst der Inder das göttliche, unsterbliche, unbegrenzte Wesen des Menschen, das gleiche, was Paulus mit seinem immanenten Christus meint (Gal 2,20). Dieses Selbst ist die wahre, weil unveränderliche und unvergängliche Wirklichkeit des Menschen und der ganzen Schöpfung. Es ist sowohl im Menschen und in den Dingen und wird dann als Atman bezeichnet, als auch überall als Allgeist vorhanden und wird in diesem Aspekt Brahman genannt. Atman und Brahman – immanenter und allgegenwärtiger Geist – sind aber nicht voneinander getrennt und nicht zu unterscheiden. Das hinduistische Selbst ist also transpersonal-universal. Es ist das unbegrenzte Prinzip der Göttlichkeit, während alles Menschliche dem begrenzten Prinzip angehört. Dies bedeutet, daß das an den individuellen Körper und damit an die Person gebundene Ich (beziehungsweise alles Psychische) begrenzt, veränderlich, vergänglich und damit nicht eigentlich wirklich ist. Über der psychischen Ebene gibt es also eine spirituelle mit mehreren Unterebenen – eine sehr wichtige und im Fall der Nichtbeachtung folgenschwere Unterscheidung. Denn wird das göttliche Selbst für eine psychische Angelegenheit betrachtet, dann wird es zum Ich oder Ego verengt, und der sich als Gott erkennende Mensch wird im Sinn von Nietzsche zum Übermenschen oder zum Homo faber, zum Gegenspieler des göttlichen Selbst, zu einem aufgeblasenen Egoisten. So kommt es heraus, wenn Ich und Selbst bzw. Verstand und (göttlicher) Geist verwechselt werden.

Und wenn wir vom Unterschied der psychischen und der spirituellen Ebenen reden, dann müssen wir auch hier aufpassen, daß die spirituelle Ebene nicht mit der theologischen verwechselt wird. Die theologische Ebene ist mental, denn Theologie ist das Sprechen von Gott, die Meinungsbildung über das, was Gott ist. Genauso hat Adam im »Sündenfall« entschieden, was als gut und was als schlecht zu gelten hat. Beides, die Meinung über das Göttliche wie auch über das Gute und das Böse, hat schließlich in der Verwirrung geendet. Heute stehen wir vor diesem selbstverschuldeten Scherbenhaufen unserer Überheblichkeit, und die intuitionsarmen Theologen sind ratlos. Eugen Drewermann hat also durchaus recht, wenn er sagt, daß kein Unterschied zwischen der psychologischen und der theologischen Ebene bestünde – aber es ist nicht so, wie er es meint. Der Unterschied liegt vielmehr darin, daß das Selbst die spirituelle Ebene kennzeichnet und das Ich die psychisch-theologische. Da können die westlichen Psychologen und die Christen einiges von der vedantischen Spiritualiät Indiens lernen.

Der Jungianer W. Obrist[16] *bezeichnet das transpersonal-kosmische Selbst als »unzulässige Verschmierung eines zur Benennung beobachteter Fakten gebildeten Begriffs«. Da liegt ein Mißverständnis vor. Man kann eng oder umfassend beobachten oder – wie Buddha sagte – falsch oder richtig hinsehen. Man kann mental-statisch oder multi-*

dimensional-dynamisch hinsehen und denken[17]*. »Verschmierendes« Denken ist ein Zeichen von Unbestimmtheit, was nicht mit multidimensionaler Denkdynamik verwechselt werden darf. Ein unbestimmter Mensch ist noch nicht (voll) unterscheidungsfähig. Er partizipiert in seinem Urbewußtsein aber ahnungsvoll-fühlend an einem äußeren Phänomen und fühlt sich in einer größeren Einheit (Familie, Sippe, Welt, Kosmos) integriert, ohne sich über diese Zusammenhänge klar bewußt zu sein. Bei diesen Menschen besteht in der Tat infolge des fehlenden Unterscheidungsvermögens eine »verschmierende« Wahrnehmung. Das darf aber nicht mit der Denkdynamik eines hochbewußten indischen Philosophen oder eines Avatars verwechselt werden. Diese sind in der Lage, alle Ebenen der multidimensionalen Wirklichkeit zu sehen und sich je nach dem momentanen Bedarf auf jede Denk- und Vorstellungsebene bis hinauf zur intuitiven Direktschau der vollen Gesamtwirklichkeit zu begeben und alles sowohl voneinander zu unterscheiden als auch die Einheit alles Seienden auf der geistigen Ebene zu erkennen. Denn das eine in der Vielheit und die Vielheit im einen zu sehen – das ist nach indischer Erfahrung Erlösung. Diese Ebene der geistigen Einheit findet David Bohm zutiefst in den Atomen und »unterhalb« oder »außerhalb« dieser, wo alles im Unsichtbaren zu einer kosmischen Einheit zusammenfließt. Das hindert ihn keineswegs am klaren Unterscheiden auf den materiellen Ebenen.*

Leider wird im Westen noch keine ausreichende Bewußtseinsforschung betrieben, weshalb solche Mißverständnisse zuweilen auch heute noch nicht erkannt werden.

Es ist interessant, die Bewußtseinsentwicklung der Menschen bis zu ihren Anfängen zurückzuverfolgen. W. Obrist hat sich ebenfalls damit befaßt. Er verweist auf die

Sankhya-Philosophie des legendären indischen Weisen Kapila, in der das Ich und das Selbst noch zwei im Menschen vorhandene Zentren oder Monaden waren, so wie es in der Jungschen Tiefenpsychologie auch heute noch verstanden werde. Der »Purusha« und später »Atman« genannte Geist wird in den Upanishaden in der Tat als »daumengroß« oder als »so groß wie ein Same« beschrieben. Man »hat« diese »Geistmonade« in sich. Es ist ein Teilhaben durch Besitz eines Stückchens vom Ganzen, das man in sich trägt. Man spricht auf dieser Vorstellungsstufe von einer irgendwie materiell vorgestellten Partizipation durch Besitz eines Moduls von einem übergeordneten Leitprinzip, dessen Existenz man im Leben in sich drin praktisch erfahren hat. Das ist eine archaische Verständnisebene, auf der das Phänomen des unsichtbaren »Substrates« Geist denkerisch und als Vorstellung noch nicht besser bewältigt werden konnte als durch Materialisierung und Verkleinerung zur Samengröße und – im Sinn der Allgegenwart – durch Vergrößerung des Purusha zum kosmischen Riesen. Parallelen findet man hierzu in vielen Religionen, so in Ägypten und bei den Germanen.
Heute ist in einer weiterentwickelten Vorstellung des Kosmos die Rede davon, dieser bestehe aus lauter Systemen und Untersystemen, die miteinander verknüpft seien. In der Regel sind es aber nicht mehr Monaden oder Module, die die Steuerungsaufgabe übernehmen, sondern der allem zugrunde liegende Geist oder das allgegenwärtige »Fließen«. Das Gehirn als menschliches Steuerungsorgan wird neuestens als nur re*aktives Organ erkannt, nicht mehr als die Quelle des Geistes. Das ist eine neuer, revolutionärer Ansatz für ein neues psychologisches Konzept, in dem der vergänglichen psychologischen Ebene eine unvergängliche geistige Wirklichkeitsebene übergeordnet ist, die auf un-*

veränderlichen und universell gültigen Grundprinzipien beruht und gleichzeitig alle niedrigeren Ebenen in sich enthält und auf sie einwirkt. Die wirkliche Quelle des Geistes liegt auf der spirituellen Ebene, die den meisten Menschen weitgehend unbewußt ist, obwohl sie in ihrer transpersonal-kosmisch-weiten, unbewußten Dimension schlummert.

Auf diesen Grundprinzipien ist der ganze Kosmos aufgebaut, diese erleben wir auch als unsere Grunderfahrungen. Wir nehmen sie mit unseren psychischen Hilfsmitteln (Sinnesorgane, Gefühl und Verstand) wahr und erleben sie zum Beispiel als Liebe, Freude, Energie, Natur etc. Energie ist das, was in der Bibel als Macht Gottes, Wirkkraft oder Heiliger Geist bezeichnet ist. Man kann es auch als das Kausale bezeichnen, eine Bezeichnung, die wir sowohl im Hinduismus als auch in der Wissenschaft und in der Esoterik finden.

Wir wissen, daß das, was wir als Geist oder als Selbst bezeichnen, trotz aller Erfahrung etwas ist, was sich von unserem Verstand nicht erfassen läßt. Wir können dieses grenzenlose Numinose nur in unseren alltäglichen Erfahrungen indirekt als etwas Reales erkennen, als Intuition, Führung, Ordnung, Prinzipien etc. Die großen Inkarnationen[18] wie Jesus, Buddha oder die indischen Avatare wissen aber über das uns Menschen Verborgene Bescheid. Sie gelten daher als Inkarnationen Gottes. Aber sie sagen uns sinngemäß, der einzige Unterschied zwischen ihnen und uns liege darin, daß sie wissen, sie sind Gott, und wir wissen es nicht. Als biblische Beispiele lese man die bereits zitierten Stellen in Psalm 82,5–7, Joh 10,34–36 und Röm 8,29. Die Inder haben aber das Wissen bewahrt, daß der Geist auch den Dingen innewohnt (panentheistischer Aspekt, auch in der Bibel zu finden: 1. Kor 15,28) Und weil die Natur nichts anderes als der manifest gewordene Geist ist, ist auch sie im indischen Bewußtsein göttlich (pantheistischer Aspekt, auch in Sir 43,27). Obwohl Pantheismus und Panentheismus also auch in der Bibel spärlich vorkommen, haben die Christen, die Juden und die Muslime diesen Aspekt der Wirklichkeit vergessen. Gott und das Selbst sind alles und alles in allem, und das Ich oder Ego ist nur eine dem engen menschlichen Verstand angemessene Vorstellung von dem, was der Geist wirklich ist.

3. Ich und Selbst in der Bibel

Das Ich der Bibel ist im Bewußtsein der meisten Christen etwas vollwertig Wirkliches, das sich auf seinen freien Willen beruft und sich mit dem Verstand für Gott entscheiden kann. Der Abendländer ist eben sehr stark auf der Mentalebene verwurzelt und handelt deshalb aus dem Verstand des eigenen Ichs heraus nach christlich-humanen Grundsätzen, die er akzeptiert hat. Er fühlt sich in den meisten Fällen nicht innerlich geführt, sondern bekennt sich zu Dogmen und Glaubensbekenntnissen, zu Kirchen und Ideologien. Sein Bewußtsein ist dualistisch und unterscheidet stets zwischen Ich und Nicht-Ich im Sinn der westlichen Psychologie. Diese Denkweise hat er von den alten Griechen übernommen, und so interpretiert er auch die Bibel aus der Sicht des Ichs. Das biblische »Nicht ich, sondern du« wird deshalb in der Vorstellung des Verstandes dualistisch im Sinn einer stellvertretend handelnden Zweitperson interpretiert. Nur selten, hauptsächlich von Mystikern, wird es im Sinn eines Aufgehens des Ichs im Du verwirklicht. Darum steht dieses Ziel der Einswerdung nicht im Mittelpunkt des christlichen Bewußtseins, obschon es in der Bibel an mehreren Stellen, besonders im Johannesevangelium (14,20; 17,21–26 u.a.), deutlich dargestellt wird: Hier befindet sich das Ich im Du und das Du im Ich, genau wie im hinduistischen Nondualismus (siehe Tabelle 7 im Anhang). Der Begriff des Selbst als doppelpoliger Geist im Sinn des hinduistischen Atman-Brahman entspricht dem immanenten und zugleich allgegenwärtigen Geist der Bibel, von dem diese aber nicht eindeutig sagt, daß er auch in den *Dingen* vorhanden sei und daß er mit der Schöpfung eins sei wie die Rückseite einer Münze mit der Vorderseite.

Die Seele wird in der Bibel sowohl als ganzer grobstofflicher Mensch verstanden (Apg 2,41: dreitausend Seelen wurden getauft) als auch in diesem physischen Sinn abgelehnt (Mat 26,64 und 1. Kor 15,50: Fleisch und Blut können das Reich Gottes nicht ererben). Im 1. Kor 15,40 wird sie als »himmlischer Leib« vermutlich feinstofflich aufgefaßt, und im Vers 44 wird ein »geistiger Leib« auferweckt. In Luk 23,46 sagt Jesus: »In Deine Hände befehle ich meinen Geist.« Hier ist die Seele geistiger Natur.[19] Das ist wohl ihr wesentlicher Aspekt und auch die mit den östlichen Ansichten am meisten übereinstimmende Verständnisweise. Für die dynamisch denkenden Hindus bedeutet Atman das Entstehen von Sein aus dem Nichtsein und umgekehrt, wobei dem Nichtsein und dem *geistigen* Sein (*sat*) die eigentliche Wirklichkeit zuerkannt wird und das *physische* Sein der Seele wegen seiner Vergänglichkeit sekundär ist.

Entsprechendes steht auch in der Bibel: Das Sichtbare ist aus dem Unsichtbaren entstanden (Hebr 11,3). Und Paulus empfiehlt, sich an das Unsichtbare zu halten und nicht an das Sichtbare (2. Kor 4,18). Modern interpretiert bedeutet das, daß der den Tod des Körpers überlebende, wesentliche Teil (der Logos, der Geist, das Bewußtsein) des Menschen in die Vier- und Mehrdimensionalität (»Himmel, Jenseits«) eingehen kann, von wo er einst in die Dreidimensionalität gekommen war und sich in einen irdischen Körper inkarniert hat, um in der Evolution voll bewußt zu werden. Also so, wie es für Jesus, den ersten der neuen Menschen, in Johannes 1 beschrieben ist. Diese

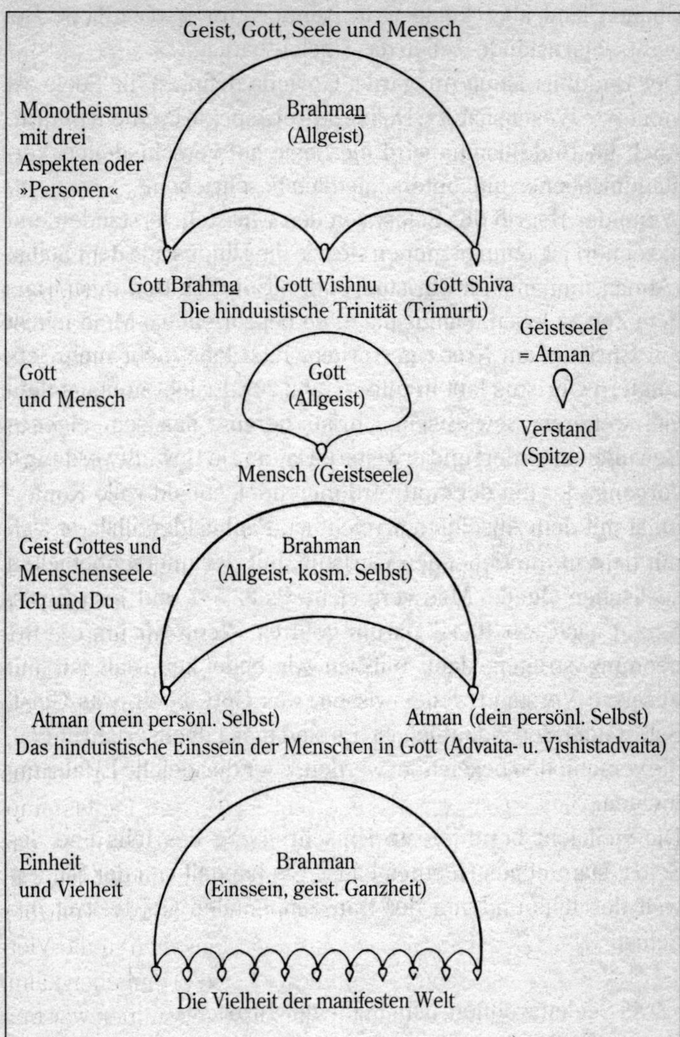

Geist, Gott, Seele und Mensch
Monotheismus mit drei Aspekten oder »Personen«
Brahman
(Allgeist)
Gott Brahma
Gott Vishnu
Gott Shiva
Die hinduistische Trinität (Trimurti)
Gott und Mensch
Gott
(Allgeist)
Mensch (Geistseele)
Geistseele = Atman
Verstand (Spitze)
Geist Gottes und Menschenseele Ich und Du
Brahman
(Allgeist, kosm. Selbst)
Atman (mein persönl. Selbst)
Atman (dein persönl. Selbst)
Das hinduistische Einssein der Menschen in Gott (Advaita- u. Vishistadvaita)
Einheit und Vielheit
Brahman
(Einssein, geist. Ganzheit)
Die Vielheit der manifesten Welt

Abbildung 6

Ebenen sind aber keine Orte, sondern unterschiedliche Bewußtseinszustände – eben das Unsichtbare.
Der Buddhist Lama Anagarika Govinda definiert die Seele als »innerste Wesensnatur«. Das sind drei Aspekte in einem Begriff. Auch im Buddhismus wird die Seele auf verschiedenen Verständnisebenen und unterschiedlich beschrieben.
Wenn der Begriff des Selbst von den Christen verstanden und akzeptiert ist, dann beginnen sie wie die Hindus aus dem Selbst (Atman, immanenter Christus) oder wie die Zen-Buddhisten aus dem Zen zu leben. Paulus hat es so beschrieben: »Mein Ich ist mit Christus am Kreuz gestorben. Jetzt lebe nicht mehr ich, sondern Christus lebt in mir« (Gal 2,20). Er lebt nun aus dem viel weiteren Bewußtsein Christi heraus, das sein eigenes Bewußtsein fördert und erweitert. Das ist ein Bewußtwerdungsvorgang, der mit der Gottwerdung endet, sobald volle Konformität mit dem Absoluten erreicht ist. Paulus identifizierte sich mit dem in ihm lebenden Christus, mit der unerschöpflichen seelischen Quelle. Man vergleiche Ps 82,5–7 und Jesu Bestätigung nach Joh 10,34! Darum geht es. Wenn wir um die Benennung streiten, dann müssen wir bedenken, daß wir mit unserem Verstand weder wissen, was Gott, noch, was Geist, Selbst oder Zen eigentlich ist. Es sind dies Lebenserfahrungen, die verschieden bezeichnet werden, aber die gleiche Erfahrung meinen.
Die vielleicht berühmteste Umschreibung des Ichs und des Selbst stammt aus Goethes Faust. Sie handelt von der Sinnenwelt des Ichs und von der transzendentalen Geisteswelt des Selbst:

»Zwei Seelen wohnen, ach! in meiner Brust,
Die eine will sich von der andern trennen;
Die eine hält in derber Liebeslust
Sich an die Welt mit klammernden Organen;

Die andere hebt gewaltsam sich vom Dust
Zu den Gefilden hoher Ahnen.«

Ein weiteres Zitat von Goethe bietet sich hier noch als Präzisierung an: »Ganz leise spricht ein Gott in unserer Brust, ganz leise, ganz vernehmlich zeigt er uns an, was zu erstreben ist und was zu fliehen.« (Man vergleiche dieses Zitat mit Röm 2,14–15.)

8
Bemerkungen zum Heilsweg der Christen

»Christ sein heißt ein ganzer Mensch sein.«
J. C. Lavater

Wir wollen hier den Versuch wagen beziehungsweise damit fortfahren, die Bibel im Hinblick auf den Heilsweg in eine neue Begrifflichkeit zu kleiden, die dem Paradigmenwechsel (= Wechsel des Denkmusters) unserer Zeit entspricht und Überkonfessionalität anstrebt.
Wir erinnern uns daran, daß die biblische Heilsgeschichte mit der Symbolik des Paradieses in den Schöpfungsberichten beginnt und auch dort wieder endet mit der Rückkehr des reuigen und bewußtgewordenen Schächers ebendahin. Das Paradies symbolisiert die harmonische Psyche. Vor dem Sündenfall leben die beiden Urmenschen dort in Vollkommenheit: Ihre Psyche ist harmonisch ausgewogen. Die innere Führung (Gottes) ist akzeptiert, der wenig entwickelte Verstand ist dem Selbst (Gott) unterstellt. In künstlerischen Darstellungen ist diese Harmonie durch das friedliche Beisammensein von Raub- und Beutetier versinnbildlicht. Aggression und Furcht sind zwar im Paradies nicht abwesend. Sie sind durch die erwähnten Tiere angedeutet. Aber diese beiden psychischen Polarisierungen, die beim Menschen durch Abschalten des Verstandes verschwinden, sind nur als Möglichkeiten dargestellt. Das (künstlich im Verstand polarisierte) Böse findet nicht statt, es kann aber jederzeit wirksam werden, wenn die Harmonie aufgegeben wird. Hier haben wir ein anschauliches Bild des Zustandes der harmonisierten Psyche, der das Wesen der Vollkommenheit im Sinn der Ganzheit ist. Christ sein heißt, in dieser harmonischen Ganzheit zu leben und sich seine Harmonie nicht mehr entrei-

ßen zu lassen. Denn nur in diesem harmonischen Zustand setzt die harmonische innere Führung ein. Außerhalb dieses Zustandes unverdorbener Gesinnung (»wie die Kinder«) wird auch die innere Führung unharmonisch, was archaisch-verdichtet gesprochen soviel heißt wie »Der Teufel packt uns«. Dieser Teufel ist nichts anderes als unser isolierter Verstand, der ständig auf der Lauer ist, eine Gelegenheit zu finden, um diese Führung selber an sich zu reißen. Eine solche Gelegenheit bietet sich, wenn er uns für andere Dinge als die Harmonie interessieren kann, für Dinge also, die die Psyche einseitig werden lassen und in uns Wünsche und Begehren wecken, die uns nicht mehr loslassen. Dadurch entsteht in uns Begierde und Unausgeglichenheit, und die Psyche kippt um in einseitige Weltlichkeit und hält uns dort fest. Das gleiche geschieht aber auch, wenn die Psyche nur noch das »Gute« akzeptiert und die Schattenseiten nicht mehr wahrhaben will und diese bekämpft, anstatt sie zu integrieren, allerdings ohne ihnen Beachtung oder Interesse zu schenken. Auch so wird die Psyche einseitig, weil ein Pol der Ganzheit abgelehnt wird. Dann geht es uns wie Paulus, der auch nur das Gute gewollt hat. Das Gutgemeinte kommt dann infolge der einseitigen Disharmonie böse heraus. In der harmonischen Psyche wird dieser »Teufel« durch Integration und Transformation unschädlich, so wie der Löwe im Paradies unschädlich integriert ist. Im harmonisierten Zustand darf er im Paradies bleiben. Als der eine der Schächer auf Golgatha seine Harmonie durch Unterwerfung seines isolierten Verstandes wiedergefunden hatte, wurde er begnadigt und durfte mit neugewonnenem Bewußtsein ins Paradies zurückkehren. Der andere, uneinsichtig gebliebene Verbrecher blieb unerlöst in seinem selbstgeschaffenen Karma der Disharmonie verstrickt.

Im Gegensatz zu diesem integrierenden und harmonisierenden Prinzip, das westliche Christen wie auch Asiaten mit höherem Verständnisniveau auszeichnet, wird auf *niedrigerem* Niveau nach einem eliminierenden Prinzip verfahren: Im Osten werden der Verstand, der die Leiden verursacht, und sein isoliertes Ich, das sich aus der Unterordnung unter das Selbst gelöst hat, »vernichtet«, und die von ihnen unharmonisch und unheilvoll gemachte Außenwelt wird verdrängt und als unwirklich erklärt. Ebenso werden im *niedrigeren* christlichen Verständnis das Böse und die Weltlichkeit verdrängt und bekämpft. In der Praxis aber gelingt den meisten Menschen diese Verdrängung des Bösen und der Außenwelt nicht in genügendem Maß. Das führt dann infolge psychischer Unvollständigkeit oder Einseitigkeit (Weltfremdheit) zu noch mehr Leiden und Verelendung, die mehr oder weniger gelassen ertragen werden. Als Ausweg wird dann versucht, die Weltflucht oder den Weltverzicht noch zu intensivieren bis zu völliger Lethargie. So findet dann die Einseitigkeit wegen der verdrängten materiellen Daseinsebene ihren Extrempunkt. Denn nur wenigen gelingt ein leidloses Yogileben oder Eremitendasein. Einige »schaffen« die Flucht aus ihrem Leiden nur durch Selbstmord oder Selbstverbrennung. Der erfolgreiche spirituelle Aspirant oder Yogi mit gehobenem Verständnisniveau verdrängt die materielle Welt nicht, sondern er durchschaut sie als ein »Schleier«, hinter dem er die »ewig gleiche« Wirklichkeit sieht. Die manifeste Welt ist untergeordnet, aber doch relativ real zur Vorstellungsebene des Verstandes (Mentalebene). Im Osten findet man ein breites Spektrum von Verhaltensweisen gegenüber der Außenwelt, das von Verneinung über Nichtbeachtung und Relativierung bis zu Bejahung und zu dynamischer Integration in der vielschichtigen, kosmischen Ganzheit reicht. Es gibt durchaus auch den östlichen Materialisten.

Jesus verdrängte die Dimension des materiellen Alltags nicht, sondern er nahm sie ernst, integrierte sie und übertrug uns darin Verantwortung und Aufgaben. Aber sein »Reich« war nicht »von dieser Welt«, das heißt, die Regentschaft oder innere Führung

steht nicht dem über die Sinne mit der Außenwelt verknüpften Verstand zu, sondern dem verinnerlichten Christus (Luk 17,21, Joh 14,20, Gal 2,20), dessen harmonische innere Führung auch in der Symbolik des Paradieses herrscht und unsere innere Paradiesinsel der Harmonie auf dem Lebensweg durch die dualistische Außenwelt ist. Übernimmt er die Führung des Menschen vollständig, dann nimmt er ihm auch die Verantwortung in der Welt ab, da Gott dann der Alleinhandelnde ist und nur noch sein Wille geschieht.
In den Seligpreisungen der Bergpredigt wird anhand von anschaulichen Beispielen geschildert, was Harmonie ist und was sie auf unserm Lebensweg bewirkt: »Glücklich«, weil auf dem rechten Weg, sind die Armen an Verstand (= Arme im Geist nach Matthäus), das heißt diejenigen, die sich nicht von zu vielen Gedanken ausfüllen und ihren Verstand nicht selbstherrlich werden lassen, sondern ihn der innern Führung unterordnen, indem sie ihn zu einem leeren Gefäß werden lassen[20], in das der Geist einfließt und es ausfüllt. Denn ihrer ist das Reich der Himmel, das heißt: da sie ihren Verstand nicht mißbrauchen, zweifeln sie nicht und geraten daher nicht in den dialektischen Dualismus (*Zwei*-fel = *Dual*ismus) und in Disharmonie. Die Begriffe »Reich der Himmel« und »Reich Gottes« sind Symbole für die göttliche Wirklichkeit der harmonischen innern Führung.
Glücklich fühlen sich auch die Sanftmütigen, die nicht polarisierend denken. Glücklich auch diejenigen, die Sehnsucht nach der Harmonie der Gerechtigkeit[21] haben, ebenso die Einfühlsamen (Barmherzigen) und diejenigen, die sich die Harmonie ihrer Herzen nicht zerstören lassen, denn sie werden das Geheimnis (Mysterium) der göttlichen Wirklichkeit erkennen können. Glücklich sind diejenigen zu preisen, die der Polarisierung durch ihren Verstand und ihre Emotionen entgegenzuwirken verstehen und somit Frieden stiften, wo Kampf herrscht. Denn

sie werden dabei das harmonisierende Wesen des Göttlichen in sich wahrnehmen. Glücklich werden sollen auch diejenigen, die Kummer, Sorgen, Unglück und Leid bedrückt. Denn sie werden herbeigerufen, damit ihr seelisches Leiden durch eine harmonisierende Denkweise entschärft wird. Wir leiden ja weniger unter den Realitäten als an den Vorstellungen, die sich unser Verstand von der Realität macht. Diese einseitige Sicht soll jetzt harmonisiert werden durch die volle Erkenntnis der Wirklichkeit, durch Bewußtseinserweiterung, vor allem nach innen, durch Tiefenbewußtsein, durch Bewußtsein, das auf Christus, den immanenten Geist in uns, gerichtet ist, dem alle Sorgen übergeben werden können. Man erprobe dies einmal ernsthaft und konsequent über längere Zeit; es geht um eigene Erfahrung und nicht um mentales Glauben! Christlich ausgedrückt hat Jesus alle durch unsere körperliche Existenz bedingten Ängste auf sich genommen und sie am Kreuz überwunden, indem er am Kreuz die sterbliche Nichtigkeit des uns plagenden Körpers und unsere wirkliche Identität als unsterbliche Geistseelen deutlich machte. Dabei kehrte er in seine geistige Existenz zurück.
Der obige Text über die Seligpreisungen ist – die Leser haben es natürlich sofort erkannt – keine Übersetzung, sondern eine freie und verdeutlichende Wiedergabe dessen, was eigentlich gemeint ist: Glück ist innere Harmonie. Das ist das einzige dauerhafte Glück[22], das es gibt. Es wird uns zuteil, wenn wir den Verstand in seine Schranken verweisen und bereit sind, uns innerlich aus einem vorher geläuterten Gewissen leiten zu lassen. Man suche auch hier mit konsequenter Entschlossenheit nach dieser so wertvollen Erfahrung und habe Geduld: dann kommt sie mit Sicherheit zum Vorschein!
Diese innere Führung ist in der Bibel vielfach angesprochen. Sie wird jedoch öfters um der Anschaulichkeit willen gleichnishaft in die Außenwelt projiziert und mit damals geläufigen Symbolen und Symbolfiguren wie Sämann, Weinbergbesitzer, König oder

Vater als Führungspersönlichkeiten in der Außenwelt dargestellt. Die Redaktoren der Bibel haben oft nicht deutlich gemacht oder wohl auch selber nicht immer verstanden, daß mit dem in die Außenwelt Projizierten in Wirklichkeit Geistiges und innerpsychische Vorgänge gemeint sind. Sie waren sich zu wenig bewußt, daß der (archaische) Mensch, der nur in der Außenwelt erkennt[23] und der auch heute noch die Mehrheit der Menschen ausmacht, auf diesen Sachverhalt immer wieder aufmerksam gemacht werden muß. Der Zugang zur eigentlichen Realität führt ja nicht durch die Außenwelt, sondern mittels Verinnerlichung (Meditation) durch das enge Nadelöhr vom Ich zum immanenten Geist. Das Ich ist nach außen gewendet, das Selbst nach innen; dieses ist identisch mit der letztlich einzigen, authentischen Realität, die nur auf diesem Weg durch das Nadelöhr zu finden ist.
Einige der wichtigsten Bibelstellen, die nebst der Bergpredigt auf die Innenwelt hinweisen, sollen im Folgenden aufgeführt werden:

Luk 17,21 (Lutherübersetzung):	Das Reich Gottes ist inwendig.
Joh 14,20:	An jenem Tag werdet ihr erkennen, daß ich in meinem Vater bin, und ihr in mir und ich in euch.
Eph 3,17:	… mit Kraft gestärkt zu werden durch seinen Geist an dem innern Menschen; daß der Christus durch den Glauben in euern Herzen wohne …
1. Kor 15,28:	Wenn ihm aber alles unterworfen sein wird, dann wird auch der Sohn selbst dem unterworfen sein, der ihm alles unterworfen hat, auf daß Gott alles *in allem* sei (alles in allem = die Ganzheit; ist nur von der

geistigen Ebene aus verständlich, siehe Tabelle 1 im Anhang).

Den multidimensional-dynamisch denkenden Menschen stört hier die archaisch-personifizierende Ausdrucksweise nicht. Er kann nach Belieben aus dem Archaischen auf die rein geistige oder auf andere Verständnisebenen übertragen.
Einige weitere Bibelstellen, die auf die Ganzheit, die Realität, die universale Potentialität, die Energie, das Licht und das Leben hinweisen, sollen folgen:

Mat 26,64, Luk 22,69:	… ihr werdet den Menschensohn sitzen sehen zur Rechten der *Kraft* (*dynamis*). (»Zur Rechten der Kraft« wird mangels Denkdynamik oft – auch noch in modernen Übersetzungen – personifiziert und mit »zur Rechten des Allmächtigen« übersetzt, womit der Bibel ihre Multidimensionalität in der Darstellung noch mehr entzogen wird zugunsten einseitiger Konkretisierung und Personifizierung.)
1. Kor 4,20:	Das Reich Gottes besteht nicht in Worten, sondern in Kraft.
Joh 6,63:	Der Geist ist es, der lebendig macht. Das Fleisch nützt nichts (zur Auferstehung). (Das Unverdichtete macht lebendig, die Verdichtung ist unnütz.)
Joh 8,12:	Ich *bin* das Licht der Welt.
Joh 14,6:	Ich *bin* der Weg, die Wahrheit und das Leben.
Joh 18,36:	Mein Reich ist nicht von dieser Welt (Vorrang der immateriellen Welt).
Mat 5,37:	Eure Rede sei ja, ja; nein, nein. Was aber

darüber hinausgeht, ist aus dem Bösen. (Nur der *zwei*felnde, unabhängige Verstand hält den Schwur für nötig. Seiner Rationalisierungssucht wird eine Absage erteilt.)

Mat 5,48: Darum sollt ihr vollkommen sein, gleich wie euer Vater im Himmel vollkommen ist. Denn er läßt seine Sonne aufgehen über Böse und Gute und läßt regnen über Gerechte und Ungerechte. (Gut und Böse werden von Gott harmonisierend und integrierend behandelt und nicht polarisierend. Vollkommenheit als Vollständigkeit. Ferner hat die Stelle einen kosmischen Bezug.)

Mat 24,14: Dieses Evangelium des Reiches wird gepredigt werden auf dem ganzen Erdkreis (es geht um Bewußtmachung des »Reichs«, das heißt um die Wirklichkeit der innern Führung, um das kosmischweit in allem vorhandene Ordnungs- und Führungsprinzip des Geistes).

Ps 74,16: Du machst, daß Sonne und Gestirne einen gewissen Lauf haben (kosmischer Bezug, Gott als Personifizierung des kosmischen Ordnungsprinzips).

Eine ebenfalls zentrale Stellung kommt im Neuen Testament der Auseinandersetzung Jesu mit den Schriftgelehrten oder Pharisäern zu (Mat 15). Nach Vers 6–9 soll Jesus zu ihnen gesagt haben: »... Ihr habt das Gebot Gottes ungültig gemacht um eurer Überlieferung willen. Heuchler! Trefflich hat Jesaja über euch geweissagt, indem er spricht: Dieses Volk ehrt mich mit den Lippen, aber ihr Herz ist weit entfernt von mir. Vergeblich aber verehren sie mich, indem sie als Lehren Menschengebote lehren.«

Diese Schilderung veranschaulicht treffend das Werk des dominant gewordenen Verstandes der damaligen Theologen. Die eigene Überlieferung ist wichtiger geworden als der direkte Kontakt mit Gott. Das Mundwerk drängt sich auf bei denen, die »geistig reich« geworden sind. Das spirituelle »Herz« als Zentrum des spirituell geleiteten Gefühls, des Verstandes und der Liebe wird verdrängt. Der Verstand allein kann seiner Zweidimensionalität kaum entrinnen. Sein Rezept ist das »Du sollst« und das »Du sollst nicht«, das Entweder-Oder des unnachsichtigen Gesetzes vom archaisch-apodiktischen Typ, das anfänglich noch durch eine mehrfache Vergeltungspraxis emotional aufgeladen war. Auf diese Weise entstand schließlich eine Sammlung von nicht weniger als 619 Gesetzen. Im Gegensatz zu diesem mentalen Gesetz sagt das von Moses empfangene Gesetz im hebräischen Text: Du wirst – du wirst nicht (Futurum, nicht Imperativ). Wenn man geführt wird wie in der Harmonie des Paradieses, dann *wird* man auf natürliche Weise etwas tun oder nicht tun. Den Wink des Selbst spürt man sofort an der Veränderung, die in der harmonischen Stimmung auftritt, wenn etwas besser nicht getan werden sollte. Aufforderungen und Verbote sind nur außerhalb der Harmonie notwendig. Im Hinduismus wird diese Sicht in der Bhagavadgita, von Krishnananda und auch von Sathya Sai Baba vertreten.

Im 16. Kapitel nach Matthäus kommen die Theologen jener Zeit nochmals zu Jesus, um ihn zu versuchen, indem sie von ihm ein äußeres Zeichen fordern (ein sichtbares Wunder oder dgl.). Dieses wird ihnen verweigert, weil sie ihre Orientierung in der Außenwelt, vor allem im Gesetzbuch, suchen. Folge davon ist die Verhärtung ihrer Herzen infolge erstarrter Lebensweise, die nur noch danach fragt, ob der Buchstabe des Gesetzes erfüllt ist, und natürlich auch danach, wie das Gesetz umgangen werden kann. Sie werden von Jesus auf den Propheten Jona verwiesen.

Das Zeichen des Jona ist in folgender Geschichte veranschaulicht: Jona hat sich von seinem dominanten Verstand dazu verleiten lassen, vor dem Willen Gottes bzw. vor der inneren Führung zu fliehen, weil ihm der erhaltene Auftrag, als Bote Gottes mit einer Botschaft nach Ninive zu gehen, nicht paßte. Er wollte nicht gehorchen, sondern seinen eigenen Kopf durchsetzen. Das war ein Nachvollzug des Sündenfalls. Dadurch geriet er infolge seines schlechten Gewissens in seelische (See-)Not, in inneren Konflikt und in Bedrängnis (Neurose, Depression). So verlor er an Kraft, bis er den Trotz nicht mehr durchhalten konnte. Die Gewalt seines unharmonischen Unbewußten (der Fisch) verschlang ihn. Dann gab er seinen Widerstand auf, und der Fisch spuckte ihn aus und gab ihn so wieder frei.

Jona wird also in der Außenwelt – in die dieses innerpsychische Geschehen projiziert ist – bedrängt, bis er, überwältigt von seinem polarisierten Unbewußten, in eine tiefe Depression versinkt. Dann endlich gibt sein Verstand auf und ordnet sich der Führung wieder unter: »Da führtest Du mein Leben aus der Grube herauf, mein Gott.« Nun endlich wird er einsichtig und läßt sich (nach Ninive) führen. Geführtwerden bedeutet Erlösung vom Ich. Wir werden später nochmals auf diese wichtige Geschichte zurückkommen. Sie zeigt, wie viele Menschen eine aussichtslose Situation brauchen, um den in der Außenwelt festgefahrenen Blick endlich einmal nach innen zu richten, zum Selbst hin, zur unvergänglichen Realität. Dort werden sie dann schließlich auf die früher nie wahrgenommene innere Führung aufmerksam. Das ist das Zeichen des Jona. Aber die Geschichte ist damit noch nicht zu Ende.

Die weiteren Ereignisse in Ninive sind wiederum zum Zwecke der Veranschaulichung in die Außenwelt projizierte innerpsychische Vorgänge. Daher sind sie weiterhin in der dualistischen Logik der Mentalebene geschildert, die der Außenwelt entspricht. Das moralisch verkommene Ninive bleibt von der Strafe verschont, nicht zuletzt weil in ihm mehr als hundertzwanzigtausend Menschen in geistiger Armut leben. Diese wissen nicht zu unterscheiden zwischen ihrer Rechten und ihrer Linken (Jona 4,11). Sie leben noch im Zustand der beiden Urmenschen vor dem Sündenfall (vgl. Röm 2,14–15), oder wie Adam Kadmon in der Kabbala. Ihr Verstand hat noch nicht gelernt, unabhängig zu entscheiden und so Karma zu schaffen. Sie wußten auch noch nichts vom Opfertod Jesu. Aber ihre ungestörte Harmonie hat die Stadt gerettet.

Die Frühchristen haben das Zeichen des Jona später in einem Analogieschluß freilich auf den späteren Tod und auf die Auferstehung Christi bezogen, weil Jona drei Tage im Fischmagen und Jesus drei Tage im Grab verbracht haben sollen. Die Zahl Drei galt als eine heilige Zahl, und heilige Zahlen boten nach dem damaligen unwissenschaftlichen Verständnis Gewähr für Wahrheit. Auf diesem und weiteren Analogieschlüssen wurde der »Beweis« für die Bedeutung des Zeichens von Jona aufgebaut und bis heute stehengelassen. Trotzdem enthält auch diese Analogie zwischen Fischmagen und Kreuz eine innerpsychische Gemeinsamkeit. Beidemal wird das Ego aufgegeben, gelitten und eingesperrt, beidemal folgt darauf ein neues Leben als ein neuer Mensch: »Denn Christus soll der erste unter vielen Brüdern sein«, wie Paulus schreibt (Röm 8,29). Und im Römerbrief 6,5 schreibt er: »Wie wir mit Christus im Tod vereint waren, sollen wir auch zusammen mit ihm leben. Wir wissen ganz sicher: Was wir früher waren, ist mit Christus am Kreuz gestorben. Unser von der Sünde beherrschtes Ich ist damit tot, und wir müssen nicht länger Sklaven der Sünde sein« (vgl. auch Gal 2,20). Der Tod des Ichs bedeutet, daß man nicht mehr aus der Ichhaftigkeit heraus lebt, sondern aus dem Selbst, das heißt innerlich geführt vom harmonisierenden Geist, mit dem man letztlich eins wird. Das Ich wird geopfert. Ein solcher Mensch hat den spirituellen Aufstieg von der Mentalebene auf die Supramentalebene erlebt. Er ist der neue Adam, der nun weiß, daß sein Verstand allein nichts weiß, sondern der intuitiven Führung bedarf. Er ist aber nicht in Unbewußtheit zurückgefallen, sondern im Gegenteil durch mentales Bescheidenwerden zu höherer Bewußtheit gelangt. Sein Wollen und sein Vollbringen kommen beide von Gott, wie Paulus sagt. Gott ist dann – durch innere Führung – der »Alleinhandelnde«, wie es die Hindus ausdrükken. Der Mensch sieht sich nur noch als Werkzeug Gottes, und auf noch höherer Ebene sieht er sich mit Gott vereint. Es ist diese Haltung, die von der Geschichte Jonas illustriert werden soll.

9
Kirchen

> »Ökumene darf sich nicht auf die Gemeinschaft der christlichen Kirchen beschränken, sie muß die Gemeinschaft der großen Religionen einbeziehen, wenn Ökumene – nach dem ursprünglichen Wortsinn verstanden – den ›gesamten bewohnten Erdkreis‹ meint.«
>
> *Hans Küng*

Jesus war ein kritisches Mitglied der bestehenden jüdischen Kultusgemeinschaft. Man könnte ihn auch als einen jüdischen Reformer bezeichnen. Er war und blieb stets Jude, wurde also nie »Christ«. Sein Weg des *»im Herzen verinnerlichten Gesetzes«* ging aber in eine andere Richtung als der Weg der orthodoxen Juden, die sich an *Gesetzbüchern* orientierten. Dieser Unterschied einer nach innen und einer nach außen gerichteten Orientierung entsprach einem Verständnis auf zwei verschiedenen Ebenen der Evolution. Nur wenige verstanden ihn deshalb. Als innerjüdischer Reformer hatte er auch keine »christliche« Kirche im Sinn einer von außen steuernden Institution gegründet, noch wollte er eine neue Religion begründen. Seine »Kirche« war das (versammelte) Volk Gottes und in einem bestimmten Sinn die Welt. Er lehrte die rechte Lebensweise und gab die Antwort auf alles religiöse Suchen der Menschen.
Der Gott des Alten Testaments und der Pharisäer war in seiner Tendenz ein diktatorischer, patriarchalischer Gott. Der Gott Jesu war jedoch der Gott, der die Liebe *ist*. Liebe ist ein Merkmal des Matriarchats. Der christliche Gott ist in der Sicht Jesu qualitativ ein matriarchalischer Gott, obwohl er als Folge des damals herrschenden Patriarchats als Vater verstanden wurde. Das darf uns nicht irritieren. Es gab schon immer Männer, die das Prinzip des Matriarchats vertraten (die gütigen Friedensfür-

sten, Mahatma Gandhi, Sathya Sai Baba, im Mythos König Ödipus) und umgekehrt Frauen, die das patriarchalische Prinzip vertraten oder unbewußt förderten (z. B. Margaret Thatcher, Königin Viktoria).

Die Auseinandersetzung zwischen Jesus und den Pharisäern war also nicht nur eine Kontroverse zwischen »von innen« und »von außen« gesteuerten Menschen, sondern auch zwischen Vertretern des matriarchalischen und des patriarchalischen Prinzips. Ihr Denkhintergrund und ihre Lehre waren grundsätzlich verschieden, weil sie zwei verschiedenen Verständnisebenen entsprangen. Die Pharisäer waren pflichtbewußte und gesetzestreue Gläubige, deren Herz aber in der Gesetzlichkeit und Eigengerechtigkeit verhärtet war. Hier lag der hauptsächliche Vorwurf Jesu. Sie waren durch ihr mentales Leistungsdenken die Opfer ihres einseitigen Verstandesgebrauchs geworden, was ihrem strengen patriarchalischen Prinzip entsprach.

Bei den christlichen Kirchen sind beide Tendenzen zu finden. Bei der römisch-katholischen Kirche sind die Prinzipien des Patriarchats und der Steuerung von außen vorherrschend geblieben. Als man das matriarchalische Prinzip zu vermissen begann, versuchte man dieses Manko durch die Einführung des Marienkultes in Anlehnung an Lukas 1,42–48 auf der personenbezogenen Ebene auszugleichen – allerdings ohne grundsätzlichen Erfolg im Sinn einer Gleichstellung der Frau gegenüber dem Mann. Andererseits ist etwa bei der evangelischen Kirche das matriarchalische Prinzip durch Verzicht auf eine menschliche Hierarchie von Autoritäten wieder zum Durchbruch gekommen. Die Steuerung jedes einzelnen erfolgt innerlich durch Gott direkt. Manche evangelische Kirchenmitglieder mit archaischer Auffassung tendieren aber doch zur Projektion nach außen in die manifeste Welt und stellen sich einen ausschließlich personalen Gott vor, der vom »Himmel« aus – also von außen – alles lenkt. Dieses Verständnis entspricht der Mentalebene, die innere Führung der intuitiven Ebene. In beiden Kirchen treten heute zwar wieder vermehrt mystische Tendenzen auf, die aber meistens ihr abgrenzend formuliertes Bekenntnis ins unbegrenzte Mysterium hineinprojizieren, anstatt das mentale Bekenntnis als eine Interpretation der Wirklichkeit durch den begrenzten und begrenzenden Verstand zu erkennen. Auf der supramentalen Ebene gibt es keine konfessionell abgegrenzte Interpretation, weil der Verstand auf dieser höheren Ebene keine Kompetenz hat. Im Judentum und im Islam ist neben der gesetzlich orientierten Mehrheit eine intuitiv-mystische Minderheit vorhanden: die Kabbalisten und die Chassidim sowie die muslimischen Derwische und Sufis.

Der Weg Jesu war nicht der Weg des äußeren Gesetzes wie derjenige der Pharisäer noch der Weg der Moral, des Willens, der Askese, des Verstandes oder der Vernunft. Sein Weg war vielmehr der Weg des Sichführenlassens und der Nachfolge, der Hingabe, der empfangenen und weiterzugebenden Liebe. Diese Verhaltensweisen kann man nicht selber erarbeiten, sonder sie werden zuteil oder möglich, wenn man bereit ist, sich zu ergeben und zu öffnen und sie in sich wachsen und durch mitwirkende Förderung stark werden zu lassen. Bereit wird man durch Sinnesänderung (»Buße«), durch Loslassen des eigenwilligen Verstandes und durch dessen Hintansetzung (»Nicht ich, sondern du«). Bedingung ist aber immer, daß das eigene Interesse an einer solchen Transformation ernsthaft ist. Jesu Weg war auch nicht der Weg der Läuterung durch Askese oder Wissen. Sein »Reich« war nicht von dieser Verstandes- oder Außenwelt. Sondern es entwickelt sich *unter den eben erwähnten Voraussetzungen* in uns Anspruchslosigkeit und tiefes Wissen wie von selbst, ohne unser Zutun, als Belohnung für unsere Bereitschaft und Öffnung gewissermaßen. Denn der Geist ist der allein Handelnde, er gibt das Wollen und das Vollbringen, wie man auf der intuitiven Ebene erkennt.

Jesus war nicht einseitig; er war weder Dualist noch Nondualist, noch Mystiker, sondern er hatte alle drei Aspekte integriert. Sein *Mittelweg* (*via media*) war der Pfad der Harmonie des Kindes und des Paradieses. Entsprechend wird nur derjenige, der in die verlorene *Harmonie* der Kinderzeit zurückzukehren vermag, Erlösung im (supramentalen) Paradies finden. Eine Regression in paradiesische Unbewußtheit verlangt er jedoch nicht. Denn er selber und der einsichtig gewordene Schächer gehen am Ende des Heilsweges *sehr bewußt* bzw. bewußter geworden ins Paradies ein. Jesu Mittelweg ist der Weg der Harmonie, der zwischen versklavender Gesetzlichkeit und isoliertem Verstandeshochmut hindurchführt und auf dem er seine Führung anbietet. Sein Wirken war praktische Anleitung zur richtigen Lebensweise und zu höherer Erkenntnis. Er *ist* der Weg dorthin.

Es ging ihm keineswegs darum, einen Kult um seine Person aufzubauen, sondern er wies im Gegenteil von sich weg auf die geistige Wirklichkeit hin, auf die Harmonie und die göttliche Führung, in bildlicher Ausdrucksweise auf »das Reich Gottes« oder das Paradies.

Auch der Wissenschaft geht es um die Wirklichkeit, aber nur um diejenige auf der materiellen Ebene. Also nur um einen Ausschnitt aus der Gesamtwirklichkeit, weil sie mit ihren Methoden außerhalb der Materie nichts beweisen kann. Grundsätzlich ist ihr Ziel wie dasjenige der Religion, wenn auch enger und anders interpretiert. Der Weg dorthin ist aber entgegengesetzt: Einmal geht er nach innen, einmal nach außen.

Die Christen haben das nicht verstanden. Sie meinten, eine kirchliche Institution aufbauen zu müssen, um so das Reich Gottes in der Außenwelt zu organisieren. Der immanente Gott oder Geist wurde dabei von einer menschlichen Hierarchie konkurrenziert, übertönt und verdrängt. Schließlich wurde die Institution der Kirche wichtiger als die Verinnerlichung. Alles

Innerpsychische wurde nach außen projiziert, so wie es die jüdischen Schriftgelehrten mit dem Gesetz getan hatten. Das matriarchalische Prinzip Jesu verschwand mehr und mehr, das patriarchalische jüdisch-römische Prinzip setzte sich wieder durch. Die Kirche wurde römisch, vom Machtdenken und Recht der Römer geprägt. Das Denken wurde wieder statisch und auf Gegensatzpaare wie Gut–Böse fixiert. Multidimensionales, dynamisches Denken, ein wichtiges Anliegen Jesu, wurde nicht angestrebt. Beispiele für dieses Anliegen Jesu wären die Liebe zum Feind; sowohl Dualität als auch Einssein; sowohl Innerlichkeit als auch Außenverantwortung; Gnade *und* eigenes Bemühen etc. Im Gegenteil, die Kirche reduzierte dieses hochentwickelte und ausweitende Denken zu zweidimensionaler Verstandestheologie mit einem dogmatisierten Plafond, der nicht überschritten werden darf. Der Logos oder der Verstand dogmatisierte und begrenzte, was Gott gesagt haben soll, indem er es nach hellenistisch-römischem Vorbild dualistisch interpretierte und kanonisierte. Die Dynamik der innern Führung paßte nicht ins römische Konzept äußerer Machtausübung. So entstand eine römische Kirche durch Umwandlung des Römischen Reiches in ein religiös ausgestattetes Imperium, das Jesu Absichten diametral entgegengesetzt war.

Die Logik in der supramentalen Sphäre der Ganzheit ist jedoch paradox-integrierend, sie vereint die Gegensätze: Weiß ist gleichzeitig auch Schwarz, Gut auch Böse. Das versteht der trennende Verstand aber nicht. Seine Logik ist dualistisch: Entweder ist etwas weiß oder schwarz, aber niemals beides zugleich. Durch längeres Nachdenken bemerkt der Verstand dann aber doch, daß es nichts rein Weißes oder absolut Gutes gibt, und seine Logik wird widersprüchlich.

Die paradoxal-integrierende Logik der Spiritualität

Sorglos sein in den Sorgen.
Engagiert sein und zugleich distanziert.
Unbetroffen sein in der Betroffenheit.
Gebunden sein und im nächsten Moment ungebunden.
Abhängig sein von der Einheit, unabhängig von der Vielheit.
Haben, als ob man nicht hätte.
Arm sein im Reichtum der göttlichen Herrlichkeit.
Leer sein in der göttlichen Fülle, damit sie einströmt.
»Nichts« sein – und zugleich das Ganze.
Sich der Gnade ergeben und sich zugleich bemühen.
Gott sein heißt Diener sein.
Integrieren statt ausschließen – auch den Feind und den Schatten.

Das Entweder-Oder des Verstandes und des Gefühls

Entweder gut	*oder böse.*
Entweder Freund	*oder Feind.*
Entweder reich	*oder arm.*
Mögen	*oder Nichtmögen.*
Liebe	*oder Haß.*
Glück	*oder Sorge.*

Denn im Schwarzen steckt stets der Keim des Weißen und umgekehrt, und beides tendiert dazu, ins andere überzugehen (vgl. die Yin-Yang-Symbolik der Chinesen, Abb. 7 im Anhang). Man beachte den Unterschied zwischen »paradox« im supramentalen Sinn (= der allgemeinen Meinung entgegenstehend, einschließend, vereinigend) und »widersprüchlich« (= tren-

nend, ausschließend, unvereinbar). Die Harmonie basiert auf dem alles einschließenden Prinzip des Paradoxen. Der Kompromiß ist jedoch das *nur teilweise* ausschließende Prinzip des vernünftiger werdenden Verstandes, der die Ganzheit nach den Vorstellungen des Verstandes zurechtstutzt und sie dabei in unvollständigem Zustand, also immer noch beschädigt, zurückläßt. Die paradoxe Harmonie schließt hingegen den Feind in ihre Liebe ein; der Kompromiß verbannt den Feind, nimmt ihn gefangen oder schmäht ihn und erspart ihm lediglich den Tod. Das ist seine Konzession. Die Harmonie verzeiht, der Kompromiß vermindert nur die Strafe. Vollkommene Liebe ist aber kompromißlos. Das göttliche Denken ist paradox-integrierend, nicht dialektisch-ausschließend. Der Neutestamentler Eduard Schweizer schreibt: »Wenn heute im Westen Subjekt und Objekt, Mensch und Kosmos auseinanderfallen, ist das weniger dem christlichen Glauben zuzuschreiben als dessen Verfälschung durch das hellenistische Denken.« Ein guter Ansatz für die Neubesinnung der Kirchen! Das Überwiegen der Statik und des Dualismus im hellenistischen Denken geht auf die Logik des Aristoteles und – noch weiter – auf Zarathustra zurück. Dieses Denken in Gegensatzpaaren ohne dritte Möglichkeit prägt das westliche Denken bis heute.
Einer der größten Irrtümer in der Kirchengeschichte ist – ebenfalls als Folge des Gegensatzdenkens – das *Interesse* an der Schuldigsprechung der Menschen. Diese werden ohne Differenzierung zwischen Ich und Selbst gänzlich zu Sündern erklärt, die aus ihrer Sünde gerettet werden müssen. Das Rettungsmonopol lag lange Zeit in den Händen der Kirche. Außerhalb der Kirche gab es kein Heil, sie verfügte eigenmächtig über die Gnade Gottes. Alle Macht lag damit bei der Institution, die sich als vermeintlich kompetent regierende Zwischeninstanz zwischen den Menschen und Gott eingeschoben hat – genau wie es der Verstand im Sündenfall getan hat.

Jesus jedoch hatte kein Interesse an den Sünden der Menschen, auch nicht an Machtausübung, sondern es ging ihm ausschließlich um die Rückgewinnung der Harmonie. Er verwies ausdrücklich auf seine permanente Präsenz und Immanenz. Den Sünder hieß die Kirche Buße tun. Darunter wurde lange Zeit eine Art Abgeltung für sündige Taten oder eine Kompensation durch »gute« Werke verstanden. Und um den Irrtum noch weiterzutreiben, wurde die Sexualität als Inbegriff des Sündigen ausgegeben.

In Wirklichkeit ist Sünde, wie schon erwähnt, eine andauernde egozentrische Haltung oder eine entsprechende absondernde Einstellung, ein Verfallensein an den Verstand des Ichs und an sein Trennungsbewußtsein, also eine Anbindung am disharmonischen Pol der Weltlichkeit. Diese disharmonische Bindung verursacht unser Leiden unter der Sündhaftigkeit, die ein Verharren außerhalb der Harmonie der Ganzheit ist. Das Wort »Sünde« hat dem Wortstamm nach mit »Sonderung« zu tun; sündig ist der Mensch, der sich vom Göttlichen absondert, der gottferne Mensch. Die einzelne Missetat ist nur eine Folge und ein Symptom des Harmonieverlustes und ist beim fehlbaren Menschen unvermeidlich. Infolge seiner vereinzelnden, analysierenden Denkweise sieht der Verstand nur einzelne Verfehlungen und nicht die dafür verantwortliche Haltung und Bindung, die Leiden verursacht. Die Inder sprechen von karmabedingtem, also selber verursachtem Leiden, was man im christlichen Sprachgebrauch als Leiden unter der sündigen Haltung oder unter der Schuld bezeichnen kann. Erlösung von der Sünde durch den Gnadenakt höherer Einsicht bedeutet das Ende dieses Leidens an der Polarisierung. Der Inder sieht mehr das Leiden, der Christ mehr die Schuld. Und »Buße tun« ist keine Strafaufgabe oder Bußenzahlung, sondern eine geistige Kehrtwendung, ein Einspuren auf den Weg nach innen, eine Rückkehr in die harmonische Ganzheit des Paradieses. Auch die

Kirchen selber müssen Buße tun und umkehren und so das Beispiel der Hingabe vorleben. Und Sexualität ist keine Missetat, sondern ein natürlicher, vereinigender Trieb oder ein Grundbedürfnis. Im Sexualakt wird die Polarität auf der physischen und emotionalen Ebene drastisch erlebt, und im Orgasmus kann die Glückseligkeit der Einheit in einem kurzen Aufblitzen erahnt werden. Im Paradies war sie ein harmloses Liebesspiel. »Sündig« wird es nur dann, wenn gewisse unabhängige Gedanken und Vorstellungen das *Interesse* auf die Sexualität richten und ihr so zuviel Energie zuführen. Dann kommt es zur Abtrennung der Sexualität von ihrem Bedeutungszusammenhang mit dem göttlichen Schöpfungsprinzip, wo sie als physisch-psychisches Hilfsmittel zum Erleben dieses Prinzips und desjenigen des Einsseins des Partikularen und Individuellen dient. Sie wird isoliert praktiziert als weltliches Genußmittel, und in der Folge kommt es zum Verfallensein an die übermächtig gewordene Attraktion der Sexualität, die uns schließlich ganz beherrscht. Denn da, wo unser Interesse ist, da ist auch unser Herrscher. Wenden wir unser Interesse anderswohin, dann wechselt auch unser Herrscher, der uns führt. Das sündige Verfallensein an vergängliche Objekte und Genüsse der materiellen Welt lenkt von der transzendentalen Wirklichkeit ab, hält von Gott fern. Darum empfehlen die großen Meister, das Interesse nach innen und nicht nach außen zu wenden, also eine Umkehr von der an die Welt bindenden Haltung zur von der Welt befreienden, spirituellen Haltung oder zum »Weg der Reinwerdung« zu vollziehen. »Reinwerdung« im spirituellen Sinn bedeutet ausschließliche Ausrichtung auf den Geist und wird auf der Mentalebene im moralischen Sinn verstanden.

Der religiöse Mensch, dessen Verständnisniveau der eher niedrigen Mentalstufe (s. Tab. 2 im Anhang) entspricht, fürchtet die Versuchungen und die sündigen Taten. Auf höherer Verständnisstufe hütet er sich davor, durch die Verlockungen der Versuchung von seiner spirituellen Haltung in die sündige Haltung falscher Abhängigkeit und Gewohnheit oder in die Knechtschaft des Verfallenseins und der Bindung abzugleiten. Von der spirituellen Stufe der Harmonie an ist ihm viel wohler, weil er von allem in dem Maß befreit ist, wie er die entsprechende alte Gewohnheit auf dem Weg der Transformation durch Gnade losgeworden ist. Aber nicht nur sündige oder absondernde und dadurch anbindende Haltungen schlechter Gewohnheit sind hier angesprochen, sondern ebenso auch imperative und neurotische Selbstzwänge zur »Sündlosigkeit« oder zur »Vollkommenheit« im Sinn der Fehlerlosigkeit. Jeder Aspirant weiß aus eigener Erfahrung, daß er als fehlbarer und schwacher Mensch nicht mehr leisten kann, als immer sein möglichstes zu tun und sein Bestes zu geben. Das ist wahre Freiheit. Sündlosigkeit ist Freiheit von der Versuchung, sich von der harmonischen Ganzheit abzusondern.

Man kann bekanntlich ein Volk am besten beherrschen, indem man die Sexualität disqualifiziert und so den stärksten Trieb oder das stärkste Grundbedürfnis verdrängt. Auf diese Weise wird der mentale Mensch neurotisch-schwach und leicht beherrschbar gemacht. Darum üben sich weltliche und geistliche Diktaturen seit jeher in puritanischem Moralismus. Dadurch wird die bereits bestehende mentale Disharmonie noch mehr gestört. Dem Menschen sollte vielmehr gezeigt werden, wie er durch Lenkung seiner Interessen die Sexualität in der Organisation seines Lebensablaufs so integrieren kann, daß die angestrebte Harmonie nicht gestört und er selber nicht vom Übergeordneten abgelenkt wird. Sie soll zu dem Gebrauch angewendet werden, zu dem sie geschaffen wurde. Das gilt ebenso für alle andern Genüsse und Objekte der manifesten Welt. Konzentration auf diese und Mißbrauch fesseln. Im Grunde genommen fesseln wir uns selber, indem wir Dinge wünschen, die nur kurze Zeit befriedigen können und uns daher dazu zwingen, den

Wunsch immer wieder zu wiederholen, was zu Abhängigkeit, Bindung und Sucht führt.
Der richtige Gebrauch der Sexualität und aller anderen weltlichen Freuden und Genüsse besteht also darin, zu erkennen, daß diese kleinen Freuden bei zu regem Gebrauch alle unsere geistigen und psychischen Kräfte an sich reißen und uns fesseln, indem sie wegen ihrer Kurzlebigkeit ein ständiges Verlangen nach Wiederholung dieser freudigen Augenblicke bewirken und so süchtig machen. Unser ganzes Interesse und Verlangen droht von ihnen ausgefüllt zu werden, so daß kein Raum mehr übrig bleibt für die *großen* Freuden, die in der Bergpredigt, im hinduistischen spirituellen Weg zu Ananda und in allen Religionen verheißen werden. Viele kleine, kurzlebige Freuden – und unter diesen sind Sexualität und Egoismus sowie Machttrieb die stärksten Kräfte – sind tatsächlich eine sehr bedrohliche Konkurrenz. Sie führen aber ins ständige, disharmonische Schwanken zwischen himmelhohem Jauchzen und tödlicher Betrübnis und nicht zu immerwährender Glückseligkeit in bedürfnisloser Harmonie. Bedürfnislos wird man in zunehmendem Maß, sobald man erkennt, daß man ja schon alles ist und hat, weil man mit allem identisch ist, sobald man ganzheitlich oder nondualistisch zu denken beginnt. Dann muß man nichts mehr werden oder scheinen, keinen Ehrgeiz befriedigen, nichts fürchten noch kämpfen, sondern nur noch *sein* und sich dabei innerlich führen lassen. Auf den höchsten geistigen Stufen gerät der Körper immer mehr aus dem Bereich der Aufmerksamkeit und so auch seine Bedürfnisse wie Sexualität. Aber nur wenige erreichen die höchsten spirituellen Stufen.
Der Verlust der dauerhaften Freude und der Harmonie ist der wirkliche Grund, der hinter den Warnungen der Religionen vor Sexualismus und Egoismus steckt. Fragt man aber ihre Mitglieder nach der Begründung, dann stellt sich heraus, daß es nicht gelungen ist, diesen Sachverhalt plausibel zu machen. Dadurch

werden die Gläubigen in Neurosen, Verunsicherung und Gleichgültigkeit gedrängt. Der erste Schritt wäre, alles als Geschenk freudig und dankbar anzunehmen. Diese Empfehlung verwenden die Kirchen zwar auch, aber nicht im Zusammenhang mit dem Umgang mit der Sexualität. In diesem Zusammenhang der Freude und Dankbarkeit soll der »Spender ewiger Freude« ständig vorwiegend im Auge behalten werden und nur in zweiter Linie die kurzlebigen Spenden, die nur ein aufblitzender Hinweis auf die erreichbare, dauerhafte Glückseligkeit sind.
Schon C. G. Jung hat in seinem »Therapiekonzept für die Kirchen« auf deren Unfähigkeit zur Integration der Natur, des Weiblichen und des Bösen hingewiesen, meines Erachtens allerdings ohne seinerseits ein überzeugendes Konzept zur Harmonisierung der Polaritäten vorlegen zu können. Integration bedarf noch zusätzlicher Harmonisierungsmaßnahmen. In der Gesellschaft außerhalb der Kirchen ist die Frau und manches im religiösen Sinn »Böse« integriert; aber nicht auf harmonische Weise als Selbstverständlichkeit, sondern in unbewältigter Art, die Emotionen zurückgelassen hat, weil beim egozentrischen Kopfmenschen das Interesse am Polaren zu groß bleibt. Mit Überzeugung wird er behaupten, die Integration der Frau und des Bösen seien für ihn als aufgeschlossenen Menschen kein Problem. Dies ist aber nur eine Vorstellung seines ihn dominierenden Verstandes und nicht Wirklichkeit. Die Psychologen und Psychiater sind leider nicht bereit, das Ich der Patienten abzuschwächen, weil das für sie auf Willenlosigkeit und Unbewußtheit hinauslaufen würde. Ihnen fehlt der Begriff des Selbst im östlichen Sinn. Aus dem Selbst leben heißt aber direkt an der Energiequelle leben und in der Harmonie der kosmisch-weiten Ganzheit. Der Energiefluß ist dann ausgeglichen und sorgt für einen beruhigten und befriedeten Zustand der Psyche.
Der Jñanavatar Shri Yukteswar, der sich als göttliche Inkarnation als Weiser versteht, nimmt zur Frage des Lebensgenusses

aus hinduistischer Sicht folgendermaßen Stellung: »Der Mensch kann, wenn er will, jeden Gegenstand genießen. Wenn er während des Genusses jedoch seine Sinnesorgane auf den Wunschgegenstand richtet, kann er niemals Befriedigung finden, sondern wird feststellen, daß sich seine Wünsche ständig vermehren. Wenn er aber seine Sinnesorgane in diesem Zeitpunkt auf sein inneres Selbst richtet, ist sein Herz augenblicklich befriedigt. Darum ist die Übung des Abziehens der Sinne von den Sinnesobjekten (Pratyahara), das die willkürlichen Nerven nach innen lenkt, ein wirkungsvolles Mittel zur Befriedigung irdischer Wünsche. Der Mensch muß sich so lange wiederverkörpern, bis er alle irdischen Sehnsüchte befriedigt hat und frei von Wünschen ist.« Daneben empfiehlt er noch die Pranayana-Übungen (s. Tab. 5 im Anhang), durch die die unwillkürlichen Nerven des Vegetativums zu harmonischer Ruhe gebracht werden.

Shri Sathya Sai Baba sagt, daß alles in Ordnung sei, was im Namen Gottes oder in gedanklicher Verbindung mit ihm getan werde. Dabei meint er natürlich nicht Kreuzzüge und dergleichen, die dem Verstand und der disharmonischen Psyche entspringen, sondern Handlungen, die durch die innere Harmonie des Selbst oder des Allgeistes geführt werden. Manchmal hat man den Eindruck, die Kirchen hätten weitgehend vergessen, um was es überhaupt geht: um die Erkenntnis der Wirklichkeit der Harmonie in der Ganzheit nach dem Modell des Paradieses. Das ist das Wesen des »Reiches Gottes« in unsern »Herzen«. Statt sich ausschließlich für diese Wirklichkeit zu interessieren, legen sie im Gegensatz zu Jesus immer noch zum Beispiel mehr Wert auf die Unterscheidung zwischen Mitgliedern der Kirche und Nichtmitgliedern, zwischen sogenannten Gläubigen (Christen) und Nichtgläubigen (Nichtchristen).[24] Da maßt sich wieder der Verstand ein generelles Urteil an, für das er gar nicht zuständig ist. Zu Jesus würde am ehesten eine geistig arme

Kirche passen, eine alle umfassende Gemeinschaft harmoniebedürftiger Menschen, ohne institutionelle Ansprüche, ohne vom Verstand formuliertes Bekenntnis, dafür offen für die multidimensionale Wirklichkeit.

Swami Vivekananda mag eine ähnliche Vorstellung vor Augen gehabt haben, als er schrieb: »Jñana ist ›Konfessionslosigkeit‹, aber das bedeutet nicht etwa, die Konfessionen zu verachten, sondern eine höhere Stufe, die über allen Konfessionen liegt, zu erklimmen. Der Jñani will nicht zerstören, sondern helfen. Wie alle Ströme ins Meer fließen und sich dort vereinigen, so sollten alle Konfessionen zu Jñana führen und dort eins werden.« Dasselbe meint Sarvepalli Radhakrishnan, Philosoph und einstiger Staatspräsident von Indien: »Die Welt wäre viel religiöser, wenn alle Religionen aus ihr entfernt würden. Wenn Religion überwachsen wird, tritt Religiosität an ihre Stelle.«

Viele Menschen sind angesichts der Uneinigkeit und Widersprüche in den Kirchen und Sekten ratlos, wer nun »recht« habe. Sie haben das Zeichen des Jona vergessen, das Jesus den zweifelnden Pharisäern in Erinnerung gerufen hat. Jona wurde nicht an eine Kirche gewiesen, als ihn Zweifel plagten. Sondern er mußte lernen, sich nach dem Scheitern aller Ausflüchte und Widerstände seiner inneren Führung anzuvertrauen. Das ist alles. Kirchen dürfen sein um des Organisatorischen und Gemeinschaftlichen willen. Aber es geht auch ohne sie, wie uns z. B. Indien zeigt. Oft sind die Kirchen ihren Mitgliedern sogar im Wege, wenn es um die Erkenntnis der Wirklichkeit geht.

Die kirchlichen Organisationen haben zwei Funktionen: diejenige einer Gemeinschaft der suchenden Gläubigen und diejenige eines Wegweisers zum spirituellen Pfad im Sinn einer spirituellen Lebensschule. Am Anfang dieses Weges muß der spirituelle Aspirant wegen der Gefahr der Verirrung durch einen begrenzenden »Gartenzaun« um die Botschaft herum beschützt werden, bis er schließlich in sich selber alles notwendige tiefe

Wissen und die zuverlässige Führung gefunden hat. Dann ist er sich seiner Einheit mit dem Allgeist bewußt geworden, und er hat die Kirche überwachsen wie der Schüler die weltliche Schule bei der Entlassung. Er braucht nun keine äußere Führung und keinen Schutz mehr. Die Kirche darf ihn nun nicht mehr durch einen dogmatischen Schutzzaun beengen und am spirituellen Aufstieg ins Eine[25] behindern.

Da die individuellen und die gemeinschaftlichen Vorstellungen sowie das Verständnisniveau der Menschen und ihre Veranlagung – mental, pietistisch, spirituell, altruistisch etc. – sehr unterschiedlich sind, eignet sich ein einseitiger, nivellierter Predigtgottesdienst oder eine Messe oder Liturgie mit archaischem Verständnis nicht, um jedem eine ihm entsprechende Kommunikation anzubieten. Besonders im Westen hat ja der Individualismus zu einer völligen Zersplitterung der Gesellschaft geführt, und das Bewußtsein der Einheit in der Vielheit und in der persönlichen Einmaligkeit ist verlorengegangen. Daher sollten die Geistlichen wieder persönliche Bezugspersonen und spirituelle Lehrer werden, um diesen Gegebenheiten des Persönlichen und des umfassenden Einen entsprechen zu können. Nach indischem Vorbild kann so auf den jeweiligen Entwicklungsstand des einzelnen eingegangen werden. Die Gottesdienste sollten ebenfalls auf verschiedenen Ebenen gestaltet werden, damit jeder das finden kann, was seinen Verständnismöglichkeiten und seinem Fragen und Sehnen entspricht. Dabei sollte – um nur ein Beispiel zu geben – das fundamentalistische Verständnis so weiterentwickelt werden, daß seine zu engen und unnötigen Abgrenzungen erkannt werden – ein langer Weg der Bewußtwerdung.

Auf diese Weise könnten die Kirchen ihre vom Verstand künstlich gesetzten Abgrenzungen, die in den verschiedenen Bekenntnisdefinitionen ihren Ausdruck gefunden haben, wieder abbauen und zum Offensein für die Spiritualität zurückkehren,

wie es die Mystiker schon immer vorgelebt haben. Das ist das Ziel, das die Kirchen nun entschlossen anzusteuern haben. Voraussetzung ist dafür eine entsprechende Erweiterung des Bewußtseins, was in spirituellen Schulen von spirituellen Lehrern vermittelt werden soll.
Woran kann man erkennen, ob eine Kirche Jesus verstanden hat?

1. Wenn die Kirche sich selbst nicht für wesentlich hält.
2. Wenn die Führer der Kirche oder Sekte von sich wegweisen auf die Wirklichkeit (»Reich Gottes«) und sich nicht selber vordrängen.
3. Wenn multidimensional-dynamisches Bewußtsein und psychische Ganzheit angestrebt und das Denken in Gegensatzpaaren, das einst den Sündenfall verursacht hat, vermieden wird.
4. Wenn Harmonie angestrebt wird und nicht Kampf um Gut und Böse. Wenn also entpolarisiert und harmonisiert wird. Für den Harmonischen ist die Frage nach Gut und Böse unwichtig; sein Interesse gilt der *Vermeidung* von Polarisierungen.
5. Wenn keine finanziellen Interessen bestehen.
6. Wenn die Wahrnehmung und Befolgung der *innern* Führung aus einem harmonisierten (»kindlichen«) Herzen geht sowie um Verantwortung auf allen Realitätsebenen.
7. Wenn Liebe im Zentrum steht und wenn die Hingabe des Ichs geübt wird.
8. Wenn die Menschen zum Einssein mit Gott geführt werden (Joh 14,20; 17,11 u. 21; Höhepunkt der Erlösung).
9. Wenn die geistige Wirklichkeit des Menschen erste Wirklichkeit ist und das »Fleisch« oder die Person nur zweitrangig. Denn die göttliche Realität ist »nicht von dieser Welt«.

Die Punkte 8 und 9 werden im Hinduismus beachtet; von den Christen werden sie aber nicht verstanden oder übersehen. Gesamthaft geht es Jesus um die richtige Lebensweise aus spiritueller Kraft.

Begründung
Die biblische Heilsgeschichte beginnt in der *unbewußten* Harmonie des Paradieses, führt durch die Schule der dualistischen Welt und endet mit der Zurückführung des »neuen Adam« in die *bewußte* Harmonie des Paradieses.
Was Jesus besonders am Herzen lag, was für ihn das Wichtigste war, das ist in den ersten von ihm überlieferten Worten (Mat 4,17) so zusammengefaßt: »Denkt um, denn das Reich der Himmel ist greifbar nahe herbeigekommen.« Man könnte zur Verdeutlichung auch frei übersetzen: »Ihr müßt anders denken, wenn ihr die volle Wirklichkeit erkennen wollt. Wendet den Blick einmal in die entgegengesetzte Richtung, nicht nach außen, sondern in eure Innenwelt. Denn dort ist die Herrschaft Gottes zu finden« (Luk 17,20–21).
Es geht Jesus – wie auch den Verfassern der Bhagavadgita und der Upanishaden – um vollständige Wirklichkeitserkenntnis. Das »eigentlich Gemeinte«, die transzendente Einheit alles Seienden, ist bei allen dasselbe; es wird nur unterschiedlich dargestellt.
Jesus stellt immer diese göttliche Wirklichkeit des »Reiches Gottes« in den Mittelpunkt und nicht sich selber und auch nicht eine kirchliche Institution. Oder anders gesagt: Nicht sein Körper, das »Fleisch«, nicht seine Person namens Jesus ist von Bedeutung, sondern die geistige Wirklichkeit des immanenten Christus und des überall vorhandenen Geistes. In Joh 14,20 ist von ihm folgende mystische Vereinigung des personifizierten Geistes überliefert: »Ich bin im Vater, ihr seid in mir und ich in euch.« Und in Joh 1,5; 8,12; Mat 5,14; 1. Thess 5,5; Jes 58,8 sowie

in Jes 60,1 ist sinngemäß gesagt, daß er das Licht der Welt sei und wir ebenfalls. Wir seien alle eins: Licht. Das ist eine zu Joh 14,20 parallele Aussage auf der Ebene des mystischen, innerpsychisch-geistigen Lichts. Man kann sich in gleichnishafter Außenprojektion vorstellen, wie das Licht einer Kerze im Sonnenlicht absorbiert wird, ohne daß das eine Licht vom andern abgegrenzt werden kann. So ist das eigentliche Wesen Jesu der geistige Christus oder das Licht der Welt. Seine körperliche Erscheinung als Person ist vergänglich und veränderlich. Nach Luk 24,13–35 hat er auf dem Weg nach Emmaus anders ausgesehen als sonst und ebenso nach Joh 20,15, wo er für den Gärtner gehalten wurde. Dieses Einssein im Geist bedeutet nur insofern Verlust der Individualität, als das trennende Ichbewußtsein (»Trennungsbewußtsein«) durch ein transpersonales Ganzheitsbewußtsein ersetzt wird. Oder anders gesagt, man fühlt sich nicht mehr vom Universum getrennt und auf sich selber gestellt, also nicht mehr als von Objekten umgebenes Subjekt, sondern wie eine Welle auf dem Meer oder wie eine Gewebszelle in unserem Körper (als Untersystem im Gesamtsystem). Das Bewußtsein um die abtrennende Individualität verschwindet, das Bewußtsein um die eigene Einmaligkeit innerhalb der kosmischen Ganzheit bleibt.

Aus einer solchen Sicht der Integration des »eigentlichen« Menschen im Göttlichen bzw. seines Atman im Brahman leiten die Hindus die Identität des Menschen mit Gott ab (Atman = Brahman), aber eben auf der Ebene des Selbst und nicht des Ichs. Im Westen wird das oft so mißverstanden, als sei jeder physische Mensch mit seinem Ich ein Gott oder Gott selber. Es gibt zwar auf tieferer (magischer) Verständnisstufe auch Hindus, die es so mißverstehen. Gemeint ist aber die Untrennbarkeit des menschlichen Selbst vom göttlichen Selbst, das das Leben ist. Diese mystische Einheit wird in den meisten Religionen vertreten, wenn auch fast immer nur eine Minderheit der Mitglieder

diese Erkenntnis bewahrt hat. Weil das Wesen Gottes in der Bibel mit dem Leben gleichgesetzt ist, wird das Getrenntsein von Gott mit »Totsein« bezeichnet. Auch hier ist »Totsein« im geistigen Sinn gemeint; denn der gottferne Mensch lebt physisch trotzdem weiter.
Das Beispiel des erlösten Schächers auf Golgatha zeigt, daß Jesus die Einsichtigen ins Paradies zurückführt, was ebenfalls geistig-psychisch zu verstehen ist.
Geld interessierte Jesus nicht, wohl aber das Wohlergehen der Menschen.
Es interessierte Jesus nicht, ob er einen »guten« oder einen »schlechten« Menschen vor sich hatte, sondern nur, daß dieser den rechten Weg finden möge.

Ab und zu höre ich Geistliche klagen, daß die Menschen weder zuhören wollten noch verstehen könnten. Dann folgt die Frage, was man da machen könnte?
Vielleicht hören wir einmal zu, was die indischen Yogis unsern westlichen Kirchen zu sagen haben: Ihr organisiert viel Betriebsamkeit und Geschäftigkeit und kümmert euch wenig um Verinnerlichung (im Sinn der Ergänzung durch die fehlende innere Dimension) und habt keine Zeit für die persönliche Anleitung zur richtigen Lebensführung. Euch fehlt es an Konzentration des Interesses, an Intensität und Spiritualität. So ungefähr lauten die Hinweise immer wieder. Die westlichen Geistlichen sind keine spirituellen Lehrer oder Seelenführer mehr und finden vor lauter organisatorischen Aufgaben keine Zeit mehr für die Begleitung des einzelnen Suchenden. Viele Fragen lassen sie unbeantwortet. Da die Kirchen zu sehr nach außen projizieren, bleibt die innere Welt zu wenig beachtet. Treffen diese kritischen Anregungen den Nagel nicht auf den Kopf?
Bemerkenswert ist der Rat, den einer der (relativ wenigen)

guten indischen Yogis einem Wahrheitssucher aus dem Westen gegeben hat: »Geh du zurück nach Europa«, sagte er zu ihm, »und tue dort, was Jesus gesagt hat. Denn dieser war der beste Yogi aller Zeiten.«

Hatte er da nicht ebenso recht? Gleicht das Leben, das Jesus vorgelebt hat, nicht viel eher demjenigen der (guten) indischen Yogis? Anspruchslosigkeit, Hingabe und Verinnerlichung kennzeichnen diese Yogis. Und wie leben wir und unsere geistigen und geistlichen Führer? Beschreiten wir noch bewußt einen spirituellen Weg? Falls ja, besteht auf diesem Weg noch ein lebendiger Kontakt zwischen Lehrer und Schüler? Wird uns das richtige Vorgehen für Verinnerlichung und Meditation gelehrt und vorgelebt?

Wann läßt sich aber der fast nur der Außenwelt zugetane Mensch zur Verinnerlichung bewegen? Ohne überzeugendes Beispiel in der Lebensweise der Lehrer geht es sicher nicht. Der Lehrer muß durch den sichtbaren Erfolg seiner meditativen Lebensweise das Interesse seiner Schüler an der Meditation wecken. Meditation bringt genau das, was die jungen Wahrheitssucher heute erfahren wollen: die Entdeckung des Selbst bzw. Gottes auf der geistigen Erfahrungsebene und eine Transformation des Meditierenden.

Wenn die Kirchen fast leer sind, ist das ein deutlicher Hinweis, daß die Gemeindemitglieder dort nichts mitbekommen. In den wenigen, stets gut gefüllten Kirchen entsteht der umgekehrte Eindruck. Wenn ein Geistlicher den Anschein erweckt, »nichts zu sagen zu haben«, dann sollte er beim Nachdenken eigentlich fündig werden.

In einer Pfarrwahlkommission in der Schweiz wurde allen Ernstes vorgeschlagen, einen Pfarrer zu suchen, der auch kochen könne. Und ein anderes Gemeindeglied bemerkte, die Predigt sei ja nicht so wichtig! Es empfiehlt sich also eine Anzeige in der Wirtezeitung ... Symbolisch gedeutet kann dieses Vorkommnis allerdings wichtige Hinweise geben: geistiger Hunger infolge Unterernährung oder schlechter Kost.

Andererseits ist – unter vielem anderen – auch zu überlegen, wie weit die Fesseln, die den Pfarrern durch die konfessionellen und verordnungsbedingten Begrenzungen auferlegt sind, mitspielen und zu einer engen Auslegung führen, die das Denken der Zuhörer einengt statt erweitert. Zum Zweck solcher Einengung seines geistigen Horizontes geht wohl kein denkender Mensch in die Kirche. Die Religionsstifter hatten keine institutionellen Fesseln. Gerade das hat sie ausgezeichnet. Dafür waren sie innerlich geführt. Ihre oft multidimensionale Botschaft entsprach den Verständnisstufen und dem kulturellen Hintergrund, denen sie selber und ihre Zuhörer angehörten. Auch das ist heute in der Verkündigung weitgehend nicht mehr der Fall.

Nach einer kürzlich in der Schweiz durchgeführten Umfrage bezeichnen sich 83% der Bevölkerung als religiös und 61% glauben an ein Leben nach dem Tod. An der Religiosität fehlt es also nicht. 62% verlangen eine einzige ökumenische Kirche und wollen damit die konfessionellen Fesseln sprengen. Religiosität beginnt an die Stelle von Religion zu treten. Ebenso viele halten die Kirchen für rückständig und konservativ, und 35% könnten sich sogar ihren Kirchenaustritt vorstellen. Sie empfinden die Kirchen also eher als Bremsen anstatt als förderliche Organisationen. Die Basis scheint hier klarer zu sehen als die Spitze.

Andererseits meinen viele Christen, Jesus habe sich geopfert, damit alle, die dies anerkennen, ewiges Leben hätten. »Seinen Willen« tun sie aber nicht. Kirchenmitgliedschaft und vielleicht ab und zu ein Besuch des Gottesdienstes halten sie für genug Beweis für ihren Glauben und für die von Gott gewünschte Lebensführung. Öfters wird auch die Vertretung moralischer Ansichten zur Endstation. Humanismus verdrängt dann die Spiritualität. Es fehlt das ständige Bewußtsein und Erleben der inneren Führung. So bleibt alles mental-theoretisch. Denn da ist niemand, der praktische Anleitung und vorbildliches Beispiel gibt.

Archaische Denkweisen einerseits und verbal-intellektuelles Predigen aus ungenügender Praxisnähe andererseits kommen heute bei den meisten westlichen Menschen nicht mehr an. Das wird als unzeitgemäß und steril empfunden. Die Anleitung fehlt. Die Leute wollen etwas sehen und das Göttliche selber und direkt erfahren. Sehen wollen sie vor allem eine vorbildliche und überzeugende alternative Lebensweise, und erleben wollen sie die geistige (göttliche) Dimension, die dauerhafte Glückseligkeit, die in der Bergpredigt und in der Bhagavadgita verheißen wird. Beides wird in den Kirchen kaum geboten, weil praktische Lebensschulung im Sinn einer persönlichen spirituellen Begleitung und Förderung jedes einzelnen fehlt. Es mag mit diesem Manko zusammenhängen, weshalb die Kirchen die östlichen Einflüsse so sehr fürchten. Es geht ihnen offenbar mehr um die eigene, konfessionell abgegrenzte und plafonierte Lehre als um Wirklichkeitsnähe.

Leider bleiben die Kirchen überwiegend auf dem nach außen projizierenden, konkretistischen und personifizierenden Weg, der keine dauerhafte Transformation bringt. Denn »das Reich Gottes ist nicht von dieser Welt«, sondern geistig-transzendent und nur auf dem Weg nach innen zu finden. Ausschließlich konkretistisches Erkennen ist eine Erkenntnisstufe der primitiven archaischen Kulturen und entspricht der Gefühls- und (niedrigen) Mentalstufe. Inzwischen beginnt man auch im Westen immer deutlicher die Vielschichtigkeit der Wirklichkeiten, der relativen und der absoluten, zu erkennen, besonders in der Physik und in der Psychologie. Die Kirchen sollten mit dieser geistigen Evolution Schritt halten. Vor allem sollten sie erkennen, daß der immer noch andauernde Streit um Bekenntnis und »Wahrheit« eine Folge davon ist, daß Theologie auf der Mental-

ebene mittels Büchern betrieben wird anstatt als Erfahrungswissenschaft aus eigener innerer und direkter Erfahrung.
Wenn »das Reich nicht von dieser Welt« ist, heißt das allerdings nicht, daß in »dieser Welt« keine Aufgaben zu erfüllen wären. In der Kirchengeschichte sind bis zur Gegenwart vor allem von einzelnen oder auch von Gruppen soziale Aufgaben übernommen worden. Diese hatten den Antrieb zu ihrem sozialen Einsatz aber bezeichnenderweise aus der inneren Führung ihres Gewissens erhalten und nicht von der etablierten menschlichen Hierarchie. Beispiele sind die Sozialreformen H. Zwinglis oder Dom Helder Camaras, um nur zwei zu nennen. Zum Vergleich mit dem neuzeitlichen Hinduismus kann man auf Sathya Sai Baba verweisen, der seine Anhänger zu mindestens vier Stunden sozialen Einsatzes pro Woche anhält. Nach hinduistischer Auffassung spricht er da als Avatar, also als Inkarnation Gottes oder als Gott selbst, oder gewissermaßen als personale Fokalisation oder Manifestation des Selbst bzw. des Atman-Brahman (Geist). Sathya Sai Baba hat sich folgendermaßen über die Kirchen geäußert: »Es ist gut, in einer Kirche geboren zu werden, aber es ist nicht gut, in ihr zu sterben. Wachse und rette dich von den Beschränkungen und Reglementierungen, den Doktrinen, welche deine Gedankenfreiheit einengen, den Zeremonien und Riten, welche beschränken und dirigieren. Erreiche den Punkt, wo Kirchen keine Rolle spielen, wo alle Wege enden, von wo alle Wege ausgehen. Vergib die Fehler des andern Menschen, aber geh streng mit deinen eigenen zu Gericht.« Das gleiche gilt selbstverständlich auch für die spirituellen Übungen (Sadhanas), Zeremonien und Riten des Hinduismus, die ebenfalls im Verlauf des Lebens überwachsen werden sollten. Denn Kirchen, Bekenntnisse und Rituale sind Hilfsmittel und Formen für das bessere Erkennen und Verstehen des geistig-unanschaulichen Gehalts der Botschaft und ein Schutz für den unsicheren Anfänger. Selbst der Dharma oder das göttliche Gesetz wird nur so

lange gebraucht, bis die harmonische innere Führung funktioniert und damit die geistige Unabhängigkeit erreicht ist. Alle diese Hilfsmittel sind nur so lange von Bedeutung, als sie der spirituelle Aspirant benötigt. Wenn er einmal in völliger Hingabe mit Gott eins geworden ist, dann ist er auch eins mit dem Dharma, das Gesetz ist verinnerlicht; üben und durch Rituale veranschaulichen muß er auch nicht mehr, weil er sich selbst nicht veranschaulichen muß.

»Wenn man einen Tropfen in das Meer gießt,
so verwandelt sich der Tropfen in das Meer.
So geschieht es mit der Seele:
Wenn Gott sie in sich zieht,
so wird sie in Gott gewandelt,
so daß die Seele göttlich wird.
Da verliert die Seele ihr Wirken,
nicht aber ihr Sein.«

Meister Eckhart

Hans Küng beschließt sein Buch »Theologie im Aufbruch« mit einem zusammenfassenden Blick auf die Zukunft. Dabei geht er vom mentalen und personifizierenden Verständnis aus und schreitet weiter bis zum geistig-intuitiven Erfassen der unmanifestierten All-Einheit: »Sicher, was die Zukunft betrifft, ist nur das eine: am Ende sowohl des Menschenlebens wie des Weltenlaufs werden nicht Buddhismus oder Hinduismus stehen, aber auch nicht der Islam und nicht das Judentum. Ja, am Ende steht auch nicht das Christentum. Am Ende wird überhaupt keine Religion stehen, sondern steht der eine Unaussprechbare selbst, auf den alle Religion sich richtet, den auch die Christen erst dann, wenn das Unvollkommene dem Vollkommenen weicht, ganz so erkennen, wie sie selbst erkannt sind: die Wahrheit von Angesicht zu Angesicht. Und am Ende steht so zwischen den Religionen nicht mehr trennend ein Prophet oder ein Erleuchteter, steht nicht Muhammad und nicht der Buddha. Ja, auch der Christus Jesus, an den die Christen glauben, steht hier nicht mehr trennend. Sondern er, dem nach Paulus dann alle Mächte (auch der Tod) unterworfen sind, ›unterwirft sich‹ dann Gott, damit Gott *selbst* (›ho theos‹) – oder wie immer man ihn im Osten nennen mag – wahrhaft nicht nur in allem, sondern *alles in allem* sei (1. Kor 15,28).«

Angesichts der heftigen Erschütterungen der christlichen Lehren durch die Ergebnisse der Bibelforschung, die größtenteils von den eigenen christlichen Theologen betrieben wird, wäre es dringend nötig, daß die Kirchen genau an diesem Punkt mit einer Neubesinnung beginnen würden. Leider kann hier aus Platzgründen auf diese Forschungsergebnisse nicht eingegangen werden. Gelingt nicht bald ein glaubwürdiger, interreligiös-ökumenischer Neuaufbau, dann werden die Kirchen wohl zerfallen und von kleineren Gruppen abgelöst werden, die diese Ökumene ohne Dachorganisation anzustreben versuchen. In dem Maß, wie es gelingt, das geistige Niveau der Menschen zu heben, werden sich auch Fundamentalisten allmählich überzeugen lassen. Ähnliche Perspektiven sieht auch Sathya Sai Baba.

Heute beginnt sich eine ähnliche Situation abzuzeichnen wie vor 2000 Jahren: Jesus wollte keine Kirchlichkeit, sondern Menschlichkeit und Gottesbewußtsein. Er wollte keine neue Religion, war aber zur Bildung neuer religiöser Gruppen gezwungen, weil sich das Establishment verschloß. Wenn er sagte, wer sein Leben hingebe, der werde es gewinnen, dann sollten auch die Kirchen ihre Hingabe praktizieren, indem sie sich ständig erneuern und in Erkenntnis wachsen. Ihre Leiter und spirituellen Lehrer sollten sich lediglich als Rohre verstehen, durch die der Geist denkt, redet, handelt und seine Liebe sendet. Dann leben nicht die Menschen, sondern der Geist oder Christus lebt in ihnen und durch sie hindurch, wie Paulus sagt (Gal 2,20).

10
Moralismus

»Wir können uns anstrengen, wie sehr wir wollen – es nützt nichts, wenn es nicht an der Zeit für uns ist. Die Lektion heißt ›Geduld‹.«

Phyllis Kristal/Sathya Sai Baba

Eine moralische Lebensweise ist eine harmonisch-natürliche Lebensführung. Im Zustand der Harmonie braucht es weder Zucht noch äußeres Gesetz, weder Vorschriften noch Verbote. Die harmonische innere Führung sorgt für eine integrierte Lebensweise, in der sich moralisches Handeln auf natürliche Weise ergibt. So entsteht im Verlauf des Lebens kein »guter« Mensch, sondern einer, der alles in der dualistischen Welt Erlebte harmonisch verarbeitet und aus dieser Ausgeglichenheit heraus handelt.
An jeden Menschen treten aber immer wieder Situationen heran, die ihn in Streß und Angst treiben und die sein harmonisches Gleichgewicht stören. So kann er sich unversehens gezwungen sehen, unter zwei Übeln das kleinere zu wählen. Hier hat nun der Verstand seine Aufgabe, indem er sich von der Intuition des Geistes zum richtigen Entscheid führen läßt. Voraussetzung ist allerdings, daß das Einfallen des Geistes mit seinen feinen Anregungen überhaupt wahrgenommen und nicht von einer dominierenden disharmonischen Psyche verdeckt wird. Ist die Wahrnehmungsfähigkeit für die Intuition verkümmert, dann hat der Verstand keine Anleitung mehr und führt erfahrungsgemäß in den dialektischen Widerspruch. Beim kopflastigen Menschen ist das der Fall; denn bei ihm muß der isolierte Verstand allein entscheiden. Er muß so lange spirituell wachsen, bis der Zeitpunkt erreicht ist, wo er die innere Führung erkennen kann.

Solange dies nicht erreicht ist, macht das isolierte Entscheidenmüssen des Verstandes oft aus Ethik und Moral Moralismus. Alle »Menschensatzungen« oder -ismen sind so entstanden. Moral darf aber nicht Selbstzweck sein. Sie ist die Eintrittskarte oder Voraussetzung für die spirituelle Reise. Sonst wird Moral zur Endstation der Lebensreise, die eigentlich in der Einswerdung mit dem Kosmos, mit der übergeordneten Ganzheit enden sollte, die wir Gott nennen (Skr. *sat*).
Die Vorstellungen des Verstandes von der Moral werden ideologisch oder konfessionell interpretiert. Das gilt nicht nur für die moralischen, sondern für alle Inhalte dieser Lehren. So entfalteten sich aus einfachem tiefem Wissen Verstandesinterpretationen und Ideologien wie Materialismus, Existenzialismus, Katholizismus, Protestantismus wie ein mentaler Überbau über der ursprünglichen Lebenserfahrung, die nicht mehr voll wahrgenommen wird. Keine dieser Lehren vermochte der Welt dauerhaftes Glück zu bringen. Nur wenige ihrer Führer lebten vor, wie solches Glück zu erreichen ist. Diese Lehren sind vor allem Verhaltenslehren für die Außenwelt und vernachlässigen die Innenwelt. Sie schaffen Zwänge und Abhängigkeit von Reglementierungen und Institutionen. Unabhängig sein bedeutet hingegen Autonomie durch ein in uns vorhandenes, intuitives Lenksystem des Geistes wahrnehmen. Abhängigkeit bedeutet aber, äußerer Krücken wie Gesetzbücher oder Lehrer zu bedürfen, weil die inneren Impulse nicht mehr wahrgenommen werden. Es sind dann diese Krücken, auf die wir uns stützen, oder die Interpreten dieser Gesetze und die Schriftgelehrten, die zu unseren Herrschern werden. Eine zenbuddhistische Redewendung besagt: »Siehst du irgendwo den Buddha, so schlag ihn tot.« Die Buddhaschaft ist in uns drin. Wozu also ein äußerer Buddha? Für den Zenbuddhisten gibt es nichts als Zen, aus dem er lebt und sich so die Verwirklichung der Buddhaschaft erhofft.

Damit sind wir aber nicht etwa beim »auf sich selbst gestellten Menschen« des Existentialismus angelangt, dessen Vertreter sich von aller Hilfe verlassen fühlen und darum ihren Weg ungeführt selber finden müssen. Ganz im Gegenteil! Der Existentialist und der Kartesianer sehen sich ausschließlich auf ihren eigenen Verstand angewiesen. Nur ihr Denken beweist den Kartesianern, daß sie überhaupt existieren: Ich denke, also bin ich. Der Ostasiate würde eher umgekehrt sagen: Ich bin, obwohl mein Ich auch denkt. Er identifiziert sich nicht mit seinem verstandesmäßigen Denken, sondern mit seinem wesenhaften Sein, mit seinem Selbst. Der Existentialist ist der Kopfmensch oder der Held, der sich infolge seiner Isolation als ohnmächtig erlebt und zum Scheitern verurteilt ist. Sein einseitig intellektuelles Wissen ist nur relatives Wissen, kein Wissen um die eigentliche, unvergängliche Wirklichkeit; es wird von den Hindus als »Nichtwissen« oder »Avidya« bezeichnet. Das tiefe Wissen um eine unvergängliche Wirklichkeit bezeichnen sie hingegen als »Vidya«.

Da auch die Theologie weitgehend dem Verstand verfallen ist, hat sie die Religiosität in zahllose Konfessionen aufgespaltet. In Wirklichkeit ist Religion – oder besser Religiosität – eine Lebensweise, kein formuliertes und abgegrenztes Bekenntnis. Es ist eine Lebensweise mit nur einer einzigen Abhängigkeit, auf die das Bewußtsein und das Interesse ausgerichtet sind: die unvergängliche Wirklichkeit.

Swami Yogananda sagt: »Es gibt nur *eine* Religion und zwei grundsätzlich komplementäre Auffassungen darüber« (Innen- und Außensteuerung). Das ist tolerant ausgedrückt. Lao-tse, Aurobindo, Jesus und andere wehrten sich jedoch vehement gegen die von außen gesteuerte Lebensweise, die von Konfuzius, Patanjali (1. und 2. Stufe des achtfachen Yogaweges, s. Tab. 5 im Anhang) und von den Pharisäern vertreten wurde. Was soll Gott *in* uns, wenn wir unsere Orientierung außen holen?

Schließlich soll hier noch auf eine weitere, besonders verheerende Folge des isolierten Verstandesdenkens hingewiesen werden: Gemeint ist das Wettbewerbs- und Prestigedenken, das sich besonders im kopflastigen Westen ausgebreitet hat und jede psychische und geistige Weiterentwicklung verhindert. Selbst im kirchlichen Gebaren konnten Prestige und Repräsentation nicht überall beseitigt werden. Man umgibt sich und identifiziert sich mit den kleinen Freuden der Prestigeobjekte und der Machtdemonstration, bis man die große Freude nicht mehr wahrnehmen kann.

Es gibt aber trotz alldem noch eine Berechtigung für Gesetz und Morallehren: Um sie überflüssig zu machen, müßte vorausgesetzt werden, daß alle Menschen ein harmonisches »Herz« haben. Die Ostasiaten würden hier eher formulieren, daß alle Menschen aus ihrem unkonditionierten Wesen (aus dem Selbst) oder aus Zen heraus leben müßten. Alle müßten Meditation in irgendeiner Weise betreiben, um so den supramentalen Bereich zu verwirklichen. Aber die meisten Menschen leben weitgehend extravertiert und sind daher auch nur in der Außenwelt erreichbar und steuerbar. Niemand lebt ihnen eine zeitgemäße, alternative und spirituell ausgerichtete Lebensweise vor, wie es einst Jesus getan hatte. Er hatte versucht, die Schriftgelehrten zu belehren, denen es an Spiritualität mangelte, und wurde von ihnen nicht verstanden. Auch er kam wegen der mentalen Einseitigkeit seiner Zuhörer nicht ohne Lehre und Gesetz aus und wollte deshalb das Gesetz auch nicht beseitigen. Mit dem Zeichen des Jona wies er auf die Notwendigkeit der Verinnerlichung hin. Dann wird das äußere Gesetz ebenfalls verinnerlicht (vgl. Röm 2,14–15) und steuert den Menschen von innen.

Kurz zusammengefaßt: Diejenigen Menschen, die in ihrer spirituellen Entwicklung die Mental- oder Verstandesebene nicht überschritten haben, brauchen zunächst über längere Zeit Anleitung von außen, um den entscheidenden geistigen Entwicklungssprung in den supramentalen Bereich tun zu können. »Man muß sich anfangs solcher Disziplin unterwerfen, um sie dann später wieder aufgeben zu können, denn sie ist nur ein Mittel zum Zweck, das Wahre und Ewige (Atman, Geist) zu finden. Bis zu dem Zeitpunkt aber, wo dies verwirklicht ist, bedarf es regelmäßiger geistiger Übungen«, sagt Sathya Sai Baba.

In diesem Zusammenhang zitiert er die Bhagavadgita, in der beschrieben wird, wie Arjuna (= der Mensch) von Krishna durch die Schule des Lebens geführt wird: »Deshalb, Arjuna, halte Verstand und Sinne unter Kontrolle und erkenne die Mängel, die mit den Objekten verbunden sind: dann kannst du in der Welt leben. Benutze alle Sinne auf angemessene und ethische Weise, gemäß der Zeit und den Umständen.« Die Schule des Lebens ist die Mentalebene unserer Alltagswelt. Über ihr folgt die intuitive Ebene der inneren Führung. Und Paulus formuliert es im Römerbrief 10,4 so: »Denn seit Christus gekommen ist, ist das Gesetz nicht mehr der Weg zu Gott. Jetzt gilt, Gott nimmt alle an, die ihm vertrauen.« Wer hingegen nur sich selber oder der Welt vertraut, der bleibt eben auf der Mentalebene stehen und nimmt dort nicht wahr, wie »Gottes führende Hand« sich seiner annehmen will. Oder er ist zu stolz, da er meint, das Gesetz selber erfüllt zu haben und nun aus eigenem Bemühen gottgleich zu sein.

Das tägliche Leben ist eine ständige Folge kleiner Entscheidungen. Das Prinzip, das Sai Baba hier lehrt, ist, zu mögen und gerne zu tun, was wir tun müssen, anstatt zu tun, was wir mögen. Als Leitlinie gibt er fünf menschliche Werte an, die der Mensch in seinem Tun zu beachten hat: Wahrheit, rechtes Handeln, Frieden, Gewaltlosigkeit und Liebe. Göttliche Liebe ist innere Führung. Ohne geduldiges Üben in den fünf menschlichen Werten kann die Gnade der inneren Führung schwerlich Wirklichkeit werden. Andererseits darf das eigene Bemühen um die fünf Werte auch nicht zum Endzweck der spirituellen Reise werden. Moral ist nicht Endstation, sondern Vorbedingung. Damit muß der Mensch seinen eigenen Willen dem höheren Willen unterordnen. Ohne diese Hingabe des Eigenwillens bleibt der Mensch in den Folgen seines selbstherrlichen Tuns verstrickt wie der unerlöste Schächer auf Golgatha. Wird die Moral hingegen zur Endstation, dann endet die spirituelle Reise im Humanismus, das heißt auf der hohen Mentalstufe. Dort lauern die Gefahren des Selbsterlösungskonzeptes und der Selbstgerechtigkeit mit der Folge einer Verhärtung der Herzen, wie dies Jesus am Beispiel der Pharisäer aufgezeigt hat. Der Mensch muß vielmehr zum Rohr werden, durch das der göttliche Geist allein handelt und wirkt. Danach sollte er schließlich eins werden mit dem »Vater«, dem Geist (Joh. 17,11; Gal 2,20).

11
Verinnerlichung durch Entspannung und Meditation

»Verweilen im Selbst ist Befreiung.«
Jñanavatar Shri Yukteswar

»Meditation ist nicht nur eine formale Übung, sondern eine Weise des Seins in der Welt, eine Einstellung zum Leben. Letzten Endes können wir wahrscheinlich den größten Nutzen aus ihr ziehen, wenn ihr Geist unser ganzes Verhalten durchdringt.«
Patricia Carrington

»Meditation« im engen Sinn bedeutet für die meisten Autoren Abschalten des Verstandes, der unseren ständigen Gedankenfluß verursacht, und Ausrichten der Aufmerksamkeit auf das Selbst, auf unser eigentliches Wesen, auf unsere innere Wirklichkeit im Sinn unserer geistigen Dimension, des christlichen immanenten Christus oder des hinduistischen Atman. Um das zu erreichen, muß das absolute Bewußtsein von der Überdekkung durch Gedanken und Vorstellungen befreit werden. Die Begegnung mit dem Selbst bedeutet auch ein Vorstoßen an die Quelle der Intuition und der harmonischen inneren Führung. Dann wird Metaphorisches zu Empirischem, Theorie wird durch Erfahrung ersetzt. Die Auswirkung der Meditation ist eine Veränderung des persönlichen Bewußtseins und des Selbstverständnisses sowie eine Harmonisierung der Psyche. Im Elektroenzephalogramm ist dieser Harmonisierungsprozeß nachweisbar.
Wer regelmäßig meditiert, ist nicht mehr der gleiche wie vorher. Es geschieht ganz allmählich und fast unbemerkt eine Transformation oder eine Art Wiedergeburt als »neuer Adam«. Man darf

deshalb nicht zu früh enttäuscht sein, wenn vorerst »nichts geschieht«.

Als Vorübung der Meditation zum Zweck der Beruhigung von Leib und Psyche dienen Entspannung, Konzentration auf einen Punkt und Kontemplation. In Indien sind weitere Vorübungen im Gebrauch wie die Wiederholung eines Mantras, das heißt eines Namens Gottes, einer »kraftgeladenen« Silbe oder einer Silbenfolge. Zweck davon ist es immer, den Verstand zu beschäftigen und zur Konzentration zu zwingen sowie das Bewußtsein auszurichten. In den Vorübungen ist der Verstand zwar eingeengt und ausgerichtet, aber noch aktiv. Es tritt die notwendige Beruhigung ein. In der Kontemplation können harmonisierende Gedanken betrachtet werden; oder es wird ein Objekt geschaut oder ein Problem dargelegt, wozu Gedanken zwar gebraucht werden, jedoch ohne dem Verstand eine Analyse zu erlauben. Die Intuition soll ja allein die Lösung des Problems bringen, das der Verstand nicht lösen konnte. Als Beispiel aus dem Zen-Buddhismus kann die Kontemplation eines Koans genannt werden. Kontemplation kann auch unabhängig von Meditation betrieben werden. In der geführten Meditation trägt der Leiter einen geeigneten Text vor. Dieses Vorgehen ist besonders für Anfänger zu empfehlen. In der stillen Meditation ist dann aber das Denken abgeschaltet.[26]

Sathya Sai Baba gebraucht den Begriff »Meditation« manchmal im erweiterten Sinn, manchmal im engeren Sinn, dann aber auch in der mentalen Bedeutung des Begriffs. Das scheint mir eigentlich richtiger als der üblichere Wortgebrauch; denn das lateinische *meditari* bedeutet »ermessen, nachdenken«, was das Funktionieren des Verstandes voraussetzt. Das lateinische *contemplatio* hingegen bedeutet »Betrachtung, innere Schau«, wobei der Verstand abgeschaltet sein muß. In diesem Sinn ist Meditation mental und schließt auch das Gebet ein, und Kontemplation gehört zur Supramentalebene. Trotzdem müssen

wir uns hier eher im Sinn des üblicheren Wortgebrauchs ausdrücken.
Nach der durch die Vorübungen erreichten Konzentration und Beruhigung kann die eigentliche, stille Meditation beginnen. Der Übergang geschieht wie von selbst. Ein Abschweifen von der Ausrichtung der Aufmerksamkeit nach innen durch auftauchende Gedanken kann durch passives Beobachten des Atems verhindert werden. Man ist gewissermaßen ganz beobachtendes Bewußtsein geworden. Die Augen bleiben halb offen oder fallen langsam zu, und die Hilfsmittel der Vorübung (Kerze, Mantra, Mandala, Problem etc.) schmelzen zu einem Punkt zusammen oder verschwinden einfach. Wenn noch weitere Gedanken aufkommen, läßt man sie unbeachtet vorbeiziehen. Man ist nur noch unbeteiligter Beobachter. In der Stille erfolgt nun die Wahrnehmung des Selbst. Das kann sich nach langer Erfahrung entoptisch durch innerpsychisches Licht, akustisch durch die innere Wahrnehmung eines Tones (OM u.a.) sowie durch ein aufkommendes Glücksgefühl (Ananda) äußern.
Unter Meditation im weiteren Sinn versteht man auch eine Einbeziehung der erwähnten Vorübungen in den Begriff der Meditation. Es wäre aber im Interesse der Klarheit, die Vorübungen nicht dazuzurechnen. Denn in ihnen ist der Verstand noch aktiv, in der Meditation im engeren Sinn jedoch nicht. Das ist ein wichtiger Unterschied. Mentale Meditation kann auch als sogenannte geführte Meditation gestaltet werden, in der der Meditationsleiter den Schüler mit einem passenden Text geleitet. Dies geschieht im konzentrierten Wachbewußtsein. Stille Meditation kann hingegen auch in einem tranceartigen Versenkungszustand verschiedener Tiefe betrieben werden, wie dies hauptsächlich im Osten geübt wird. Der Abendländer kann sich jedoch nicht so leicht versenken. Das ist auch gar nicht notwendig. Auch im Osten findet man Meditationsmethoden, die nur in einem beruhigten und ausgerichteten Bewußtseinszustand

durchgeführt werden, also ohne Versenkung. Das ist im Buddhismus und im Zen-Buddhismus verbreitet. Dabei sind die nur halb geschlossenen Augen gegen eine leere Wand gerichtet. Man wird mit der »Leere« konfrontiert.

Im Osten wird im Lotossitz mit gekreuzten Beinen in aufrechter Haltung und mit gestreckter Wirbelsäule meditiert. Es kann ein Kissen oder ein nach vorn leicht abfallender Schemel benutzt werden, um diese schwierige Körperhaltung zu erleichtern. Wichtig ist, daß die Knie den Boden berühren. Der Abendländer meditiert jedoch auch häufig aufrecht auf einem Stuhl sitzend, ohne anzulehnen. Meditation in liegender Haltung wird wegen der erhöhten Gefahr des Einschlafens von den meisten Experten abgelehnt. Sathya Sai Baba sagt, daß diejenige Meditationsstellung richtig sei, die dem einzelnen am meisten bringt.

Aurobindo äußert sich folgendermaßen über die Körperhaltung in der Meditation: »Die beiden hauptsächlichen Stellen, an denen man das Bewußtsein im Yoga sammelt, sind im Kopf und im Herzen. Die sitzende und reglose Haltung ist die natürliche Haltung für konzentrierte Meditation – zu gehen oder zu stehen ist eine aktive Voraussetzung. Man kann sich daran gewöhnen, im Gehen, Stehen oder Liegen zu meditieren, doch Sitzen ist anfangs die natürliche Haltung.«

Nach längerer Übung sieht der Meditierende die Welt wie aus einem anderen Blickwinkel. Er ist sich seines Selbst bewußt geworden und betrachtet nun von dort aus alles distanzierter als vorher aus seinem körperbezogenen Ich heraus, das dem Wechselspiel des Dualismus in der Außenwelt preisgegeben ist. Das Selbst hingegen ist »nicht von dieser Welt«, es ist wie eine Kinoleinwand, auf die der Film des Weltgeschehens projiziert wird mit Kriegen und Bränden – die Leinwand bleibt dabei aber unversehrt und immer gleich. Diese Unberührtheit des im Selbst verweilenden Meditierenden ist die Transformation, die sich nun auch im Alltag auswirken wird. Sie führt aber nicht zu

Gleichgültigkeit und Verantwortungslosigkeit, sondern lediglich zu geringerem eigenem Betroffensein. Indem man diese Ausrichtung des Bewußtseins auf die »eigentliche« Wirklichkeit oder auf Gott ständig aufrechterhält, verwandelt man die ganze Lebensweise im meditativen Sinn: In allem wird der gemeinsame Urgrund oder der Schöpfer und seine Schöpfung als unveränderliche Einheit gesehen. »Meditation ist die einzige Insel im Meer des Lebens, auf der all diejenigen, die von den Wogen ihrer Wünsche, ihrer Zweifel, ihrer Angst und Verzweiflung umhergeworfen werden, Zuflucht finden«, sagt Sathya Sai Baba.
Sai Baba empfiehlt eine auch für den Abendländer leicht praktikable Lichtmeditation (s. Anhang). Als Lichtquelle dient eine Kerze, auf deren Flamme man sich konzentriert. Das Licht nähert sich in der Vorstellung des Meditierenden allmählich dem Kopf, tritt zwischen den Augen in diesen ein, erhellt ihn von innen und vertreibt so alle dunklen Gedanken. Es geht dann langsam nach unten zum Herz, das erwärmt und erhellt wird, kreist durch den Körper bis zu den Händen und Füßen und kehrt wieder in den Kopf zurück. Von dort läßt man das Licht auch zu Verwandten und Freunden und zur ganzen Menschheit ziehen, und schließlich strahlt die ganze Schöpfung im Licht. Nun gibt es nur noch eines: Licht. Bei dieser Meditation ist keine Versenkung notwendig.
Die meditative Arbeit mit solchen Vorstellungen ist nicht etwa geringzuachten, da unser Unbewußtes nicht zwischen »Realität« und Vorstellung unterscheidet und solche Vorstellungssymbolik gut versteht.
Auch bei der Soto-Zen-Meditation braucht es keine Versenkung. Mit halbgeöffneten Augen sitzt man gegen die Wand gerichtet und schaut zu, wie zunächst viele Gedanken auftauchen und vorbeiziehen. Man geht nicht auf sie ein. Um von ihnen freizukommen, lenkt man seine ganze Aufmerksamkeit auf die Atmung, jedoch ohne diese zu beeinflussen. Der Meditierende

bleibt ganz im Zustand des unbeteiligten Beobachters oder Zeugen. Dabei kommt es allmählich wie von selbst zu einer Beruhigung, ohne jedes aktive Einwirken. So lernt man, geschehen lassen zu können, Abstand zu gewinnen im Sinn des Nichtbetroffenseins, was aber nicht mit Gleichgültigkeit verwechselt werden darf. Das ist bereits der Beginn der Transformation oder Bewußtwerdung, die das Wesentliche an der Meditation ist. In der nun eingetretenen Gedankenleere – einzelne vorbeihuschende Gedanken stören nicht – schreitet die Transformation weiter, das Bewußtsein löst sich vom Ich und nähert sich in einem jahrelangen Prozeß immer mehr dem Ziel, das in der Identifikation mit dem Absoluten besteht. Das Absolute ist das von aller Vorstellung Losgelöste, der reine Geist.

Welchen Nutzen bringt dies nun für den Alltag? Die Alltagswelt wird mit einem neuen Bewußtsein erlebt: Sie wird nun als der manifestierte oder ausgefaltete Zustand des Absoluten oder des Geistes verstanden. Das Absolute ist die nichtmanifestierte oder eingefaltete Ordnung, die Govinda als Potentialität bezeichnet. Man versteht, daß »manifeste« und »nichtmanifeste« Welt nur zwei verschiedene Zustände der gleichen und einzigen umfassenden Ganzheit das Kosmos darstellen, so wie man es auch am eigenen nichtmanifesten Selbst und am sinnlich wahrnehmbaren Körper erlebt. Alles Physische und Materielle ist »Schulmaterial« für unseren geistigen Fortschritt. Nach der Entlassung aus der Lebensschule braucht man das Schulmaterial nicht mehr, weil man erkannt hat, daß die eigentliche Realität geistiger Natur ist. Zum Erlernen der Liebe (Agape) braucht es im Erdenleben Objekte, die geliebt werden können; in der geistigen Existenz jedoch nicht oder nicht unbedingt, weil man dort mit dem Wesen, das die Liebe ist, identisch wird oder von ihm ganz ausgefüllt wird. Auf dieser höchsten spirituellen Ebene ist Liebe deshalb Bewußtsein, sagt Sai Baba (Tab. 9).

Das oft reichliche spirituelle Beiwerk der östlichen Meditationstechniken läßt der Abendländer am besten weg, da er es ja doch nicht richtig verstehen kann. Besonders in den hinduistischen Praktiken ist oft viel Mythologie um die indischen Gottheiten enthalten, während die Licht- und die Soto-Zen-Meditation entmythologisiert sind.

Die nichtreligiösen westlichen Meditationsmethoden werden als »praktische Meditation« bezeichnet (P. Carrington). Die sich mit Meditation befassenden westlichen Psychologen anerkennen meistens das hinduistische Selbst nicht. Sie kennen keinen supramentalen Bereich. Ihnen geht es um die Entfaltung des *Ichs*, um »persönliches Wachstum«. Ein westlicher Meditierender hat das folgendermaßen beschrieben: »Wenn ich meditiere, gehe ich in mich, komme ich zu mir. Ich nehme mich selbst als ein Wesen wahr, das von jedem andern Wesen, von jedem andern Ding *getrennt* ist. Ich bin nicht mein Haus noch mein Wagen, noch die Kleider, die ich trage. Ich bin nicht die Grundsätze, nach denen ich lebe, nicht einmal die Worte, die ich sage. Ich bin ich. Wie seltsam! So fühlt es sich an, ich zu sein.« Das Ich wird von seinen Konditionierungen und Attributen befreit, nicht aber vom Ichbewußtsein. Es lernt in der Meditation, sich von jeder Art Nicht-Ich *abzutrennen*. Die Egozentrik bleibt bestehen, das von allem Anhang isolierte Ich wird gestärkt, wie dies eben die Art der westlichen Psychologie ist, die nicht über die Mentalebene hinausgehen kann. Das für den westlichen Menschen so typische Gefühl des Getrenntseins und der Einsamkeit wird auf diese Weise ebenso gefördert wie der übertriebene Individualismus, das Wettbewerbsdenken und die Orientierung mit dem eigenen, unabhängigen Verstand. Der »Sündenfall« wird programmiert. Es fehlt das zweite, übergeordnete geistig-psychische Zentrum, das Selbst. Die Transformation vom Ich zum Selbst bleibt aus.

Wenn im Westen von »Praktischer Meditation« die Rede ist, dann weist diese Bezeichnung auf die Absicht einer gezielten

Anwendung der Meditation als Behandlungsmethode von psychischen Störungen hin. Diese Anwendungsmöglichkeit ist tatsächlich auch gegeben und berechtigt. Sie führt direkt zur Hypnotherapie. Auch vegetative Fehlsteuerungen und erstaunlich viele andere Beschwerden können von geschickten Hypnotherapeuten erfolgreich behandelt werden. Verdrängungen im Unbewußten können gegen andere, erwünschte Programme *ausgetauscht* werden, ohne die alten Verdrängungen zu unterdrücken. Ein spiritueller Fortschritt wird hier jedoch nicht angestrebt.

Im Osten lehrte in unserer Zeit zum Beispiel Swami Yogananda eine therapeutische Meditation. Lange Zeit vor ihm hatte aber schon der Weise Vishvamitra die Gayatri ersonnen und dieses Mantra zu einer Arznei für Sucher auf dem spirituellen Weg gemacht. Aus der Rezitation dieses Mantras sammelt sich die verborgene Kraft, schlechte Eigenschaften zu entfernen und durch neue zu ersetzen (nach Sathya Sai Baba). Hinduistische Mantras werden aber im Westen kaum für therapeutische Zwecke in Frage kommen; denn Gayatri ist der Name einer hinduistischen Göttin, zu der für die Befriedigung der materiellen und spirituellen Bedürfnisse gebetet wird. Der Text müßte schon für den westlichen Gebrauch als (in der Regel christliches) Gebet angepaßt werden. Das Wort *Gayatri* bedeutet »das, was erlöst, wenn es wiederholt wird«. Es ist also ein erlösendes, formuliertes Gebet. In der russisch-orthodoxen Kirche dient die wiederholte Rezitation des sogenannten Herzensgebetes dem gleichen Zweck: Erlösung vom irdischen Leiden durch Einswerdung.

Im Osten wie im Westen wird die nach einigem Suchen gewählte Meditationsweise in der Regel, ohne abzuwechseln, beibehalten. Wenn ein Bedürfnis nach Abwechslung aufkommt, dann kann das bedeuten, daß die definitive Methode noch nicht gefunden worden ist. Die Theravada-Buddhistin Ayya Khema empfiehlt jedoch auch, einige sich ergänzende Meditationsmethoden nebeneinander auszuüben. Sie weist aber darauf hin, daß das Meditieren dann anfängt, wenn die Methoden aufhören. Meditationstexte führen nur zur Meditation hin (Beispiele im Anhang). Es werden aber auch andere Auffassungen vertreten – je nach Verständnisebene.

Meditieren in Gruppen ist nicht jedermanns Sache. Der Alleingang birgt aber Gefahren in sich, besonders für Menschen mit psychischen Problemen oder – bei niedrigem Blutdruck – in der tieferen Meditation. Ein guter Lehrer ist besonders am Anfang zu empfehlen.

Wer tiefe Erfahrungen sammeln will, um beispielsweise den der Individualität gegenüberstehenden Pol der eigenen Identität mit dem Kosmos einmal erleben zu können, der kann nach einer aus Indien stammenden Praktik im Beisein einer kundigen Zweitperson folgendermaßen verfahren: Die Aufmerksamkeit wird auf den Weg der Atemluft von der Nase in die Lunge konzentriert. Von dort läßt man die Luft in der Vorstellung im Körper umherstreifen, immer begleitet von der ganzen Aufmerksamkeit. Man sucht eine Stelle, wo sich ein Körperteil nicht schwer, sondern leicht anfühlt. Diese Leichtigkeit sucht der Entspannende nun auszuweiten und im ganzen Leib zu verbreiten, bis sich plötzlich der ganze Körper leicht anfühlt und scheinbar zu schweben beginnt (man vergleiche Freuds Erfahrung der »gleichschwebenden Aufmerksamkeit« in der nichtkonzentrativen Entspannung).

Da der Europäer sein Ich weitgehend mit der Erfahrung des eigenen Körpers samt Psyche identifiziert, befindet er sich mit zunehmender Trancetiefe so lange im Bereich seines Ichs, als er die Schwere seines Körpers empfindet. Wenn sich dann das Leichtgefühl durchsetzt, beginnt das von Gedanken befreite Bewußtsein dem Ich seine Energie zu entziehen und diese Energie selber aufzusaugen: Das Ich verliert an Gewicht und

Wichtigkeit, es wird immer diffuser und verschwindet. Die Empfindungen des materiellen Körpers und der Psyche, die das Ich ausmachen, werden dabei immer mehr verdünnt und »wie vom Wind in alle Richtungen verweht und ausgebreitet«. Der Erlebende muß hier seine Aufmerksamkeit auf die Erfahrung lenken, daß der Körper plötzlich nicht mehr wahrgenommen wird, daß die eigene körperliche Begrenzung mitsamt dem Ich plötzlich weg ist. Übrig bleibt nur noch die Wahrnehmung selber, das reine Bewußtsein ohne Ichbezug. Man kann auch sagen, daß man sich in diesem Stadium der Versenkung als reines, grenzenloses, kosmisches Bewußtsein oder Selbst erlebt. Dabei wird jedoch nur ein Pol der Wirklichkeit erlebt. Man darf daraus nicht auf eine nachtodliche Weiterexistenz ohne Individualität schließen. Auch in der Bhagavadgita (VII,23; IX,25; X,2) bestehen Hinweise auf ein Fortleben individueller Seelen im Sinn eigener Einmaligkeit innerhalb der von reiner Geistigkeit bis zum Psychischen reichenden Ganzheit. Ein Auflösen aller Einmaligkeit in einer Brahman genannten rein geistigen Weltseele ist nur der eine Extrempol der ganzheitlich aufzufassenden Wirklichkeit. In unserem Erdenleben können wir im Alltagsleben der manifesten Welt und in tiefer Versenkung beide Pole erleben, und das Unbegreifliche, das wir Gott nennen, umfaßt ebenfalls die ganze Wirklichkeit mit allen extremen Möglichkeiten. Aber das unvergängliche Geistige ist die grundlegende Realität. Wenn wir in diesem Sinn alles in allem erfahren, dann erkennen wir uns als mit Gott wesensgleich.

Wenn wir einmal den rein geistigen Pol unserer Existenz in tiefer Versenkung nachgeprüft haben, dann ist uns nach langem Üben das gelungen, was als Vereinigung mit dem geistigen Universum oder als Unio mystica bezeichnet wird. Dieses Erlebnis kann von einer plötzlichen, intensiven Lichtflut begleitet sein, die den Übergang von der Identifikation mit dem Ich zur Identifikation mit dem Selbst auch optisch erleben läßt. In biblischer Sprache ist dieser Identifikationswechsel als Durchschreiten des Nadelöhrs bezeichnet. Solange man sich mit seiner Person oder dem Ich identifiziert, lebt man im Umfeld der traditionellen Psychologie. Sobald man sich aber als göttliches Selbst erkennt, lebt man aus der geistigen Wirklichkeit heraus und sieht sich nicht mehr als eigenständiges Subjekt, sondern mit allem geistig verbunden. Vor dem erfolgreichen Meditieren mag man dies theoretisch auch schon verstanden haben. Jetzt ist man aber von diesem theoretischen Verständnis zum Gesamterlebnis dieses Sachverhalts vorgedrungen.

Wenn die Abgrenzungen des Ichs durchstoßen werden und das Nicht-Ich auf allen Ebenen einbezogen wird, dann darf das nicht mit dem Zustand der archaischen Unbewußtheit verwechselt werden, in dem das Ich vom Nicht-Ich infolge Unbestimmtheit *noch nicht* getrennt ist, und auch nicht mit dem pathologischen Zustand der Konfluenz, in dem das Ich *nicht mehr* vom Nicht-Ich unterschieden werden kann. Bei der Identifikation mit dem Selbst wird das Ich sehr wohl erkannt, aber untergeordnet. Es wird geringer bewertet und aus dem Mittelpunkt des Interesses entfernt, aber als anderer Pol des Selbst in der Ganzheit der transpersonal gewordenen Persönlichkeit integriert. Im Gegensatz zur Vorstellung der einseitigen Monisten kommt es beim Erlebnis der körperlosen Identität mit dem geistigen Universum jedoch nicht zur »Vernichtung« des Ichs. Das ist ein Irrtum. Es verhält sich vielmehr so, daß dieses in der tiefen Versenkung nicht mehr wahrgenommen wird, obwohl es latent ja noch vorhanden ist. Gegenüber dem Zustand vor der Versenkung hat sich die Situation gerade umgekehrt: Vorher hat das Ich das Selbst nicht wahrgenommen, obwohl es vorhanden gewesen war. Und in der Versenkung nimmt das Selbst das Ich nicht mehr wahr, obwohl auch dieses latent noch da ist. Ich und Selbst sind ja untrennbare Pole unserer »diesseitigen« Existenz, und Atman und Brahman sind die Pole unserer »transzendentalen«

Realität, die aber nicht erst nach dem Tod beginnt, sondern in der Potentialität des Brahman beziehungsweise in unserem Wesen immer schon da war.

Wer nach dieser Erfahrung des unbegrenzten Selbst seine eigentliche Wirklichkeit bedenkt, der wird von nun an sein Ich, mit dem er sich früher allein identifiziert hat, als ein kleines, unbedeutendes Anhängsel seines Selbst erkennen. Die ganz eigene Lebensgeschichte des Ichs mit den vielen unangenehmen Erfahrungen und Erinnerungen wird nun so erlebt, als gehe sie das Selbst kaum etwas an. Was uns vorher von der Vergangenheit her so ungeheuer belastet hat, was wir am liebsten ungeschehen gemacht hätten, das wird nun plötzlich unbedeutend. Es wird aus der Distanz empfunden. Wir haben eine andere Sicht, eine Art Panoramasicht, gewonnen – mit großem Abstand zu allem, was mit dem Ich zu tun hat. Wir erleben uns immer mehr als Beobachter unserer selbst, aus der Position des reinen Bewußtseins, das im Körper herumstreifen und diesen so als Behausung bewußt wahrnehmen oder auch in den Kosmos ausströmen kann. Die Abgrenzung des Ichs, das die Grenzen des Körpers als die Grenzen der Individualität aufgefaßt hat, wird als künstliche Begrenzung erkannt. Wir sind in unserem eigentlichen geistigen Wesen grenzenlos! Jetzt verstehen wir auch die typische östliche Gelassenheit besser, die hier ihre wohl wichtigste Wurzel hat.

Dieses meditative Vortasten in die unmanifestierte Welt kann noch zu weiterführenden Erlebnissen gelangen, die neuerdings wieder aktuell geworden sind. Wenn der Leib leichter zu werden beginnt oder wenn dabei eventuell zusätzlich ein mehr oder weniger starkes Vibrieren verspürt wird, dann könnte es sich nach der Vermutung Erfahrener um Zeichen der Lockerung zwischen den fein- und grobstofflichen Körperschichten handeln. Jedenfalls scheint dieser Schluß naheliegend zu sein. Meist bleibt es bei dieser »Lockerung«, ohne daß der psychische Körper verlassen wird. Es kann aber auch zu einem sogenannten Austritt aus dem Leib kommen. Sehr viele sogenannte Austritte sind bei dualistischer Betrachtungsweise aber innerpsychische Vorgänge. Bei monistischer Betrachtungsweise können alle Austritte als innerpsychische Vorgänge bezeichnet werden, weil »innen« und »außen« dasselbe ist. Diese Sicht beruht auf der holographischen Struktur der Wirklichkeit und nicht etwa auf »verschmierendem Denken«. Es scheint aber doch Fälle zu geben, die aus dualistischer Sicht nicht anders zu erklären sind, als daß das Bewußtsein den Körper verläßt. Der tschechische Biochemiker und Parapsychologe Milan Rýzl erklärt dieses Phänomen als außersinnliche Wahrnehmung durch ein ausfahrendes »ASW-Organ«. Wir haben aber bereits festgestellt, daß unser Bewußtsein eine unbegrenzte geistige Dimension besitzt, was zum Beispiel auch das Phänomen der Telepathie erklären kann. Unser Wesen oder Selbst ist immer schon überall, es muß den Körper nicht erst verlassen. Seine Wahrnehmung kann sich – auch spontan – auf andere Realitätsebenen verlagern, auf denen der physische Körper nicht wahrgenommen wird. Wir müssen immer bedenken, daß die eigene Identität nur für den Verstand von der Haut abgegrenzt wird. Für den Geist gibt es keinerlei Grenzen. Ungeklärt bleibt vorläufig, ob die ausfahrende Wahrnehmung zuweilen in einer sogenannten feinstofflichen Hülle entweichen kann und ob sie sich an beliebigen Orten unter unbekannten Voraussetzungen optisch oder akustisch manifestieren kann.

Es gibt über solche Phänomene zahlreiche, teils minuziöse Berichte, auch von Wissenschaftlern. Aus eigenem Erleben kann ich hier nichts beitragen. Ich kenne aber vier zuverlässige Leute, die solche Erlebnisse schon gehabt haben und als »echte Austritte« beschreiben. Sie berichten, daß dabei verschiedene Wirklichkeitsebenen betreten werden können. Die Austritte sind dem Vernehmen nach auch in »Körperhüllen« von unterschiedlicher Konsistenz möglich. Das erinnert an die traditionelle altindische Lehre von den vier oder fünf Körperhüllen, die als Prinzip aber der ganzen Wirklichkeit zugrunde lägen. In der Taittiriya-Upanishad, von Shankara und im Mahayana-Buddhismus wird die Meinung vertreten, daß nach Entfernung aller Hüllen nur noch das Selbst oder der reine Geist als tiefste, unveränderliche und zeitlose Wirklichkeit übrigbleibe. Im nächsten Kapitel werden wir uns näher damit befassen.

12
Das, was ist, oder Die Hauptstufen der Wirklichkeit

> »Da wir die Welt gewahren, müssen wir ihr eine erste Quelle zugestehen:
> Das Große Eine, mit der Kraft, sich als Vieles darzustellen.«
>
> *Ramana Maharshi*

Die im letzten Kapitel bereits erwähnte altindische Vorstellung von den fünf Hüllen oder Schichten der Wirklichkeit des Menschen und der Natur ist später durch die Unterscheidung von bis zu 128 Unterebenen verfeinert worden. Diese Analyse der Vielschichtigkeit der Realität ist auch noch für den heutigen Menschen ein äußerst brauchbares Mittel zum besseren Verständnis. Es lohnt sich daher, sich intensiv damit auseinanderzusetzen, wobei vor allem die Tabelle 2 im Anhang eine Orientierungshilfe in der Wirrnis der Widersprüche bietet. Zunächst betrachten wir die ursprünglichen fünf Hüllen der Wirklichkeit aus der Taittiriya-Upanishad:

1. Annamaya-Kosha:	die grobstoffliche Hülle, die materielle Ebene, der Nahrungsleib.
2. Pranamaya-Kosha:	die Energiehülle oder -ebene, Gefühl, Lebenskraft, Äther als Raum der Natur.
3. Manomaya-Kosha:	die mentale Hülle oder die Mentalebene, Verstand, rationales Denken.
4. Vijñanamaya-Kosha:	die letzte Hülle oder erste spirituelle Ebene, noch dualistisch, Glaube, Hingebung, beginnende Bewußtheit.
5. Anandamaya-Kosha:	die geistige Ebene der dauerhaften

Glückseligkeit, der Kausalkörper, letzte Einsichtsstufe, Einheitsbewußtsein, Brahman, das Selbst, das Nichtseiende, das die Kraft hat, zum Seienden zu werden.

Sathya Sai Baba äußert sich dazu wie folgt: »Wisset, daß der Geist (Atman) eure Wirklichkeit ist. Erkennt, daß es dieselbe innere Kraft des Universums ist. Laßt eure Intelligenz in diese Wahrheit eindringen. Analysiert euch selbst und entdeckt die verschiedenen Ebenen des Bewußtseins, die körperliche, die sinnliche, die nervliche, die verstandesmäßige und die geistige. Dann erreicht die Mitte der letzten Ebene: Freude. Die fünf Körper müssen transzendiert werden, damit ihr eure Wahrheit, den immanenten Geist (Atman), erreichen könnt.« Und weiter: »... Prüft euch selbst, eure Wünsche und euer Tun, und findet heraus, auf welcher Ebene ihr euch bewegt. Je nach dem Ergebnis könnt ihr eure Gedanken und eure weltlichen Wünsche durch höhere ersetzen.«

Alles Manifeste ist bloß eine Erscheinungsweise des Geistigen, das allem zugrunde liegt. Das gilt nicht nur für die grobe Materie, sondern auch für feinste Verdichtungen wie Energie und Gedanken, die alle der Geist in Erscheinung treten läßt. Also gibt es letztlich nur den Geist als eigentliche Wirklichkeit. Wenn wir den Geist trotzdem nach seinen Manifestationen oder Erscheinungsformen in Ebenen aufgliedern, dann tun wir dies nur zum Zweck besseren Verstehens.

Die fünfte Hülle oder Ebene der letzten Einsichtsstufe wird auch mit Geist (Brahman) gleichgesetzt. Der Geist selber kann aber für einen westlichen Leser nicht gut eine Hülle seiner selbst sein. Es erscheint daher zweckmäßiger, von Ebenen der Wirklichkeit zu sprechen anstatt von Hüllen. Nach den divergierenden Angaben der Literatur kann Glückseligkeit manchmal erst im »körperlosen« Zustand, manchmal schon im Erdenleben erlebt werden. Ich habe deshalb versucht, eine etwas differenziertere Tabelle (Tabelle 2 im Anhang) zu entwerfen.

Jede Ebene hat ihren eigenen Schwingungsbereich, von groben und langsamen bis zu kurzen und schnellen Frequenzen. In dieser Tabelle sind sieben Realitätsebenen dargestellt, die zu drei Grundebenen oder Bereichen vereinfachend zusammengefaßt sind: inframentaler, mentaler und supramentaler (übersinnlicher, geistiger) Bereich, je nach dem Verhältnis zum Verstand, ob niedriger (enger) oder höher (weiter) als dieser. Die vielen Unterebenen, die jede Hauptebene besitzt, lassen wir hier mit nur zwei Ausnahmen im spirituellen Bereich weg, um größtmögliche Einfachheit zu erreichen. Es genügt, sich bewußt zu sein, daß auf jeder Hauptebene einfachere, von der nächstunteren Ebene beeinflußte und anspruchsvollere, von der nächstoberen Ebene beeinflußte Zustände bestehen.

Die Tabelle ist dazu geeignet, einen Überblick über die evolutionären und spirituellen Entwicklungsstufen zu erhalten, und erlaubt zudem eine Selbstlokalisation und ein Verständnis der Kräfte, die auf den verschiedenen Stufen einwirken. Ferner erkennt man die nächsthöhere, noch nicht verwirklichte (Unter)Ebene und deren Charakteristik. Außerdem erlaubt die Tabelle ein *nichtwertendes* Kategorisieren aller Einzelheiten der Evolution, um immer zu wissen, womit man gerade konfrontiert wird oder ständig umgeben ist. Dabei muß man wissen, daß jede höhere Ebene alle niedrigeren enthält, aber nicht umgekehrt.

Der nützliche Gebrauch dieser Tabelle ist völlig unabhängig von der Religionszugehörigkeit oder anderweitiger Überzeugung. Auf jeder Ebene kann der Christ oder sogar auch der Atheist einen für ihn akzeptablen Begriff finden, so daß alle davon profitieren können. Den Christen steht aus ihrer Tradition leider keine vergleichbare christliche Übersicht zur Verfügung. Es ist ihnen natürlich freigestellt, die Terminologie durch rein christliche Begriffe mit gleichwertiger Bedeutung zu ersetzen, falls sie an einigen Begriffen dieser Tabelle Anstoß nehmen sollten. Die »Schwingungen« werden von der ersten Ebene bis zur siebten immer feiner. Die obere Hälfte der Tabelle bezieht sich auf die vergängliche Wirklichkeit, die untere auf die unvergängliche. Die drei ersten Ebenen gehören zur Welt der Materie, der Energie und des Gefühls. In dieser Phase der Evolution war noch kein Lebewesen mit einem genügend komplexen Gehirn ausgestattet, um auf den einwirkenden Geist mit Verstand reagieren zu können, weshalb dieser Bereich als inframental (oder submental) bezeichnet ist. Die vierte Ebene ist dann die Ebene des Verstandes und des von ihm durch Abtrennung künstlich geschaffenen Ichs. Der Verstand wirkt oft störend auf die drei inframentalen Ebenen ein und bewirkt dort durch sein falsches, isoliertes Denken physische und psychische Krankheiten. In der umgekehrten Richtung können Emotionen aus der Gefühlsebene das Denken stören. Die hier einwirkenden polarisierenden Kräfte nennen die Inder Rajas und Thamas, und Sathwa bezeichnet die ausgleichend-harmonisierende Kraft des Geistes. Als fünfte Ebene folgt die intuitive Ebene, die den Einstieg in den spirituellen oder supramentalen Bereich bietet, sofern der spirituelle Aspirant bereit ist, sein »Herz« harmonisch werden zu lassen. Das geschieht durch Meditation und Unterordnung oder Hingabe des Verstandes und des Gefühls. Dann nimmt er plötzlich seine innere Führung wahr, die seinen Verstand führt. So führt ihn das Selbst allmählich zum Nadelöhr, zu der Stelle, wo die nach oben ziehenden geistigen Kräfte endgültig die Oberhand über die nach unten ziehenden inframentalen und mentalen Kräfte gewinnen. Dann steht dem weiteren Aufstieg kein Hindernis mehr im Weg. In diesem Sinn verläuft auch die gesamte Evolution.

Jede Ebene kann jede andere beeinflussen, und die jeweils höhere Ebene hat die niedrigeren in sich integriert und nicht etwa eliminiert. Die niedrigere Ebene hingegen »versteht« nicht, was auf den höheren geschieht. Wer also die spirituellen Ebenen nicht betreten oder sogar verwirklicht hat, sondern nur die untersten drei oder vier, der versteht nichts von supramentalen Dingen. Eventuelle spirituelle Spekulationen seines Verstandes bleiben theoretisch. Hier liegt das Problem derjenigen Theologen, die selber kein spirituelles Leben führen. Die Naturwissenschaften erlauben sich nicht, die Mentalebene nach oben zu durchstoßen, und schließen sich so vom geistig-spirituellen Bereich der Wirklichkeit aus. Die Wirklichkeitserkenntnis ist bewußtseinsspezifisch. Die etablierte Naturwissenschaft ist sich nur der ersten vier Realitätsebenen bewußt; daher ist ihre Wirklichkeit äußerst unvollständig. Den supramentalen Bereich überläßt sie den Geisteswissenschaften, mit denen sie aber nicht zusammenarbeiten will.

Auf der Ebene des Selbst gibt es keine Form und keine Abgrenzung mehr, sondern nur noch Geist oder Bewußtheit. Das kann nur in tiefster Versenkung erfahren werden. Diese höchste Wirklichkeit der geistigen Potentialität entzieht sich jeder Definition und jedem verstandesmäßigen Verstehen.

Die untere Ebene kann zwar die jeweils obere (störend) beeinflussen, sie kann in die obere vorstoßen und dort mitzureden versuchen, so wie ein Kind im Planschbecken über das Schwimmen reden will und dabei auf dem Boden steht. Aber man bleibt so lange inkompetent, als man mit den Füßen noch ganz auf der niedrigeren Ebene abgestützt ist. Die höhere Wirklichkeit kann so nicht erkannt werden. Um die Wirklichkeiten und Gesetzmäßigkeiten der nächsthöheren Ebene verstehen zu können, muß man diese zuerst einmal selber betreten. Dazu bedarf es im Normalfall mehrjähriger spiritueller Übungen mit großer Hingabe. Wenn dann der evolutionäre Entwicklungssprung eintritt, dann ist dies ein Gnadenakt, ein höheres Geschenk.

Der ganzheitliche Mensch ist sich aller sieben Realitätsebenen

bewußt, auch wenn er sie nicht voll verwirklicht hat. Er ist sich insbesondere seines Selbst bewußt. Dadurch beginnen die sieben unterschiedlichen Schwingungsbereiche, die den Wirklichkeitsebenen entsprechen, miteinander in harmonischer Resonanz zu schwingen. Meditation kann diesen Harmonisierungsprozeß, der im Elektroenzephalogramm verfolgt werden kann, weiter fördern. Mit Akupunktur können Blockaden der Energieschwingungen auf der 2. Ebene beseitigt werden. Wer sich so seinem »Bewußtseinsleib« oder »Seligkeitskörper« (6. Ebene) aufschließt, der gewinnt Erfahrungen aus geistigen Dimensionen. Dadurch kommt es auch in den übrigen Körperschichten zu veränderten Stimmungen und Gefühlen. Verständnis und Handeln ändern sich ebenfalls.
Man kann aus diesen Konzepten von fünf oder mehr Hüllen oder Ebenen und dem Selbst folgern, daß wir mit einem Teil unseres Seins, mit der Einheit Körper und Psyche, dem »Diesseits« angehören, als Ganzes aber, mit unserem alle Ebenen enthaltenen Geist oder Selbst, dem »Jenseits« angehören, obwohl wir in der Regel nur das eine oder das andere davon wahrnehmen können und nicht beides gleichzeitig. Dazu braucht es entsprechende Verwirklichung.
Die Diskussion, ob reanimierte Scheintote im »Jenseits« gewesen seien oder nicht, hat demnach nur unwesentliche Bedeutung. Sie waren vorher und nachher sowohl »hier« wie »dort«. Sie haben einmal nur das »Hier« (die Mentalebene), das andere Mal nur das »Dort« (die Supramentalebene) wahrnehmen können. Das sind ohnehin keine unterschiedlichen Lokalisationen, sondern verschiedene Realitätsebenen und Schwingungsbereiche des Kosmos. Berichten können die Reanimierten nur über ihre Wahrnehmungen, nicht über vermeintlich Objektives.
Also ist die Frage, ob man nur dann einen Blick ins vielschichtige »Jenseits« tun bzw. nur dann außersinnliche Schwingungsbereiche wahrnehmen kann, wenn man auf die grobstoffliche

Hülle (den physischen Leib) definitiv verzichtet hat, mit einem klaren Nein zu beantworten. Es kommt vor, daß sich ein Blick vom »Diesseits« ins »Jenseits« öffnet und umgekehrt. Wir befinden uns immer an »beiden Orten« zugleich, aber wir sind je nach dem gerade herrschenden psychischen Zustand auf verschiedenen Ebenen der Realität wahrnehmungsfähig.

Der achtfache Yogaweg des Patanjali (Tab. 5 im Anhang) bildete zusammen mit dem System der fünf Körperschichten die archaische Basis für zahlreiche Abwandlungen zur Darstellung der Wirklichkeit und des spirituellen Evolutionsweges. Auch in unserem Jahrhundert entstanden und entstehen immer noch neue Varianten solcher Darstellungsversuche (Beispiel: Rudolf Steiner), die die moderne Weltsicht in die Tabelle einbeziehen. Im Prinzip hat sich jedoch nichts geändert: Die Wirklichkeit aus der Sicht des Menschen kann auch heute noch in drei Hauptbereiche unterteilt werden, die in Beziehung zum Menschenverstand stehen: die (submentale) Wirklichkeit vor dem Erscheinen des Menschen in der Evolution, die Vorstellungswelt des verstandbegabten Menschen in Raum und Zeit sowie das, was die Vorstellungskraft des Menschen übersteigt. Der dritte dieser drei Bereiche ist der Bereich der Raumzeit, des Geistes oder die supramentale Ebene, die früher als eine andere Örtlichkeit aufgefaßt wurde und daher den Namen »Jenseits« bekam.

Im Anhang finden die Leser eine Anleitung, in der anhand von Beispielen die praktische Anwendung von Tabelle 2 für ein besseres Wirklichkeitsverständnis gezeigt wird.

13
Verwirklichung – die faszinierendste Lebensaufgabe

»Die Zahl derer, die tatsächlich Erfolg haben und wissen, mag nur klein sein ... Wesentlich ist der Durst, das Drängen.«

Swami Shri Sathya Sai Baba

»Gott hat die Menschen nach seinem Bild erschaffen. Ihn erkennen wir deshalb nur durch Selbst-Verwirklichung.«

Swami Hariharananda

Es ist eine alte Erfahrung, daß ein Studium keine Weisen, eine moralische Erziehung keinen guten Menschen, verbaler Religionsunterricht keine Spirituellen und das Lesen eines Buches keinen Erfahrenen hervorbringt. Ebensowenig genügen guter Wille und eiserne Disziplin, um den eigenen Charakter zu verbessern. Das Resultat vorwiegend intellektueller oder verbaler Förderung ist eine einseitig theoretisch gewordene Psyche, die leicht ins Gegenteil umkippt. Dauerhafte Charakteränderungen müssen in der supramental-intuitiven Ebene verankert sein und nicht auf der mentalen noch auf der emotionalen Ebene der Vergänglichkeit.

Wenn jemand gute Vorsätze bekanntgibt, dann bekommt er meistens den liebenswürdigen Hinweis, jetzt müsse er aber seine Vorsätze in die Tat umsetzen. Man stellt sich darunter vor, daß nach der Beschlußfassung nun ein entsprechendes Programm durch Willensanstrengung, Selbstdisziplin, Überzeugung und eventuell Askese durchgeführt werden müsse. Konfuzius und alle Moralisten beschritten diesen Weg – und sind kläglich gescheitert. Ebenso erging es vor hundert Jahren einer ganzen Zeitepoche, der viktorianischen Epoche. Ihre Moral wurde »doppelbödig«. Patanjali stellte in den ersten beiden Schritten seines achtfachen Yogaweges (Tab. 5 im Anhang) zwar auch moralische Forderungen auf, da dies als Einstieg unvermeidlich ist. Aber seine sechs weiteren Schritte führten immer tiefer in die Supramentalsphäre hinein.

Wir wissen bereits, daß unsere Psyche durch Gesellschaftsnormen und Meinungen – auch eigene – konditioniert oder programmiert ist. Unsere Gewohnheiten und viele unserer Handlungen werden daher durch diesen konditionierten Denkhintergrund unbemerkt gesteuert, auch wenn wir noch so überzeugt sind, frei nach unserm Willen zu handeln. Wenn wir nun unser Unbewußtes zwingen, etwas anderes als das ihm vom Charakter (= Gewohnheiten) eingeprägte Programm zuzulassen, dann mag das einmal oder ein paarmal durch Zwang gelingen. Aber auf die Dauer wird sich das gewohnte Programm wieder durchsetzen und zur »Korrektur« zunächst einmal ins Gegenteil des vom Willen Gewünschten umschlagen. Wenn wir also einen an uns unerwünschten Charakterzug ausmerzen oder nicht wahrhaben wollen und ihn zu verdrängen versuchen, dann kehrt das Verdrängte bald einmal mit Wucht zurück.

Mit dem Willen allein läßt sich der Charakter nicht ändern. Man kann nicht beschließen, fortan nur noch Gutes tun zu wollen. Zumindest ist dieser intellektuelle Weg äußerst mühsam und mit viel dialektischem Widerspruch und Verwirrung gespickt. Es ist der Weg des Helden, der einen Entschluß mutig in die Tat umsetzen will – und schließlich scheitert. Es ist der Weg des Kampfes und der Disharmonie, der das Ziel der Harmonie nicht erreichen kann.

Das Gegenstück wäre Passivität, Fatalismus, Resignation, Mutlosigkeit und Weltflucht. So läßt sich natürlich auch nichts ändern oder verwirklichen.

Die großen Weisen empfehlen deshalb einen Mittelweg. Damit

ist aber kein Kompromiß gemeint, sondern die Vermeidung von unwirklichen Extremen, zwischen denen eine harmonische Mitte liegt. Es ist eine Absage an den isolierten Verstand, der diese Extreme schafft, und ein Streben nach Frieden und Zufriedenheit sowie ständiges Üben des liebevollen Verhaltens anstatt Kampf für das »Gute« und gegen das »Schlechte« und anstatt Begehren nach Anerkennung durch andere. Es ist ein Verlangen nach Kooperation und Integration statt Verdrängung, ein Sehnen nach Höherentwicklung und ein geduldiges und vertrauensvolles Abwartenkönnen der transformierenden Evolution. Das ist ihr Mittelweg. Da das polarisierte Unbewußte mit seinem durch die egozentrische Gewohnheit programmierten Charakter immer stärker ist als der Wille, ist die Kampflösung von vornherein aussichtslos.

Dem konditionierten Unbewußten ist »das Programm« in langen Jahren eingehämmert worden wie die Doktrin dem Volk in den Diktaturen. Das ursprüngliche, »reine«, unkonditionierte Unbewußte hatte einst aus seiner natürlichen Disposition und aus Direkterkenntnis ein dem eigentlichen Wesen des betreffenden Menschen entsprechendes Programm enthalten, das dann in fragwürdiger Erziehung und Beeinflussung verändert worden ist. In jungen Jahren ist das Unbewußte der Menschen bereit, sich solchermaßen konditionieren zu lassen. Die wesensfremde Konditionierung erzeugt im Menschen Unbehagen und Spannung. Eigentlich wäre es dem Unbewußten wohler, wenn es diese unharmonischen Konditionierungen loswerden könnte. Aber diese wirken bis in die tiefsten Schichten des Unbewußten, wo das natürliche Wohlbefinden und Glücksgefühl durch Unbehagen und Verdrießlichkeit überdeckt worden sind. Ganz tief hinunter reicht unter allen Therapien aber nur die Meditation (Tab. 2 im Anhang). In ihr werden der Verstand und das Ich abgeschaltet. Meditation bedeutet daher auch Hingabe des Ichs an das Selbst oder an Gott mit dem Resultat einer Transformation des Meditierenden. Vertrauensvolle Geduld sowie ehrliche und bedingungslose Zustimmung zur Transformation sind dabei notwendig. Bis zur zweittiefsten Ebene, der ersten intuitiven oder spirituellen Ebene, reicht auch die Hypnotherapie. Diese beiden Therapien – Meditation und Hypnotherapie – sind in der Lage, Umweltkonditionierungen im tiefen Unbewußten zu lösen und durch harmonische Konditionierungen zu ersetzen und so die natürliche Harmonie wiederherzustellen. Da dies nicht durch Willensanstrengung und Kampf, sondern im integrierenden Geist der Harmonie geschieht, kommt es nicht zur Verdrängung, sondern zum *Auswechseln* unharmonischer Programme durch harmonische. Selbstverständlich kann, soll und muß der Verstand durch bewußte Zustimmung und Gutheißung alles Harmonischen unterstützend im Alltag und bei allen Entscheidungen mitwirken. Das aufkommende Wohlbefinden und Glücksgefühl wird den Verstand überzeugen, daß er seinen Willen und sein Interesse in die gleiche harmonische Richtung lenken soll.

Nur so lassen sich Schritt für Schritt als Lebensaufgabe ein harmonischer Charakter und ein dauerhaftes Glücksgefühl verwirklichen. Wer so seinen Anandamaya-Kosha verwirklicht hat, ist völlig unabhängig. Er lebt nun aus seinem Selbst anstatt aus seinem Ich und ist erlöst. Da dies nur unter Ausschaltung des bewußten Willens in meditativer Stille erreichbar ist, kann von Selbsterlösung keine Rede sein. Man muß es nur geschehen lassen können, aber man muß auch wollen, daß es geschieht. Das bedeutet, daß ein intensives Verlangen aus einem ebenso intensiven Interesse vorhanden sein muß. Man kann sich nicht inneres Glück wünschen und gleichzeitig seine Interessen auf die Außenwelt konzentrieren. Denn dort, wo das Interesse konzentriert wird, dort findet auch das Leben statt. Weltliche Interessen führen zu einem Leben, das in den Stürmen und Flauten der Emotionen und in den Polarisationen und Widersprüchen des Verstandes abenteuerlich und leidvoll verlaufen wird. Denn die Gefühls- und die Mentalebene sind diejenigen Evolutionsstufen, auf denen das Ich mit seinem absichtsvollen Handeln Karma verursacht. Die treibenden Kräfte sind dabei Leidenschaft, Zügellosigkeit, Wünsche, Sucht und das Denken in Gegensatzpaaren. Diese Kräfte halten uns im Alltagsbewußtsein fest und hindern uns daran, unsere Interessen auf die geistigen oder supramentalen Ebenen zu konzentrieren. Man kann sie nur loswerden durch Abschalten der äußeren Sinnesorgane und des Verstandes, um so den »inneren Sinnesorganen« (Wahrnehmung der Intuition, geistiges Auge) alle Kraft zuzuleiten, die vorher von den äußeren Sinnen in Anspruch genommen war. Verwirklicht wird immer diejenige Ebene, auf der die Interessen intensiv konzentriert sind. Denn unsere geistig-psychische Energie fließt immer in der Richtung unserer Interessen und sammelt sich dort an. Sie wird von den anderen Ebenen abgezogen, so daß die zu diesen Ebenen gehörenden Interessen von früher mehr und mehr in den Hintergrund treten. Wirklichkeit wird nur das, was von Energie erfüllt ist.

Getan wird, was im Mittelpunkt des Interesses steht. Es nützt nichts, sich in selbstlose Tätigkeit zu stürzen, auch bei viel gutem Willen nicht, wenn das wahre Interesse anderswo liegt. Dieses wird sehr stark von den Gewohnheiten bestimmt, die auf den Konditionierungen gewachsen sind. Ohne Meditation und eventuell Hypnotherapie ist da aber nicht heranzukommen.

Diese beiden Therapien sollen in ihrem Wesen nichts anderes als ein Loslassen sein, eine Bereitschaft, ein leeres Gefäß zu werden und sich vom (göttlichen) Geist füllen zu lassen. Das ist eine Veranschaulichung des psychischen Transformationsvorgangs der Zentrierung im Selbst, in biblischer Terminologie die Entstehung »des neuen Adam«. Bei der Hypnotherapie wird die Bereitschaft und das Heranwachsen eines neuen Charakters durch neue Gewohnheiten vom Therapeuten unterstützt, der dabei die Rolle des spirituellen Lehrers spielt und den Klienten zu höherem und weiterem Bewußtsein führt. Das Ende der Therapie ist erreicht, wenn die neuen Gewohnheiten »in Fleisch und Blut übergegangen«, wenn sie selbstverständlich geworden sind. Das ist Verwirklichung. Der Therapeut muß in seinem eigenen Charakter gereift und gefestigt und in seinem Bewußtsein der Aufgabe gewachsen sein, er muß das, was er am Klienten erreichen will, selbst verwirklicht haben, und dies eben nicht nur in seiner Vorstellung. Bei den Hindus wird dieser Therapeut Guru genannt. Auch bei den Christen sollte dies eine zentrale Aufgabe des Geistlichen sein. Er arbeitet mit Meditation und Seelenführung, indem er die meditative Lebensweise vorlebt, deren Steuerung nicht mehr aus dem Ich und der Außenwelt kommt, sondern von innen aus dem Selbst.

Er harmonisiert den Denkhintergrund seiner »Schäfchen« und richtet ihn auf das Selbst aus, weil alles Handeln der Menschen eine Ausführung dessen ist, was sie denken. Als harmonisierende Kraft setzt er vor allem Liebe ein. Diese muß als Zentrum des neuen charakterformenden Programms im Unbewußten Wirklichkeit werden. Das neue Programm muß auf die natürliche Veranlagung des Individuums durch entsprechende Wahl des Schwerpunktes im Denken, Gemüt oder Handeln abgestimmt sein. Diesen Veranlagungen entsprechend zeigt der Hinduismus vier hauptsächliche Yogawege (Jñana, Bhakti, Raja, Karma [Seva][27]). Gleichzeitig wird aber betont, daß der Mensch zwar seiner Veranlagung gemäß den Schwerpunkt im tiefen Verstehen, in der Hingabe, in der Selbstbeherrschung oder in der selbstlosen sozialen Tätigkeit wählen soll, aber gleichzeitig nicht auf die zusätzliche Ausübung der anderen drei Disziplinen verzichten darf. Der Yoga muß integral sein, wie Aurobindo betont. Yoga ist eine geistige Disziplin, und der im Westen ausgeübte Hatha-Yoga spielt in Indien eine untergeordnete Rolle zur Vermittlung zwischen Geist und Körper.

Der Zustand der Verwirklichung ist – wie schon erwähnt – dann erreicht, wenn die Transformation »in Fleisch und Blut« übergegangen ist, wenn sie selbstverständliche, automatische Gewohnheit geworden ist, wenn man nicht mehr anders kann und so zur Verkörperung der neuen Eigenschaft geworden ist. So wie man früher auch nicht anders konnte, als nach alter Gewohnheit zu leben, so kann man jetzt nur noch nach der neuen leben. Nun sind alle psychischen Kräfte, die vorher auf tausend Wünsche und Probleme verzettelt waren, auf ein einziges neues Ziel ausgerichtet. Werden sie ganz auf dieses neue Programmziel konzentriert, so wie man gleichgerichtete Lichtstrahlen zu einem Laserstrahl bündelt und auf ein Ziel richtet, dann entstehen in beiden Fällen durch Konzentration sonst verzettelter Energie ungeheure geballte Kräfte, die dicken Stahl durchbohren oder »Berge versetzen« können. Es gilt, sich dieser Kräfte, die alle aus der alleinigen Kraftquelle des allmächtigen Geistes stammen, bewußt zu werden und diese Gnade immer wieder für neue Transformationen in Anspruch zu nehmen.
Manche Menschen verfügen über Kräfte, die das gewohnte Maß menschlicher Möglichkeiten übersteigen. Das ist schwer zu verstehen, denn öfters treten solche Kräfte auch bei Menschen mit zweifelhafter Verwirklichung auf. Diese Kräfte sind immer eine Folge von psychisch-geistiger Konzentration und kommen aus der alleinigen göttlichen Energiequelle. Kommen sie vermeintlich aus dem Eigenwillen des Verstandes, dann werden sie als Magie mißverstanden. Wird ihre göttliche Herkunft aus dem Seelengrund erkannt, dann werden sie als göttliche Kräfte aus dem Selbst verstanden, denen sich der Verstand mit seinem Willen und seinem Ich unterordnen soll. Die göttliche Energie steht aber allen zur Verfügung, da »Gott die Sonne über Guten und Bösen scheinen läßt«, da der freie Wille gewährt ist und somit auch der mißverstehende Magier seinen Eigenwillen entfalten kann. Kriya-Yoga ist eine umstrittene Methode, die

durch Konzentration und Transformation der Sexualkraft oder Vitalenergie auf dem Kundalini-Weg (der Wirbelsäule entlang aufsteigend) ungeheure Kräfte freisetzen kann, die sowohl »in himmlische Höhen« als auch »in die Hölle« führen können. Oft wird dieser Vorgang im magischen Sinn mißdeutet und manchmal auch mißbraucht.

Gewöhnliche Sterbliche brauchen – im Gegensatz zu Avataren und gewissen großen Meistern – viele Jahre intensiver Übung, um diese Kräfte ihrem eigenen Willen verfügbar werden zu lassen. Im Westen fehlen meistens die Möglichkeit und die Ausdauer, um auf diese Weise an sich erfolgreich zu arbeiten. Dies ist auch gar nicht zu empfehlen.

Drei grundlegende Fähigkeiten sollten nach dem Rat der großen Meister vor allem verwirklicht werden: Liebe und Demut durch selbstlosen Dienst an den Menschen, was die Hindus Karma-Yoga oder Seva nennen und im Fall der Gottesliebe Bhakti-Yoga. Die dritte Fähigkeit ist das Bewußtwerden der geistigen Wirklichkeit, wie sie in den Botschaften der Meister größtenteils in gleichnishafter Sprache und mit personifizierten Gottesvorstellungen veranschaulicht ist. Das Ziel ist die Einswerdung im Geist, sowohl bei Jesus wie auch in den indischen und fernöstlichen Religionen. Die Hindus nennen ihren Weg zu dieser Bewußtwerdung Jñana-Yoga. Manche meinen, klares Denken sei in der Religion unwichtig. Das trifft nur für einseitig mentales Denken zu. Rechtes Denken ist niemals hinderlich. Wäre alles Denken, auch das intuitiv gesteuerte, hinderlich für die Verwirklichung, dann wären die verbalen Botschaften der großen spirituellen Meister, die diese nebst praktischer Lebensanleitung verbreitet haben, ebenfalls hinderlich und abwegig gewesen. Jesus hat sich im Gegenteil darüber beklagt, daß seine Jünger und Zuhörer so wenig begreifen konnten (z.B. Mat 13,13–15 oder Mark 9,32). Er hätte sich mehr Fortschritte in der Evolution des Bewußtseins seiner Zuhörer gewünscht! Denn richtiges spirituelles Denken (»mit dem spirituellen Herzen«) läßt einen neuen Denkhintergrund mit einem neuen Programm im Unbewußten entstehen und bildet so die Grundlage für entsprechendes Handeln und Verwirklichen. Halb oder falsch verstandenes spirituelles Wissen hat hingegen schon viele Wahrheitssuchende verwirrt oder sogar in Verzweiflung und Selbstmord geführt.

Wenn aber kein brennendes Interesse an Transformation besteht oder wenn das Interesse anderswo in Anspruch genommen wird, dann geschieht kaum etwas. Es wird ja immer nur das verwirklicht, was im Mittelpunkt des Interesses liegt, weil alle Energie dorthin fließt. Das ist das Prinzip unseres freien Willens, der die Energie dorthin lenken kann, wohin es ihn zieht – gemäß seinen Gewohnheiten oder an neue Ufer.

14
Gott

»Weil Er das vollständige Ganze ist, bleibt Er, obwohl so viele vollständige Einheiten von Ihm ausgehen, die vollständige Ausgeglichenheit.«

Iśa-Upanishad

Über das, was als Gott bezeichnet wird, gibt es Vorstellungen auf unterschiedlichem Verständnisniveau. In der Bibel, im Islam und in den weiter östlichen Religionen ist im hohen Verständnis Gott geistige Beschaffenheit.

In der Bibel ist der apersonale Gott beispielsweise folgendermaßen negativ und positiv umschrieben. »Du wirst dir kein Bildnis noch irgendein Gleichnis machen ...« (2. Mos 20,4). Oder 1. Joh 1,18: »Niemand hat Gott je gesehen.« Gott also als der oder das Unvorstellbare. Oder Joh 4,24: »Gott ist Geist ...«[28] Und 1. Joh 1,5: »... daß Gott Licht ist ...« Geist und Licht sind formlos und unabgegrenzt, aber erfahrbar. Das sind Gottesvorstellungen auf höchster, ganz vergeistigter Stufe. Auf der Ebene der Begriffe finden wir Gott in der Bibel als Liebe, Wahrheit, Leben oder Weg umschrieben. Für diejenigen, deren Verstand und deren intuitiv geführtes Denken weder ganz abstrakt noch in Begriffen erkennen können – das war und ist auch heute und auf unabsehbare Zeit hinaus noch die große Mehrheit der Menschen –, für diese ist Gott als Vater, Herr oder als Allmächtiger personifiziert. Dabei wird das Unfaßbare, Unendliche des göttlichen Mysteriums in einer endlichen, manifesten Verkleinerungsform anschaulich, analog wie beim Menschen selber, der ja auch eine unendliche (der Geist) und zugleich eine endliche Dimension (der Körper) hat.

Uns interessieren hier besonders die Ansichten von aufgeschlossenen Theologen und Naturwissenschaftlern, die wir in einigen Zitaten zu Wort kommen lassen. Hans Küng schreibt: »Gott ist, aber er ist kein Seiendes, er ist vielmehr das verborgene Geheimnis des Seins: kein Übersein, sondern das geheimnisvolle Einigende *in* allem Seienden, das Sein-Selbst als Grund, Mitte und Ziel alles Seienden und Seins: allem immanent und transzendent zugleich. Das bedeutet für unser Reden von Gott, daß gerade negative Aussagen (›Gott ist nicht endlich‹) eminent Positives besagen können: ›Gott ist unendlich.‹« Küngs göttliches Sein entspricht genau dem hinduistischen »Sat«.

»Gott« bezeichnet das Unbegreiflichste, Unvorstellbarste, das es gibt. Im Sinn des Zen-Buddhismus könnte man Gott als das höchste und anspruchsvollste Koan bezeichnen. Koans sind für den Verstand unlösbare, paradoxe Rätsel. Beim Nachdenken über ein Koan, bei einer Übung zum Zweck der Erreichung der Erleuchtung, geht es darum, das Rätsel nur mit Hilfe der Intuition ohne Beteiligung des Verstandes zu lösen. Durch Üben wird der Boden optimal vorbereitet, und das Satori (Erleuchtung) kann früher oder später als Erkenntnis der höchsten Wirklichkeit eintreten. Herbeizwingen oder erarbeiten kann man ein Satori jedoch nicht.

In einem weiteren Zitat sagt uns Hans Küng, um was es bei der Suche nach dem Erhabenen denn überhaupt geht: »Darum geht es: Ausbruch aus einem Ego-Bewußtsein und die Erfahrung eines nichtegoistischen Einheitsbewußtseins, wie es in der universalen Buddha-Natur des Mahayana-Buddhismus zum Ausdruck kommt, wie es vielleicht aber auch biblische Aussagen und Bilder (›in Christus sein‹, ›ich lebe, aber nicht ich, sondern Christus lebt in mir‹, ›mit Gott vereint sein‹) in einem neuen Licht verstehen läßt.« Weitere Gottesbeschreibungen von Küng: »… Gott ist gerade deshalb weltimmanent, weil er welttranszendent ist. Die Welt hat keine unabhängige, allerdings auch keine nur scheinbare, sondern eine relative Realität! Identität in Dualität (im Sinne Ramanujas).« Die Scholastik ging allerdings vom Partizipationsprinzip aus, nach welchem der Mensch am Göttlichen *teilhat.* Das Prinzip der Teilhabe ist eine historische westliche Denkvorstufe des Prinzips Sowohl-als-auch-und-doch-anders der integrierend-paradoxen östlichen Logik, die dem Prinzip des Elektrons entspricht. Treffend formuliert Küng weiter: »Gott darf keinesfalls nur als Teil der Wirklichkeit verstanden werden, als höchstes Endliches neben Endlichem. Vielmehr ist er das Eine im Vielen, das Unendliche im Endlichen, die Transzendenz in der Immanenz, das Absolute im Relativen« (Christentum und Weltreligionen, Piper, München 1984, S. 300 ff.).

Nikolaus Cusanus schreibt: »Gottes Überfülle schließt alle Gegensätze in sich, so daß Gott zugleich das Größte und das Kleinste, Zentrum und Peripherie, Vergangenheit und Zukunft, Licht und Finsternis, ja selbst Sein und Nichtsein ist.«

Eckhart nennt die Präsenz Gottes in allem »Seelenfünklein« »Gott schafft Welt und Mensch in sich selbst, und Gottes eigenes Sein breitet sich in den Dingen aus, so daß sich im Seelengrund die tiefe Einheit alles Seienden mit erfahren läßt.« Gott ist also auch in den Dingen! Wo liegen da noch unüberwindliche Differenzen zwischen östlicher und westlicher Theologie außer auf niedrigerer mentaler Ebene?

Der göttliche Aspekt des Geistes wird als bewirkendes Prinzip verstanden, das in allem und überall vorhanden ist. Geist ist immateriell, wird aber auch materiell und personifiziert versinnbildlicht: z. B. materiell als eine Art Flüssigkeit, die an Pfingsten in die Menschen hineingegossen wird. Im Hinduismus gebraucht der Avatar Sathya Sai Baba das Bild des Eingießens ebenfalls, um die beiden Vorstellungen des Göttlichen – einerseits abstrakt als Geist, andererseits konkret als Person – miteinander zu verbinden. Er sagt: »Ohne Form existiert das Göttliche nicht für uns. Wir erfahren es nur mit Hilfe des Mediums

Form. Der Übergang vollzieht sich, wenn zu der innigen Liebe zu Gott in der Form das Sehen der geliebten Form in jedem Menschen hinzukommt. Dann ist Gott überall, und die Liebe zu andern wächst leicht und natürlich von selbst. Man sollte ein voll entwickeltes geistiges Bild der Form Gottes haben und den Geist in diese Form gießen. Wenn dieses Bild Gottes *außen* gesehen wird, dann ist das bedingter Dualismus. Wenn es im Geist gesehen wird, dann ist es bedingter Nondualismus. Wenn die Form vom Atman absorbiert wird, dann ist es Advaita, Nondualismus.« Neben dem altindischen Begriff des Advaita fügt er hier also den gleichbedeutenden modernen Ausdruck »Nondualismus« an, worunter eine ganzheitliche Wirklichkeitserkenntnis auf rein geistiger Ebene verstanden wird, aber untrennbar von der Welt der Erscheinungsformen wie die Vorderseite einer Münze von ihrer Rückseite. Sai Baba sagt weiter: »Wenn du dich weniger an die körperliche Form bindest, wird dein Glück sogar größer.«
Ganz formlos denken im Sinn des strengen Monismus/Advaitismus werden die Menschen wohl nie können, auch wenn extreme Mystiker und gewisse Wissenschaftler dies vielleicht meinen. Denn ohne symbolische und konkrete Formen gibt es auch keine richtige Sprache, sondern nur noch mathematische Begriffsformeln, die Weisheit nicht auszudrücken vermögen. Was Sai Baba hier schreibt, ist hingegen bestes multidimensional-dynamisches Denken und Erkennen, deren einzelne Stufen unterschiedlichen evolutionären Denkmustern bei statisch denkenden Menschen entsprechen.
Bei der »Ausgießung des Heiligen Geistes« der Bibel wird – wie bei der Anwendung von Wasser bei der Taufe – der Geist in einem flüssigen Symbol veranschaulicht. Das Wirksamwerden des Geistes im Menschen durch Erhellung, Erleuchtung, Bewußtwerdung und Bewußtseinssprünge ist so dargestellt, als würde dieses Bewußtsein in der symbolischen Form als Flüssig-

keit von *außen zugeführt*, obwohl der Geist ja schon immer *in* allem vorhanden war. Diese in die Außenwelt projizierten Vorstellungen und Riten des Hineingießens versinnbildlichen einen innerpsychischen Evolutionsvorgang: Zunahme an Erkenntnisfähigkeit des menschlichen Bewußtseins. Im Fall der Pfingsten ist das Bewußtsein plötzlich durch einen Evolutionssprung in der Lage, den in ihm vorhandenen Geist wahrzunehmen. Geist ist ein umfassendes Prinzip. Absolutes Bewußtsein ist soviel wie der umfassende Geist oder Gott, von dem man sich nach hinduistischer Auffassung nicht durch den menschlichen Körper – einen solchen kann auch der inkarnierte Aspekt Gottes haben – unterscheidet, sondern nur durch geringere Bewußtheit bzw. durch evolutionär weniger entwickelte Fähigkeit, auf den Geist mit Bewußtwerdung zu reagieren.

Wenn in der archaischen christlichen Darstellung der personale Gott den Geist von außen in den Menschen einfließen läßt, dann kommt es zum »Zungenreden«, einem Symbol für grenz- und sprachüberschreitenden Bewußtseinszuwachs.

Nach den Theologen soll nun ein Tiefenpsychologe und Jungianer zum Wort kommen: W. Obrist definiert den Geist als eine Dynamik (= Wirkkraft), die durch *Anordnung* von Energie zu immer komplexeren Systemen der Reihe nach die Systemeigenschaften Festigkeit (Atom), Form (Molekül), Spontanaktivität (Leben) und Innerlichkeit (innere Führung) in die Existenz hat treten lassen. Diese Beschreibung der Manifestationen des Geistes entspricht auch den hinduistischen Ansichten. Nach Obrist gibt es keinen Primat des Geistes vor der Materie, obwohl der Geist die Materie in die Existenz treten läßt. Er verweist auf die Komplementarität von Materie und Geist; keines gibt es ohne das andere. Spuren des Geistes seien schon in den Atomen erkennbar. Als Materie bezeichnet er das, *was* angeordnet ist. Der Geist ist der Anordner, der bewirkt, *wie* die Materie angeordnet ist. Meines Erachtens müßte hier noch klarer zwischen den Aufgaben der Energie (= Komplement der Materie) und den Aufgaben des Geistes (= Anordner der Materiebausteine) unterschieden werden: Dann ist der Geist der Schöpfer der Formen, was als höhere Funktion oder als ein Primat aufgefaßt werden kann, und die Energie liefert die Materie durch Selbstverwandlung. Auf archaisch heißt das: Die Erde, die schon da war, war wüst und leer, und Gott ordnete und formte alles zur schönen Welt. Unter »Innerlichkeit« versteht Obrist alles, was Lebewesen »wissen« und »wollen«, was sie erkennen und zu tun vermögen, was sie erleben, wie sie gestimmt, getrieben und emotional geladen sind. Das meiste davon ist erst im Verlauf der Bioevolution – im Zug der Evolution der Innerlichkeit – in die Welt getreten. »Innerlichkeit« im östlichen Sinn meint hingegen Ausrichtung auf den Atman-Brahman, den Geist; der Verstand gehört aber nicht dazu.

Das Wissen des Selbst ist nach Obrist das Ergebnis von vielen Millionen Jahren der Evolution. Er vertritt die Auffassung, daß Wissen als ein Produkt des Geistes im Organismus der Lebewesen entstanden und teils als Innerlichkeit im Genom enthalten, teils als erworbene Erinnerungen im Gedächtnis gespeichert ist. Geist bedeutet für Obrist also etwas durch unsere Organe Begrenztes, obschon er auch sagt, Geistiges könne bis in alle Atome hinein verfolgt werden. Da wohl kaum jedes Atom seinen eigenen isolierten Geist besitzen kann, der nicht über seine Grenzen hinausreicht, dürfen wir annehmen, daß der Geist gemäß dem archaischen Schema Atman = Brahman einerseits immanent (in den Dingen drin) und andererseits grenzüberschreitend ist wie ein geistiges Netzwerk, das den ganzen Kosmos als ein zusammenhängendes Wirkprinzip (»Dynamik«) durchzieht. So wird es auch in der Transpersonalen Psychologie verstanden. Entsprechend dem Systemdenken unserer Zeit wäre Brahman das übergeordnetste geistige Wirksystem des Kosmos, und Atman wäre dessen in allen Untersystemen immanente Fokalisation. Dieser umfassende Geist war immer schon dagewesen. Er konnte sich aber den Lebewesen nur in dem Maß und in der Qualität unbewußt bis bewußtmachend mitteilen, als diese hinsichtlich Komplexität ihrer Organe, besonders des Gehirns, in der Lage waren, auf den Geist mehr oder weniger bewußt zu reagieren.

Die moderne Physik geht nicht über das Materielle hinaus. Aber das Immaterielle-Geistige läßt sich weder messen noch sichtbar machen. Es ist seiner Natur nach unbegrenzt. Ist es nicht unsere Verhaftung in der positivistischen Denkweise, die uns immer noch glauben macht, der Geist des Menschen entstehe im Gehirn? Was Geist ist, wissen wir nicht. Er ist wie der Begriff der »Energie« oder der Ausdruck »Gott« eine Bezeichnung für eine Lebenserfahrung. In dieser Erfahrung spüren wir aber auch, daß diese Begriffe irgendwie zusammenhängen und daß sie sehr viele Aspekte haben. Man vergleiche Mat 26,64: Gott als Kraft, ein Beispiel für einen solchen Aspekt.

Nach den Theologen und Psychologen sollen nun noch einige Naturwissenschaftler zum Wort kommen. Das folgende Zitat stammt aus dem Buch »Gott und die moderne Physik« von Paul Davies (S. 272/273): »Unter Naturwissenschaftlern findet die Ansicht zunehmende Verbreitung, weder der Geist noch das Leben seien zwangsläufig auf die organische Materie beschränkt. In ihrem äußerst spekulativen Buch ›Life beyond Earth‹ untersuchen der Physiker Gerald Feinberg und der Biochemiker Robert Shapiro die Möglichkeiten außerirdischen Lebens. Sie vertreten die Ansicht, Leben könne sich auf Plasma, auf die Energie elektromagnetischer Felder, auf magnetische Bezirke in Neutronensternen und auf eine Vielzahl anderer, uns wahrscheinlich vorkommender Systeme stützen. Bewußtsein und Intelligenz sind Begriffe der Software-Ebene; sie auszudrücken ist lediglich eine Frage der Anordnung – der Organisation –, nicht des Mediums.

Denkt man das konsequent zu Ende, kann man sich durchaus einen seit der Schöpfung existierenden ›Übergeist‹ vorstellen, der alle Grundfelder der Natur umfaßt und dem die Aufgabe obliegt, aus einem völlig ungeordneten Urknall den komplexen und wohlgeordneten Kosmos zu organisieren, den wir jetzt wahrnehmen, und das alles im Rahmen der physikalischen Gesetze. Das wäre kein Gott, der alles durch übernatürliche Mittel schüfe, sondern ein leitender, überwachender, alles umfassender Geist, der den Kosmos durchdringt (auch der biblische Gott ist Geist und überall gegenwärtig; Anm. d. Verf.) und die Naturgesetze so handhabt, daß dabei ein bestimmter Zweck erfüllt wird. Wir können diesen Stand der Dinge so beschreiben, daß wir sagen, die Natur sei ein Ergebnis ihrer eigenen Technik und das Universum *sei* ein Geist, ein sich selber beobachtendes sowie auch sich selbst organisierendes System. Unser eigener Geist ließe sich dann als jeweils eng umrissene ›Insel‹ des Bewußtseins in einem Meer aus Geist auffassen, eine Vorstellung, die an solche in einigen Systemen der asiatischen Mystik denken läßt, die Gott als das vereinigende Bewußtsein aller Dinge ansehen, in die der menschliche Geist eingeht und, wenn er eine hinreichend hohe Stufe seelischer Vollkommenheit erreicht hat, seine Identität (als Ich, Person; Anm. d. Verf.) verliert.« Das Universum wäre also auch für Naturwissenschaftler als Geist und dieser als selbstorganisierendes System (Brahman?) denkbar!
Die multidimensional denkenden indischen Yogis und Swamis können sich das Göttliche nicht nur als Geist und als Bewußtsein, sondern auch in manifester Form als Göttliche Mutter, Himmlischen Vater, in besonderen Aspekten als Vishnu, Krishna, Shiva, Brahma oder Shakti etc. vorstellen: Die Form der Vorstellung ist Nebensache, hier herrscht im Gegensatz zum Westen Toleranz. Was zählt, ist »das eigentlich Gemeinte«, die höchste Wirklichkeit mit ihren vielen Aspekten und Ebenen.

Cardenal, Eckhart, Dionysius Areopagita, Seuse und andere christliche Mystiker bezeichnen Gott als das Nichts im Sinn eines Andersseins als alles Existierende, eine negierende Formulierung, die der positiv ausgedrückten Formulierung Govindas, die Gott als Potentialität umschreibt, ungefähr entsprechen dürfte. Cardenal schreibt ferner: »Weil Gott auf dem Grund jeder Seele wohnt, ist die Seele unendlich und kann mit nichts gefüllt werden als mit Gott.« Hier ist Gott immanenter und allgegenwärtiger Geist wie auch bei den hinduistischen Mystikern. Ob die Seele geistig, feinstofflich oder anders gesehen wird, spielt keine Rolle. Dies ist nur eine Frage des Verdichtungsgrades beim Manifestierungsvorgang des Geistes bzw. des Verstandes. »Atman (= der immanente Geist) ist weder gleichbedeutend mit den fünf Sinnen noch mit dem Intellekt, noch mit den Pranas (Lebensatem), noch mit der Lebenskraft; er ist nur durch das, was er nicht ist, zu beschreiben, nicht durch das, was er ist. Niemand kann sagen: ›So ist er.‹ Wenn jemand doch sagt, er ist so und so, oder er ist dieses und jenes, so wird daraus nur ersichtlich, daß er auch nicht das geringste davon weiß« (Sathya Sai Baba).

Vielleicht sind hier noch einige persönliche Hinweise des Autors erlaubt. Ich wanderte an der Südküste der Insel St.-Honorat bei Cannes und näherte mich der prächtigen Klosterburg. Plötzlich kam mir in einer Kurve des Weges ein alter, schmächtiger Mann in schäbiger Clochardkleidung entgegen, grüßte und ging vorbei. Sein liebenswürdiges Antlitz strahlte vor Glückseligkeit und Menschenliebe und wirkte auf mich wie eine Offenbarung. Shankara hätte vermutlich gesagt, daß dieser Mann seinen Anandamayakosha verwirklicht habe, daß er also in seinem gerichteten Bewußtsein die Entwicklungsstufe der Glückseligkeit in größter Armut erreicht hat. Auf seiner Stufe war er aller Abhängigkeit enthoben, mit Ausnahme einer einzigen. Es stellte sich heraus, daß er ein Mönch war. Über dem Portal seines

nahen Klosters steht: Seul Dieu (allein Gott). Ich war tief beeindruckt.
Wir sollten das Göttliche nicht im »Himmel« oder irgendwo sonst im Abseits suchen. Es begegnet uns im Alltag auf Schritt und Tritt, in jedem Menschen und in der ganzen Natur, auch in uns selber. Es fehlen uns nur die sensiblen Augen, um es ständig zu sehen und es in jedem noch so einfachen Geschöpf wie einem Regenwurm oder Grashalm genauso staunend wahrzunehmen wie in erhabenen und verehrten Meistern. Diese pan*en*theistische Sicht ist der weite Pol des Göttlichen: der punktuelle Pol ist die konzentrierte Erscheinung des Göttlichen in der Gestalt von Jesus, Buddha oder den indischen Avataren. Der eine Pol ist nicht vollständig ohne den andern. Wir selber sind ja auch sowohl körperliche Person als auch geistige Realität, die keine Grenzen hat. Das Göttliche ist in der Stille, der Verstand in der Betriebsamkeit. Meditation bedeutet Begegnung mit der Stille, mit dem Göttlichen. Das christliche »Stillesein vor dem Herrn« bedeutet Abschalten des Verstandes und der Sinnesorgane und bedeutet ein Sichausliefern, ein Loslassen, Kapitulation. Nicht wie mein Verstand will, sondern wie Du willst. Das ist die vollendete Art des Gebets vor dem Herrn, der ohnehin besser weiß, was man braucht. Vertrauen genügt. Meditation ist nichts anderes. Immer geht es um Kapitulation des Verstandes vor dem für ihn Unfaßlichen, dessen Prinzip paradox ist. Das Paradoxale (im spirituellen Sinn) widerspricht der trennenden Logik des Verstandes; denn es weiß alles an seinem passenden Ort zu integrieren. Nichts wird abgelehnt oder ausgeschlossen, selbst der Feind wird in die Liebe eingeschlossen.

Gott ist die Liebe

»Wenn Liebe sich mit unsern Gedanken verbindet, manifestiert sie sich als Wahrheit.

Wenn Liebe sich mit Gefühlen verbindet, produziert sie Frieden.
Wenn Liebe sich mit unserm Handeln verbindet, resultiert daraus Rechtschaffenheit, rechtes Handeln.
Wenn Liebe kombiniert wird mit Verstehen des andern, wird daraus Gewaltlosigkeit.«

Sathya Sai Baba

Daraus ergibt sich auch für den Verstand ein gewisses Verständnis dafür, warum Gott das Böse zuläßt. Gott ist die Liebe, das harmonisierende Prinzip. Der eine Extrempol des Göttlichen ist das, was der Verstand das absolut Gute nennt. Der andere Extrempol ist die Zulassung des Bösen und des Widerspruchs. Das muß so sein, denn das Göttliche schließt nichts aus.[29] Zwischen den beiden Polen ist das Harmonische angesiedelt, das aber die beiden Pole einbezieht. Verschreiben wir uns der Harmonie, dann kann die Psyche nicht von einem Pol zum andern umschlagen, weil die Pole in die Harmonie mit eingebunden sind (anbinden = lat. *religare, religio* – Religion). Werden wir aber in der widersprüchlichen Welt, in der die Pole auseinandergezerrt sind, von einem Pol zum andern hin- und hergeschüttelt, dann ist auch das für uns eine Chance: Wir werden wachgerüttelt und werden aufmerksam, wir denken in der Stille nach. Dabei kann es geschehen, daß unser Bewußtsein durch plötzlich einfallende Erkenntnis einen Sprung nach oben auf das nächsthöhere geistige Niveau macht. Dazu ist das Wechselbad der Polaritäten in dieser dualistischen Welt da.
Von der Mentalebene aus betrachtet, besitzt das Göttliche oder der Geist noch andere Pole. An einem finden wir die statischen Gesetzmäßigkeiten der festen kosmischen Ordnung; am Gegenpol befindet sich das dynamische Führungsprinzip mit dem Spielraum der persönlichen Freiheit. Jesus war für innere Führung und gegen Gesetzlichkeit, gegen ein einseitiges Verfallen-

sein an das äußere Gesetz also. Gleichzeitig betonte er, daß er damit nicht etwa das Gesetz aufheben, sondern es sogar verstärken wolle – als verinnerlichtes Gesetz. Das ist kein Widerspruch, sondern eine beides einschließende Paradoxie: sowohl Führung als auch verinnerlichtes Gesetz, das ins »Herz« geschrieben ist (Röm 2,14–15). Was der Geist alles umfaßt und was er manifestieren kann, ist in den Tabellen 1 und 2 im Anhang als Wirklichkeitsebenen der Potentialität grob dargestellt. Die Tabelle 2 erlaubt es, alle Phänomene und Vorstellungen einer der sieben Hauptebenen zuzuordnen und so zu erkennen, ob es sich dabei um etwas Höheres oder um etwas Niedrigeres in der kosmischen Ganzheit oder um etwas Frühes oder Späteres in der Evolution handelt. Beispiele zur praktischen Anwendung dieser Tabelle sind ebenfalls im Anhang zu finden. Es empfiehlt sich, anhand von andern, selbst ausgesuchten Beispielen das eigene Zuordnungsvermögen zu schulen, um so die eigene Kompetenz und Einstufungsfähigkeit zu verbessern.
Damit der sehr wichtige göttliche Aspekt der Liebe hier nicht zu kurz kommt, lassen wir den nicaraguanischen Lyriker und katholischen Priester Ernesto Cardenal dieses Kapitel mit einem sehr schönen Schlußwort abschließen: »Die Natur und die Dinge sind die tastbare, die materialisierte Liebe Gottes. Schöpfer und Schöpfung sind eins: einmal innerlich und einmal äußerlich wahrnehmbare Liebe. Wir lieben im andern das Göttliche … Nur das Eine, das allem zugrunde liegt, wird geliebt! Man wird nie befriedigt, weil das, was man umarmt, nicht Gott ist, es sei denn, man ließe eines Tages alle Dinge fahren und klammere sich nur noch an Gott. Gott aber findet man nur im Nichts. Dort, wo die Dinge nicht mehr existieren, da ist Gott.« Denn Gott steht *über* allen Eigenschaften; aber diese stehen ihm zur Verfügung; dies ist das Prinzip der Potentialität.

15
Der weise Mann auf dem Berg und die Versuchung

> »Mit den Gedanken ist es wie mit den Vögeln des Himmels. Wir können nicht verhindern, daß sie über uns hinwegfliegen. Aber wir können verhindern, daß sie sich in unseren Köpfen einnisten.«
>
> *Gautama Buddha*

Das Bild vom alten Weisen, der in einer Hütte auf einem Berg wohnt, ist ein archetypisches (uraltes) Symbol, das auch heute noch aus unserm Unbewußten heraus wirkt, indem es – z. B. als Thema eines Traums – den spirituellen Aufstieg über den langen Wanderweg zur »Hütte« hinauf veranschaulicht. Der Weg steigt nicht gleichmäßig an, sondern geht wie alle Wanderwege auch wieder einmal ein Stück weit abwärts (Krisen) oder bleibt für eine Weile auf gleichem Niveau. So wie es eben auf unserem Lebensweg auch der Fall ist.

Der alte Weise übt eine mächtige Anziehung auf uns aus, weil er uns Bewußtseinserweiterung verspricht, die uns aller Probleme enthebt. Unser Blick wird immer weiter, je höher wir aufsteigen, und ganz oben sieht man die landschaftliche Ganzheit in einer herrlichen Panoramaaussicht, hoch über dem Dunstschleier der Niederungen. Unterwegs trifft man immer wieder auf Abzweigungen, auf Abwege, die wieder hinunterführen. An diesen Stellen ist oft ein Entscheid notwendig, ob man weitersteigen oder umkehren soll, wenn plötzlich das gewohnte bequeme Alltagsleben in den Niederungen verlockender erscheint als der mühsame Aufstieg zur umfassenden Schau. Diese Abwege veranschaulichen die Versuchung.

Was sollen wir aber tun, wenn die Versuchung an uns herantritt?

Dagegen ankämpfen? Das führt nur zur Verstärkung der Versuchung. Wir haben schon gesehen, daß jedes Interesse an einer Gegebenheit, ob sich dieses nun dafür oder dagegen richtet, dieser Energie zuführt und sie so ungewollt verstärkt. Wer sich vor der Sünde fürchtet oder gegen auftauchende sündige Vorstellungen ankämpft, führt diesen – entgegen seiner Absicht – ebensoviel Energie zu und verstärkt sie auf diese Weise wie derjenige, der diesen Verlockungen verlangendes Interesse entgegenbringt. Allgemein kann man sagen, daß akzeptierende oder bekämpfende Beschäftigung mit einer Sache diese verstärkt.
Was kann man denn sonst gegen die Versuchung tun? Dasselbe wie auf der Bergwanderung, auf der man die Abwege unbeachtet »links liegen« läßt und einfach geradeaus weiterwandert. Dann verschwinden sie bald. Nach wenigen Metern sieht man sie schon nicht mehr. Der Blick und die erwartungsvolle, große Freude bleiben auf das bevorstehende Gipfelerlebnis geheftet, das uns gewaltig anzieht und hinaufbefördert. Wenn die kleinen, süßen Verlockungen des bequemen Abweges übermächtig zu werden drohen, dann empfehlen die Weisen die Beschäftigung des Verstandes mit spirituellen Gedanken, Singen von aufrichtenden Liedern, Bhajans sowie die ständige Wiederholung eines göttlichen Namens (Mantras), Konzentration auf ein religiöses Symbol (beispielsweise ein Kreuz) oder Zwiesprache im Gebet. Das sind Hilfen, die den Verstand so beschäftigen und ausrichten wollen, daß er wie ein in Funktion befindlicher Telefonapparat ganz einfach »besetzt« ist und andere Anrufe nicht mehr durchkommen.

16
Harmonie in Ost und West

In den meisten östlichen Systemen wird nicht die Harmonie des Selbst mit dem Ich angestrebt, sondern die »Vernichtung« oder – milder ausgedrückt – das »Vergessen« des Ichs. Dieses und sein Verstand werden als Störfaktoren betrachtet und daher vom ganz aus dem Selbst heraus lebenden Menschen möglichst ausgeschaltet, um die Überwindung der polarisierenden Mentalebene und die Verwirklichung der supramentalen Ebenen mit ihrer Glückseligkeit zu erreichen, wie es der spirituelle Sadhanaweg vorschreibt. Im supramentalen Bereich verliert sich das Ichbewußtsein allmählich völlig. Der Eigenwille schwindet. Was bleibt, ist das Selbst und seine materielle Manifestation, das heißt die vergängliche Natur und die »unwirkliche« Vielheit der Objekte. Daher wird im Osten die Harmonie nicht zwischen dem Ich und dem Selbst, sondern zwischen dem Selbst und der Natur erstrebt. Allerdings erreichen nur sehr wenige den ichlosen Zustand. Die meisten Sadhakas, die den spirituellen Weg gehen, kommen nie ganz vom mentalen Einfluß los und bleiben daher auf Gnade angewiesen. (Wir werden im nächsten Kapitel noch auf das hinduistische Gnadenprinzip zu sprechen kommen.)

Vier Beispiele für die Auffassung der Harmonie im Osten sollen hier aufgeführt werden:

China: Harmonie bedeutet in China in erster Linie Ausgeglichenheit zwischen den beiden Urkräften Yin und Yang (Abb. 6 im Anhang), die überall, also auch im Körper, vorhanden sind und entgegengesetzte Wirkungen entfalten: Yang ist (ohne moralische Wertung) männlich, aktiv, positiv, warm, licht, trocken, zeugend. Yin ist weiblich, passiv, empfangend, negativ, kalt, dunkel, feucht. Diese beiden Prinzipien ergänzen sich im gesunden Menschen auf harmonische Weise, auch auf psychischer Ebene. Hier findet die Harmonie auf der Energie-Ebene statt.

Zen-Buddhismus: Der westliche Beobachter erkennt die japanischen Wege (*dos*) zur Harmonie besonders in den strengen Ritualen, die den Einfluß des Ichs einengen sollen. Viele japanische Wege führen zu völliger innerer Ausgeglichenheit, zur Einheit von Geist und Natur und zur Aufgabe des Ichs. Solche Rituale sind die Teezeremonie (Weg des Tees), das Bogenschießen (Kyu-do), das Ringen (Ju-do), das Fechten (Ken-do), der Weg der Künste (Gei-do), der Weg des Schönschreibens (Sho-do), der Weg des Blumensteckens (Ka-do) oder der Weg des japanischen Ritters Samurai (Bushi-do). Es geht um vollendete Selbstbeherrschung sowie um innere und äußere Haltung, die in dem Maß aus dem Zen und nicht vom Verstand des Ichs gesteuert werden, als der Strebende in den supramentalen Bereich vorgestoßen ist und das Zen verwirklicht hat. In diesen japanischen Praktiken wird das Ich mehr und mehr ausgesperrt und das Nicht-Ich (Mug-a) angestrebt. Intellektuelle Dialektik hat keinen Platz. Es wird der einseitig intuitive Weg in vielen Spielarten empfohlen. So kommt es wohl zu einer Harmonie zwischen Selbst und Körper, indem sich eine Beruhigung einstellt. Es kommt aber nicht zu einer Harmonie zwischen Rechts- und Linkshirnigkeit (vgl. Tab. 4 im Anhang), zwischen Intuition (Selbst) und Verstand (Ich) bzw. zwischen Generalisation und Spezialisation. Wird aus Zen oder durch Zen gelebt, dann lebt der Betreffende bewußt unter der Führung des Zen, indem sich sein Ich diesem völlig unterwirft unter Verzicht auf jeden eigenen Willen. Diese Führung ist also total, nicht nur generell, und wird entsprechend auch nur von wenigen voll verwirklicht.

Hinduismus: Auch in Indien wird das »Vergessen« oder die »Vernichtung« des Ichs oder des Egoismus angestrebt. Die

Harmonie hat ebenfalls in Indien die Qualität völliger Ruhigstellung der Gedanken und echter Freiheit im Sinn des völligen Freiseins von allem, was sich uns in der materiellen Außenwelt anhängen will. Ist auf dem spirituellen Weg (Sadhana) die Mentalebene einmal überwunden und die Supramentalebene verwirklicht, dann herrscht Gedankenstille, und alles Handeln geschieht aus der Intuition des immanenten Gottes heraus. Je höher man auf dem Sadhanaweg aufsteigt, desto ausschließlicher wird man innerlich geführt. Da die Dialektik des Verstandes nun schweigt, herrscht Ganzheit und Harmonie. Diese besteht also auch in Indien nicht zwischen Verstand und Intuition, sondern zunächst zwischen dem harmonisierenden, supramentalen Prinzip (*sathwa*) und der Natur (*raja* und *thamas*). Die Wünsche und Begierden des natürlichen Ichs sind so harmonisiert und werden darauf immer mehr vergessen oder beseitigt bis zur vollen Verwirklichung.

Die verschiedenen Yogaarten zeigen die unterschiedlichen Möglichkeiten auf, wie der Sadhanaweg beschritten werden kann, um die Harmonie des inneren Friedens zu erreichen. Jñana-Yoga ist z. B. der intellektuelle Zugang, Bhakti ist der Pfad der Hingebung in Liebe. Der im Westen meist allein bekannte Hatha-Yoga stellt die Harmonie zwischen den positiven (*ha*) und den negativen (*tha*) Körperkräften her, und der Körper wird als Vermittler zwischen dem Physischen und dem Geistigen eingesetzt. Im Kriya-Yoga wird der Ausgleich des Gemüts durch Harmonisierung der Ansprüche der Außenwelt mit den Erfordernissen der Innenwelt erreicht. Die Seele steuert alle Tätigkeiten, nicht der Verstand. Kri bedeutet Alltäglichkeit, Ya bezeichnet die Seele (Selbst, Gott), Yoga bedeutet Verbindung. Je höher man auf den Yogawegen vorgestoßen ist, desto totaler wird die innere Führung, und der Zustand der Harmonie wird auf allen Yoga-Wegen schließlich vom Zustand des Einsseins noch übertroffen. Im Kriya-Yoga werden jedoch starke Kräfte

freigesetzt, die nicht ungefährlich sind, weshalb diese Yogaart von vielen Meistern nicht empfohlen wird.
Der Avatar unserer Zeit, Swami Sathya Sai Baba, beschreibt die Harmonie im Monismus des Shankara wie folgt: »... Während seines sehr kurzen Lebens hat er auf der sicheren Grundlage der (östlichen, paradoxen; der Verf.) Logik und der Intuition die Wahrheit begründet, daß es nur einen Gott gibt und daß alles andere eine Erscheinungsform der einen Wirklichkeit ist. Das ist die ›nichtdualistische‹ oder ›Advaita-Philosophie‹ bzw. der ›Advaita-Glaube‹, der die vollkommene Harmonie zwischen der individuellen Natur und Gott erklärt ...« Die Natur ist das entfaltete Selbst, von diesem nicht verschieden, nur ein anderer Zustand. Zwischen den beiden Zuständen oder Realitätsebenen herrscht Harmonie, sobald die störenden Gedanken des Verstandes beseitigt sind. Leider ist es aber nur sehr wenigen Menschen möglich, diesen ichfreien Zustand der Erleuchtung zu erreichen. Alle anderen bleiben auf Gnade angewiesen, die Sai Baba denn auch allen seinen Anhängern verspricht und sie so vom Wiedergeburtszyklus erlöst.
Für die Postulierung einer Harmonie zwischen Selbst und Ich bzw. zwischen Intuition und Verstand, also nicht nur zwischen Selbst und Natur, wären im Hinduismus die philosophischen Voraussetzungen im System der drei Gunas zwar gegeben: Thamoguna ist das Prinzip der Trägheit und der Inaktivität; Rajoguna ist das Prinzip der Aktivität und des gewollten, verstandesmäßigen Handelns und Denkens. Sathwoguna ist das Prinzip des Ausgleichs und der Harmonie zwischen Thamas und Rajas. Thamas muß durch Rajas und dieses durch Sathwa überwunden werden und Sathwa durch Einssein. Aber der Tatsache, daß die Philosophie der drei Gunas eigentlich auch die *Harmonie* zwischen Verstand (Ich, Wollen) und Geist/Intuition (Selbst, Sollen) einschließen müßte und nicht nur die *Überwindung* des Verstandes durch die Intuition, schenken nur die Inder mit

dynamischem Verständnis Beachtung, indem sie auf die Gnade hinweisen, die aus dem Selbst kommt und das schwache Ich betreut. Dieses wohl eher dem Vishishtadvaita-Vedanta entsprechende Denken ist nach meinem Eindruck weniger typisch für Indien und auch im Buddhismus eher eine Randerscheinung (Amidismus beispielsweise), weil das Ich in der Regel nicht als real und oft auch nicht als relativ real anerkannt wird.

Jesus: Wie wir schon gesehen haben, gibt es auch in der Bibel einige Hinweise, daß auch Jesus mit dem Einheitsdenken, das die Hindus »Advaita« und die Physiker »kosmisches Kontinuum« oder »Holomovement« nennen, vertraut war. Das dualistische Denken der Römer und Hellenen jener Zeit sowie das ebensolche Denken ihrer heutigen Nachfahren in den westlichen Kirchen hatte kaum Verständnis für die Einheit in der Vielheit. Sie orientierten sich allzusehr in der Außenwelt, wo eben nur Vielfalt zu sehen ist. Entsprechend ist in der Bibel die Harmonie in erster Linie als Vermittler zwischen der äußeren Welt und dem überwiegend konkret aufgefaßten »Reich Gottes«, zwischen »Diesseits« und »Jenseits« bzw. zwischen dem Ich des Individuums und einem meist personal vorgestellten Gott verstanden. Das Ich wird in der Praxis Gott untergeordnet, aber kaum »vergessen« oder »vernichtet«. Es gibt jedoch auch Bibelstellen, die die Möglichkeit bieten, auf einem christlichen spirituellen Weg so hoch aufzusteigen, daß das Ich praktisch vergessen zu sein scheint: »Nicht wie ich will, sondern wie Du willst«, »Dein Wille geschehe« oder »... nicht ich lebe, sondern Christus lebt in mir« (Gal 2,20). Da existiert nur noch Gottes Wille, der den menschlichen Willen in sich integriert hat. Aus solchem christlich-monistischen Denken wurden Prädestinationslehren entwickelt, die heute allerdings kaum mehr aktuell sind. In diesen Lehren war alles von Gott von vornherein festgelegt, und für den freien Willen des Menschen gab es keinen Spielraum mehr.[30] Gerade die Betonung der Gewährung des

freien Willens im Christentum und andererseits die Beseitigung des Ichs im Osten bereiten viele interreligiöse Verständnisschwierigkeiten, weil die beiden Auffassungen zu verschiedenen Verständnisebenen gehören.
In beiden Fällen ist aber eigentlich das gleiche gemeint: Im mentalen Bereich herrscht ein freier menschlicher Wille, entweder den eigenen Verstand oder das Göttliche als oberste Instanz zu akzeptieren. Im ersten Fall bleibt der Mensch auf der mentalen Entwicklungsebene stehen und fällt seine Entscheidungen unabhängig, im zweiten Fall schreitet er auf dem spirituellen Weg aufwärts weiter und betritt zunächst die Vijñana-Ebene, auf der sich allmählich die Erkenntnis der höheren (immateriell-geistigen) Wirklichkeit des Selbst durchsetzt und das Ich »aufsaugt«. Wenige schreiten weiter bis zur Verwirklichung des Selbst, wo sich Mensch und Gott vereinigen. Jesus hat nach indischer Ansicht den spirituellen Weg mit dem Gefühl, ein Bote Gottes zu sein, begonnen. Dann fühlte er sich Gott noch näher und empfand sich als Gottes Sohn, und auf der obersten spirituellen Stufe erkannte er: »Der Vater und ich sind eins.« Daß auch wir diesen Weg einschlagen sollen, geht aus zahlreichen Bibelstellen hervor, die sich an die Kinder Gottes wenden, so etwa Römer 8, 14–17: »Alle, die sich von Gottes Geist leiten lassen, sind Gottes Kinder. Ihr müßt euch also nicht mehr vor Gott fürchten. Daß er euch seinen Geist gegeben hat, zeigt euch, daß ihr nicht seine Sklaven, sondern seine Kinder seid. Weil sein Geist in uns lebt, sagen wir zu Gott: ›Vater‹. Und Gottes Geist bestätigt unserem Verstand, daß wir wirklich Gottes Kinder sind. Wenn wir das sind, dann wird Gott uns auch schenken, was er seinen Kindern versprochen hat. Er will uns dasselbe geben, was er Christus gab. Wenn wir wirklich mit Christus leiden, dann sollen wir auch seine Herrlichkeit mit ihm teilen.« Diese Herrlichkeit gipfelt im Einssein mit ihm (Joh 17, 20–23). Auf der höchsten Verständnisebene sind also die spirituellen Wege im

Hinduismus und im Christentum, hinter aller traditionsbedingten Formulierung, die gleichen. Beide Wege führen letztlich zur Herrlichkeit des Einsseins auf der obersten Bewußtseinsstufe. Tabelle 9 im Anhang gibt einen Überblick über diese spirituelle Entwicklung des Menschen zum Einssein anhand des göttlichen Aspektes der Liebe.

Westliche Psychologie: Da diese keine spirituellen Ebenen oberhalb des psychischen Bereichs kennt, sucht sie die Harmonie durch den Ausgleich zwischen Denken und Fühlen. Diese beiden psychischen Fähigkeiten sind zwei komplementäre Prinzipien des Ichs oder der Person, die beide auf Wahrnehmungen des Körpers und der Sinne basieren und mit dem Mittel dualistischer Unterscheidung arbeiten. Sie tendieren daher beide zur Polarisierung durch Bildung von Gegensatzpaaren. Darum können sie sich ebenso schlecht gegenseitig harmonisieren, wie ein Blinder einen anderen Blinden führen kann. Sie hängen ja von den gleichen Wahrnehmungen ab. Ihre Harmonisierung kann nur aus dem übergeordneten Bereich des Geistes geschehen. Es ist dieser verkannte Geist, der den Psychologen oder den Psychiater führt, auch wenn sich dieser selber als Heiler versteht.

17
Karma, Gnade und Erlösung

»... Der Herr macht keinen Unterschied zwischen den Starken und den Schwachen ... Alle haben Anspruch auf seine Gnade ... Niemand wird abgewiesen.«

Krishna zu Arjuna in der Bhagavadgita

Wenn Christen und Asiaten sich zu verstehen versuchen, dann erweist sich die Karmafrage als häufigste Ursache für Meinungsverschiedenheiten. Das müßte jedoch nicht so sein, wenn die Karmafrage beiderseits auf höherem Verständnisniveau erörtert würde. Wir haben bereits festgehalten, daß unlösbare Probleme wie die Verständigung in der Karmafrage darum ungelöst bleiben, weil das Bewußtsein der Beteiligten der Situation nicht gewachsen ist. Es fehlen notwendige Erkenntnisdimensionen.

Es gibt nicht nur im Westen, sondern auch im Osten niedrigere und höhere Verständnisstufen bezüglich des Karmas.

Im *niedrigeren* Karmaverständnis, das heißt gemäß den Vorstellungen, die sich der Verstand vom Karma macht (Mentalebene), versteht man darunter die Gesamtheit unserer Handlungen im jetzigen und in früheren Leben, die das Schicksal bewirken. Ein Gnadenprinzip und eine innere Führung sind auf der Mentalebene nicht verwirklicht; sie bleiben bestenfalls theoretisch. Der Mensch handelt aus freiem Willen heraus und ist darum verantwortlich und trägt alle Folgen. Ebenso unwirklich ist aber auch die gegenteilige mentale Vorstellung, daß alle Missetaten seit Golgata »automatisch« vergeben seien, also ohne die Voraussetzung einer spirituellen Lebensführung, ohne Hingabe des Eigenwillens.[31]

Im mentalen Karmaverständnis schafft also der weltzugekehrte

Mensch ständig Karma und muß noch im jetzigen oder in zukünftigen Leben ohne göttliche Hilfe – diese wird nicht erwähnt – versuchen, von seiner materiellen Verhaftung und Weltlichkeit loszukommen und seine Schuld, das Karma, abzutragen. Meistens müssen zur Lösung dieser Aufgabe sogar viele zusätzliche, leidvolle Erdenleben durchschritten werden. Will er auf diese Weise das Nirwana erreichen, so muß er in diesen Erdenleben lernen, auf das Handeln zu verzichten. Denn Handeln ist und bewirkt Karma, Nichthandeln dagegen nicht. Das niedrige Karmaverständnis kennt keine andere Wahl, als entweder sich durch Aktivität im Karma zu verstricken und darunter endlos zu leiden oder sich durch Rückzug in die Passivität und Enthaltsamkeit aus dieser Welt des Leidens herauszuhalten. Die asketische Selbsterlösung durch weitestgehenden Verzicht wird als Maßnahme gegen das Leiden empfohlen. Das paßt natürlich gar nicht in das Konzept der aktiven und gnadenbewußten Christen.

Im *höheren* Karmaverständnis (spirituelle Verständnisebene) sind oder bewirken nur diejenigen Handlungen Karma, die aus dem Ichbewußtsein heraus durch Beschlüsse des isolierten Verstandes absichtsvoll ausgeführt werden, um einen eigennützigen Zweck, einen Vorteil, Gewinn oder Verdienst zu erreichen. Nichthandeln bedeutet umgekehrt, daß der Betreffende auf eigenwillige und absichtsvolle Handlungen verzichtet und nur aus spirituellem, innerlich geführtem Bewußtsein, im Auftrag des Krishna oder aus Krishnabewußtsein handelt. Krishnabewußtsein ist das Bewußtsein der Identität des menschlichen Wesens oder Atman mit dem Absoluten, dem Geist oder Brahman. Solches »Handeln in höherem Auftrag« oder in höchstem Bewußtsein bewirkt kein Karma, da der Eigenwille nicht beteiligt ist und weil die Früchte der Arbeit dem höheren Auftraggeber überlassen werden. Buddha hat es seinen Mönchen gegenüber folgendermaßen formuliert: »*Wollen*, o Mönche, das nenne

ich tun!« Dieses absichtliche Wollen, unser unabhängiger freier Wille also, bestimmt seit dem Sündenfall unser Handeln und unsere Interessen und formt so unsere Gewohnheiten. Innere Führung verankert in uns hingegen uneigennützige Gewohnheiten. Die Gewohnheiten aber sind unser Charakter, dessen Qualität »gutes« oder »schlechtes« Karma (= Wirken) verursacht oder im Fall der inneren Führung gar keines. Hier hat der Mensch die Wahl – und schmiedet so sein Glück oder Unglück. Karma ist nicht ein Prinzip der Vergeltung, sondern der Konsequenz und Folgen eigenmächtigen Tuns.
Beim Selbsterlösungskonzept wird das höhere Bewußtsein, das vor dem Leiden bewahrt, vermeintlich durch Eigenleistung erreicht. Beim Gnadenkonzept wird es von Gott seinen treuen Nachfolgern ohne Verrechnung der Verdienste mit den Schwächen geschenkt. Im höchsten Bewußtsein der Erlösten entfällt alles Leiden, weil alles Begehren zugunsten der inneren Führung weggefallen ist. Diese als Samadhi bezeichnete Erleuchtung pflegt im allgemeinen dann einzutreten, wenn der geistige Boden zur nötigen Einsicht genügend vorbereitet ist. Durch »Verdienste« herbeizwingen läßt sie sich jedoch nicht. Sathya Sai Baba verspricht *allen* seinen Anhängern Befreiung vom Wiedergeburtszyklus, also auch seinen schwächeren Nachfolgern, die auf dem spirituellen Sadhanaweg nicht sehr weit gekommen sind, wenn sie sich vom Selbst leiten lassen wollen.
Beide Konzepte – Selbsterlösung und Gnade – findet man auch in der christlichen Tradition als Ausdruck unterschiedlichen Verständnisniveaus. Heute scheint das Gnadenkonzept zu überwiegen. Im »Buddhismus des reinen Landes« (Amidismus) in China gibt es ebenfalls ein Gnadenkonzept. Der »Buddha des unermeßlichen Lichtes« erlöst alle, die ihm vertrauen.
Sogar schon bei Lao-tse findet man in China ein hohes Verständnisniveau. Er fügt seiner Aufforderung zum »Nichtstun« (Wuwei) noch den Hinweis hinzu: »... und doch bleibt nichts unge-

tan.« Da ist kein (selbständig) Handelnder, sondern nur ein von der kosmischen Ordnung und von der »inneren lenkenden Kraft« Geführter. Was getan wird, bewirkt nicht der Geführte, sondern seine Führung. Bei vollkommener Verwirklichung ist diese Führung total, nicht nur generell oder grundsätzlich. Leider wird der Idealzustand aber nur von ganz wenigen erreicht. Das den anderen Fehlende wird durch Gnade ergänzt. Nach Paulus ist vergleichsweise sogar schon das Wollen, nicht nur das Vollbringen, Gnade – und damit göttliches Handeln (Phil 2,13).

In der Esoterik finden sich ebenfalls niedrigere Selbsterlösungsvorstellungen neben der höheren Einsicht, daß sich niemand selber erlösen kann. Eine wesentliche Rolle spielen in esoterischen Kreisen die Einweihung in geheimes Wissen und das unentwegte Bemühen um die Erweiterung des Bewußtseins. So wird der geistige Boden bereitet, damit sich höchste Erkenntnis einstellen kann. Auf höchster Erkenntnisstufe lösen sich die Probleme wie von selbst auf.

Eigenes Bemühen ohne Gnade gibt es nicht, denn sie sind zwei Pole eines einzigen Ganzen, aus dem allein aller Antrieb und alle Energie kommen. Alles andere ist magisches Mißverständnis.

Dazu gibt es übrigens auch eine Parallele aus der Medizin: Es ist nicht etwa der Arzt, der heilt. Dieser kann nur die Voraussetzungen schaffen, damit sich die Selbstheilungstendenz des Kranken durchsetzen kann.

Bei Jesus fällt die Erlösung dem zur Harmonie strebenden Menschen als Geschenk der Gnade zu. Harmonisch und glücklich sind unter anderen die Armen im Geist[32], die spontan und offen geblieben sind wie die Kinder und sich wie diese führen lassen. Oder auch die ehemals geistig Reichen, die (wie Sokrates) das eingebildete mentale Wissen durchschaut haben und so »überbewußt« geworden sind, die sich in die höhere Ordnung wieder einfügen und sich wieder führen lassen (vgl. das

»Daimonion« des Sokrates). Diese Führung ist inwendig und geht nicht aus Gesetzesparagraphen hervor, was in der Szene mit den Pharisäern, am Zeichen des Jona oder auch in Römer 2,14–15 erkannt werden kann. Von den Pharisäern als geistlichen Führern hätte man erwarten müssen, daß sie auf ihrem spirituellen Erkenntnisweg weit über die Mentalebene hinaus ins Supramentale vorgedrungen wären, was aber nicht der Fall war. Wer diese Notwendigkeit einsieht, der erlebt eine Art »christliches Samadhi«: die ihm angebotene Gnade der Erlösung wird in ihm wirksam, weil er auf seinem Weg durch die Außenwelt umgekehrt ist, weil er »Buße getan hat«. Er *ist* erlöst. Im Sinn des Zeichens des Jona ist auch Phil 2,13 zu verstehen, wo Paulus schreibt, daß Gott beides bewirke, das Wollen und das Vollbringen; ebenso auch das Gleichnis vom verlorenen Sohn. Erlösung ist immer die Folge höherer Einsicht.

Hinter der Auffassung der Selbstopferung Jesu auf Golgata zum Zweck der Erlösung der Menschen aus ihrer Schuld stehen der Mythos vom sterbenden Gott, die jüdische Opfertheologie und die Deutung des Weges Jesu als Weg des zum Leiden bestimmten Gottesknechtes (Jes 53). Sie veranschaulicht, was Opfern eigentlich bedeutet: das Ich (den Körper) aufgeben bzw. darbringen (Röm 12,1). Opfergegenstände sind nur Symbole für das zu opfernde Ich. Diese Selbstopferung des Gottesknechts Jesu scheint nach dem Streitgespräch mit den Pharisäern und dem Hinweis auf das Zeichen des Jona als Veranschaulichung des spirituellen Weges überflüssig zu sein. Jona und Ninive wurden ja bereits begnadigt, weil Jona seinen Eigenwillen (sein Ich) geopfert hat und weil in Ninive der König und seine Untertanen Reue zeigten und weil dort eine Minderheit ohne entwickelten Verstand und ohne Eigenwillen lebte. Es dürfte jedoch zweifelhaft sein, ob viele damalige (und heutige!)

Gläubige den Sinn dieser Auseinandersetzung und des Hinweises auf den spirituellen Weg des Jona richtig verstanden haben, der als Beispiel ebenso wie der nachherige Opfertod Jesu zur Erlösung der Menschheit geführt hat. Das scheint sogar von den Kirchen auch heute noch nicht voll erkannt zu werden. Das Zeichen des Jona deuten sie als Hinweis auf Golgata. Dann gibt es nur eine Erlösung: diejenige durch den Opfertod am Kreuz. Und ohne diesen gibt es für sie keine Erlösung. So trennten sich die Christen von den anderen Religionsangehörigen ab. Nur Christen werden erlöst.

Heute fühlt jedoch jedermann, daß dies so nicht stimmen kann. Aber den Verantwortlichen in den Kirchen gehen die Augen immer noch nicht auf. In beiden Fällen – sowohl beim Beschreiten des spirituellen Weges nach dem Vorbild des Jona als auch durch Annahme des Opfers auf Golgata und dessen Nachvollzug durch Opferung des eigenen Ichs (Röm 12, 1–2) – geschieht der gleiche erlösende Gnadenakt. Das ist der wichtige und zentrale Punkt. Es ist denkbar, daß gerade wegen der Unfähigkeit zum Verständnis des gleichnishaften Zeichens des Jona – selbst die damaligen jüdischen Theologen verstanden es nicht – ein weiteres, leichter verständliches, konkretes Zeichen – Opfertod und Auferstehung – notwendig war. Dieses »Zeichen von Golgata« war wegen seiner viel größeren Spektakularität und wegen der Vorbereitung darauf durch Mythologie und Theologie viel leichter verständlich und eindrücklicher. So betrachtet war Golgata nicht überflüssig gewesen. Die Last der Menschen wurde ans Kreuz mitgenommen. Das ist durchaus nichts Ungewöhnliches noch Unglaubwürdiges. Heute noch pflegen auch indische Yogis und Swamis (Sai Baba!) den Menschen Lasten abzunehmen, zum Beispiel schwere Krankheiten, die sie auf sich selber übertragen.

Das Prinzip des stellvertretenden Leidens ist also nichts Ungewöhnliches.

Für das höhere Verständnis ist die Symbolik von Golgata auch ein Gleichnis für die Gerechtigkeit Gottes (Theodizee) und die Chancengleichheit der Menschen: Jedem steht es frei, seine harmonische innere Führung zu suchen und ihr zu folgen, wodurch die Folgen des Karmas vermieden bzw. Begnadigung erhalten wird. Der eine der beiden Verbrecher an den Kreuzen hat im letzten Moment seines Lebens sich Jesu Führung anvertraut und so ein angesammeltes Karma abgenommen bekommen. Der zweite Verbrecher wählte die andere Möglichkeit. Er wählte seinen Verstand als seine Autorität. Er blieb damit beim eigenwilligen Handeln und damit im Karma verstrickt. Sein selbstverschuldetes Leiden mußte er weiterhin ertragen. Jesus verkörperte in dieser Interpretation von Golgata die Anwesenheit des Gnadenprinzips, um Selbsterlösungsgedanken gar nicht erst aufkommen zu lassen. Die beiden Schächer veranschaulichten das Karma- und das Gnadenprinzip in ihrer Auswirkung.

Jeder Mensch hat so, unabhängig von seinem bisher vielleicht noch so harten Leben, die gleiche Wahlmöglichkeit, entweder im selbstverschuldeten Leiden zu bleiben oder sich erlösen zu lassen durch Loslassen vom Ich oder Ego. Dann weitet sich das enge egozentrische Wirklichkeitsverständnis, und Gnade kann geschehen. In dieser Wahl liegt die Gerechtigkeit Gottes. Leidvolle Erfahrungen machen den Menschen auf seine Erlösungsbedürftigkeit aufmerksam und bringen ihn an seine Quelle zurück wie Jona. Man sieht hier auch, daß richtig verstandenes Karma durchaus ins christliche Konzept paßt.

Um erlöst zu werden, sind allerdings wichtige Voraussetzungen unabdingbar: Das »Sich-Ergeben«, das »Loslassen«, das »Sich-Öffnen«, das »Sich-führen-Lassen«, das Ausrichten des eigenen

Bewußtseins auf die letzte (göttliche) Realität: »Nicht ich, sondern Du in mir.« In der Bhagavadgita erklärt dies Krishna dem Arjuna mit folgenden Worten: »Ich fordere nicht Yoga oder Tapas (Askese); Ich verlange nur, daß dein Verstand fest auf Mich gerichtet ist. Weihe Mir deinen Verstand, bringe ihn Mir dar – das ist alles, was Ich von dir verlange. Wenn ein Sadhaka (spiritueller Aspirant) nicht wenigstens zu dieser Weihehandlung für den Herrn fähig ist, dann möchte Ich wohl wissen, was sein Sadhana (spiritueller Weg) zu tun vermag! Wenn du dich damit entschuldigst, daß du die Geisteskraft nicht hast, dann frage Ich dich, woher dir die Kraft kommt, dich, wie du es jetzt tust, leeren Idealen, den eingebildeten Phantasien über Familie, Reichtum und Ruhm zu widmen. Kannst du diese Kraft nicht auf diesen höchsten Weiheakt richten?« Es kommt eben darauf an, wo das Interesse liegt. Dorthin richtet der Mensch seine Kraft und Aufmerksamkeit. Richtet er diese nach innen, dann erhält er Erlösung und Gnade. Richtet er sie nach den Dingen der Außenwelt, dann bindet er sich an diese unbeständigen Dinge, die ihn in Angst vor Verlust oder Beeinträchtigung stürzen und ihn so auf den Weg des Leidens führen (= Karma).

Dem Leiden für immer entkommen kann der Mensch nicht aus »eigener« Kraft. Selber erreichen kann er nur vergängliche irdische Freuden und Ehren (Preyas), wie Arjuna in der Bhagavadgita erkannt hat, aber keine dauerhafte Freude und Herrlichkeit (Sreyas). Nur Gnade bzw. Sreyas befreien endgültig vom Karma. Auf hoher Verständnisstufe scheinen sich hier Christen und Hindus völlig einig zu sein. Die Fragen Karma, Gnade und Erlösung werden in den Hochreligionen auf höchster Verständnisstufe nur unterschiedlich dargestellt, aber gleich verstanden. Die Meinungsverschiedenheiten liegen ja alle auf den mittleren und niedrigeren, stark von den Vorstellungen des Verstandes geprägten Erkenntnis- (und Bekenntnis-)stufen, die der multidimensional bewußte Mensch allesamt

integriert und durchschaut hat. Er erkennt in allen mehr oder weniger gelungenen Veranschaulichungen immer das »eigentlich Gemeinte«, die immer gleiche Wirklichkeit.
Wenn sich der *mentale, nach außen* orientierte Mensch nach Befreiung oder Erlösung sehnt, dann versteht er darunter etwas ganz anderes, nämlich so ziemlich das Gegenteil von dem, was wir soeben dargelegt haben. Der moderne Verstandesmensch will sein Ich befreien, und zwar von gesellschaftlichen Zwängen, von Bevormundung, Unterdrückung, Benachteiligung und von Naturzwang. Diese Zwänge beengen seinen Willen, seine Wünsche und seine – teils vermeintlichen – Bedürfnisse. Er macht dabei den Fehler, ausschließlich nach auswärts gegen diese Zwänge vorzugehen, indem er die Widersacher in der Außenwelt bekämpft. Der wichtigste unter seinen Zwängen ist aber der Selbstzwang. Das ist der Zwang, den man sich selber auferlegt, indem man seinen Verstand mit seinen engen Vorstellungen zu seinem alleinigen Herrscher macht. Das führt in Knechtschaft unter der eigenen Person, die sich von ihren beschränkten Vorstellungen und unrealistischen Ansprüchen beherrschen läßt. Das führt auch zu willkürlichen Maximen und zum kategorischen Imperativ. So wird man zum Sklaven seiner Wünsche und seiner mentalen Gesetzlichkeit, die von dialektischen Widersprüchen geprägt ist und in innere Disharmonie führt. Man fühlt sich unbehaglich und verunsichert. Das sind typische Folgen der mißbräuchlichen Anwendung des Verstandes. Der innerlich geführte und harmonisch ausgeglichene Mensch braucht hingegen für sein Verhalten keine Gesetze und Maximen, weil er seine Richtlinien in sich selber, in seinem Selbst findet. Den Verstand hat er zwar auch geschärft; er dient aber nur als Werkzeug des Selbst, seines Herrn. Er findet Freiheit vom Endlichen oder Weltlichen durch Verankerung im Unendlichen, im Geist.
Das biblische »Im-Herrn-Leben« und »Im-Herrn-Sterben« in

Römer 14,8 sowie Offenbarung 14,13 – »Glückselig, die im Herrn sterben ..., damit sie von ihren Mühen Ruhe haben, denn ihre Werke folgen ihnen nach, spricht der Geist« – zeigt die christliche Darstellungsweise des »Im-Herrn-Seins« und die daraus resultierende Erlösung vom Karma und von der Notwendigkeit der Selbsterlösung. Der Sprechende ist der Geist, der Herr. Auch im 2. Korinther 3,17 ist der Herr Geist.
Sathya Sai Baba äußert sich folgendermaßen zum Gebundensein: »Frei sein von Bindungen bedeutet nicht Ungebundensein im üblichen Sinn des Wortes. Frei sein von Bindung bedeutet: haben, als ob man nicht hätte. Wenn es notwendig ist, müssen wir gebunden sein, im nächsten Augenblick aber ungebunden.«
Und schließlich soll noch eine Stelle aus den Upanishaden zitiert werden, die sich ebenfalls mit Befreiung und erlösender Gnade befaßt: »Der Weise, der durch Glauben, Hingabe und Meditation das Selbst erkannt hat und eins geworden ist mit dem Brahman, wird befreit vom Rad des ewigen Wandels und erlöst von Wiedergeburt, Leiden und Tod.«

18
Verschiedene Aspekte des Führungsprinzips

»Die völlige Hingabe an Gott ist der sichere Weg, auf dem wir immer das Licht der inneren Führung haben.«
Bruder Lorenz

Eine innere Führung, die nicht einer *harmonisch* gestimmten, sondern einer dialektisch konditionierten Psyche entspringt, führt in die Disharmonie. Darum müssen wir zuerst harmonisch werden wie die Kleinkinder durch Loslassen vom Eigenwillen.

Die verschiedenen Autoren haben zu allen Zeiten auf das kosmische (»transzendente«) und zugleich verinnerlichte Führungssystem hingewiesen. »Verinnerlicht« bedeutet immanent, daß also die generelle (bis totale) Führung aus dem Innern des Menschen kommt. In der biblischen Geschichte des Jona ist diese »Innenlenkung« in einem nach außen in die Welt projizierten Gleichnis veranschaulicht, so wie uns unsere Träume auch glauben machen, der Traum finde in der Außenwelt und nicht innerhalb der Psyche statt. Dabei muß beachtet werden, daß Verstand und Intellekt nicht zur inneren Führung gehören, weil sie sich mit den äußeren Sinnesorganen in der Außenwelt orientieren (= äußere Führung). Verinnerlichung bedeutet zunächst also, daß sich der Verstand nach den Richtlinien der inneren generellen Führung ausrichtet. Es bedeutet aber nicht Rückzug aus der Außenwelt in eine (eigenbrötlerische) Innenwelt, wie dies oft mißverstanden wird. Der harmonisch verinnerlichte Mensch befindet sich auf der spirituellen Vijñana-Stufe, seltener auf der Ananda-Stufe des ständigen Glücks (siehe Tabelle 2 im Anhang). Sogar bei den ganz seltenen Menschen, die ihr Selbst voll verwirklicht haben, die also ihr Ich vergessen haben, sogar bei diesen Menschen hat (bei entsprechend hoher Verständnisstufe) keine Flucht aus der Welt eingesetzt. Sie sind gottgleich geworden, ihm zum Bild, ihrer Bestimmung gemäß. Und so wie Gott kümmern auch sie sich um die Welt, in ihr, aber nicht an sie gebunden. Sie tun es aus ihrem Selbst heraus und nicht aus ihrem Ich, das praktisch verschwunden ist. Sie sind absolut uneigennützig geworden. Das muß deutlich aufgezeigt werden, da dies besonders in christlichen Kreisen, die nur die indische Apathie sehen, oft falsch verstanden wird.[33] Sathya Sai Baba und verständige Inder kennen keine Apathie!

Die Rolle des Verstandes als Gehilfe der inneren Führung haben wir bereits ausführlich besprochen, wir beschränken uns hier deshalb auf diesen Hinweis.

Die Vorstellungen jener Autoren, die sich zu allen Zeiten und überall über das Führungssystem geäußert haben, sind nicht deckungsgleich, da sie sich teilweise auf unterschiedliche Teilaspekte beziehen. Wir wollen ganz kurz einige dieser Vorstellungen erwähnen.

Lao-tse spricht von kosmischer Ordnung und von lenkender innerer Kraft (Tao). Tao Te King (= der rechte Weg und die richtige Haltung) ist der Titel des nach traditioneller Ansicht von Lao-tse (= alter Weiser) stammenden Buches. »Tao« ist die letzte Wirklichkeit und der rechte oder spirituelle Weg, Te ist die erleuchtende Kraft, die dem Weisen zuströmt, wenn er das Tao schaut. Wer also seine Aufmerksamkeit auf das Tao (das auch als die implizierte Ordnung der Potentialität oder als das Zen, die undefinierbare Wurzel aller Wirklichkeitserfahrung, bezeichnet werden könnte) richtet, der nimmt die lenkende innere Kraft wahr.

Die Buddhisten streben nach der Erfahrung der ihnen innewohnenden Buddhanatur und nach Verwirklichung der Buddhaschaft oder der in allen Lebewesen verborgenen Urvollkommenheit oder Urharmonie. Lama Anagarika Govinda, der einen

Mahayana-Buddhismus auf hohem Niveau vertritt, spricht von der universalen Potentialität als dem bewirkenden Prinzip. Zen-Meister Bankei weist auf das »Ungeborene« hin, auf den Punkt, aus dem sich alles entwickelt. Das ist die Schöpfung vor ihrem Beginn. Im Hinduismus wird dieser Punkt »bindu« genannt. Im Zen-Buddhismus kommt dem schwerdefinierbaren Begriff »Zen« unter anderem auch die Bedeutung als Führungssystem zu. Das geht aus folgender Erläuterung von Zen-Meister D. T. Suzuki hervor: »Man unterscheidet zwischen ›Zen leben‹ und ›aus Zen‹ oder ›durch Zen‹ leben. Äußert sich Zen selbst, dann stellt es sich gegen den Intellekt. Der Verstand verliert seinen Stand und ist wie betäubt. Zen ist Leben, ist das Leben, und das Leben ist Zen. Sagen wir trotzdem, daß wir aus Zen leben, dann bedeutet das, daß wir dieser Tatsache (daß wir eben Zen leben) bewußt werden. Wie wichtig dieses Bewußtsein ist, steht außerhalb jeder Erörterung. Denn gibt es irgend etwas Wichtigeres im menschlichen Leben als die Erkenntnis des Göttlichen in ihm?«

Im Westen wird in der Regel Verstand mit Bewußtsein ungefähr gleichgesetzt, weil ein supramentales Bewußtsein nicht bekannt ist. Der Verstand ist für den Osten jedoch das Organ, das in uns falsche Vorstellungen von der Wirklichkeit erzeugt (= Maya). Diesem östlichen Verstandesbegriff entspricht im Westen am ehesten noch der Begriff des Ichbewußtseins, weil dieses alle Wahrnehmungen auf das eigene Ich bezieht und damit ebenfalls verzerrte Vorstellungen erzeugt. Bewußt*sein* ist im Osten der allgemeinere Begriff für alles, was irgendwie bewußt ist; Bewußt*heit* ist der speziellere Begriff für die supramentale Bewußtheit der letzten Wirklichkeit. Auf dieser höchsten Erkenntnisstufe sind Führung (Gott) und Geführter (Mensch) eins, ununterscheidbar. »Wirklich« bedeutet im Osten »unvergänglich«; »unwirklich« oder »Maya« bedeutet »vergänglich«. Darum stellt sich Zen gegen den Verstand. Denn Zen *ist* die Wirklichkeit, der

Verstand ist »Maya«, also eigene Vorstellung von der Wirklichkeit. Im oberen Bereich des spirituellen Weges löst sich der Verstand im Zen auf, es gibt nur noch Zen. Das Zen richtet sich also nur dann gegen den Verstand, wenn sich dieser dem Zen nicht einordnen oder unterordnen will. Dann haben wir eine Parallele zum biblischen Sündenfall, wo sich der Verstand Gott widersetzt. Der Unterschied zwischen Gott und Zen ist nur der einer personalen und einer apersonalen Auffassung des Göttlichen oder des kosmischen und zugleich immanenten Führungsprinzips. Der höherentwickelte Verstand kann und soll aber auch mit dem Führungsprinzip unterstützend kooperieren. Das entspricht einer fortgeschrittenen Stufe auf dem spirituellen Weg, wo sich die Vorstellungen des Verstandes der Wirklichkeit angleichen.

Suzuki fährt fort: »Nur der Mensch kann also ebenso aus Zen (biblisch: der neue Adam; der Verf.) leben wie Zen leben (biblisch: der unbewußte Adam vor dem Sündenfall; der Verf.), denn nur der Mensch besitzt das Bewußtsein, *aus* Zen zu leben. Die Tiere leben nur Zen. Leben *durch* Zen löst sich also auf in das Bewußtwerden jener ›Kleinigkeit‹, die alle Zeit in unserem Geist war, die wir aber nicht wahrnehmen. Diese Kleinigkeit, klein wie der Same eines Baums vor dem Auskeimen, stellt sich als eine große Angelegenheit heraus, da sie unsere ganze Lebenshaltung betrifft.« Das Zen, das Wirklichkeit, Urgrund und Leben bedeutet, hat, wie das hinduistische Selbst, ebenfalls über das Individuelle hinaus zugleich kosmische Dimension. Denn Wirklichkeit ist überall und unbegrenzt. Buddhisten bleiben aber teilweise auf der psychischen Ebene ohne Metaphysik (Lama Anagarika Govinda). Buddha hat zur Transzendenz keine Stellung bezogen. Sein empirisches Denken ging in psychologisch-humanistische Richtung.

Im Hinduismus verstand Ramanuja Gott als »inneren Lenker« (Antaryamin) in den individuellen Seelen. Sathya Sai Baba sagt, er sei in den Menschen drin, und spricht von innerer Führung (*inner guidance*). In verschiedenen indischen Religionen stellt man sich Gott sitzend auf dem Lotosthron im menschlichen Herzen vor. Auch im hinduistischen Tantra ist Gott im Zentrum der Seele anwesend. Für Meister Lahiri Mahasaya wohnt in unserem Innern die Göttliche Mutter. Shri Aurobindo bekämpft vehement die beiden ersten Stufen des achtstufigen Yogaweges des Patanjali (Tab. 5), die Selbstdisziplin und Askese fordern, was auf Verstandeswillen beruhe und damit auf äußerer Orientierung anstatt auf göttlicher Kraft. Individueller »Dharma« bedeutet wesensmäßige Rechtschaffenheit infolge Erkenntnis der letzten Wirklichkeit. Diese hat einen statischen Aspekt, das verinnerlichte Gesetz als solches, und einen dynamischen Aspekt, die Auswirkung des verinnerlichten Gesetzes auf das Handeln. Das ist ebenfalls innere Führung, denn hinter den beiden Aspekten des Dharma steht der (verinnerlichte) Geist oder Gott oder Atman-Brahman. Shri Aurobindo sagt: »Die persönliche Bemühung muß in zunehmendem Maß in eine Regung der göttlichen Kraft umgewandelt werden.« Auf diesem Weg des anfangs einseitig mentalen Menschen wird zunächst eine lenkende innere Kraft entdeckt und ihre Wirksamkeit als innere Führung allmählich von geringem zu stärkerem Einfluß gesteigert, bis schließlich diese intuitive Führungskraft alle mentalen Funktionen übernimmt (»nicht wie ich will, sondern wie ›Du‹ willst«) und so zur totalen inneren Führung durch den Alleinhandelnden wird. Die »Mutter«, Aurobindos Gefährtin, bemerkt zu solchen Führungserlebnissen: »Aber es gibt Menschen, die nicht die Gelegenheit oder vielmehr das Glück hatten, jemandem physisch konkret zu begegnen, der sie leiten könnte. Und dennoch haben sie das Gefühl, daß jeder Schritt ihres Daseins, jeder Umstand ihres Lebens von jemand Bewußtem arrangiert wird, damit sie den maximalen Fortschritt machen. Wenn sie einen bestimmten Lebensumstand brauchen, stellt er sich ein; wenn sie bestimmte Bücher lesen sollen, finden sie diese Bücher in ihrer Nähe, wenn sie bestimmten Leuten begegnen sollen, kommen diese Leute. Alles ist auf solch eine Weise arrangiert, als würde jemand über sie wachen, damit ihr Leben die maximalen Entwicklungsmöglichkeiten biete.«

Man sollte jetzt nicht denken: Wie mache ich das bloß, das geht doch nicht! Man probiere es aus, immer wieder, mit unbändigem Willen, das Ziel zu erreichen, nie nachlassend, immer freudig sehnend nach Erfüllung. Dann geschieht es eines Tages. Am besten fängt man sofort an, in diesem Moment, mit Konzentration seines ganzen Interesses auf dieses einzige Ziel. Dann geschieht eines Tages genau das, was die »Mutter« beschreibt. Wenn »er« behauptet, er sei in dir drin, dann laß es darauf ankommen. Stelle ihn auf die Probe, indem du in Gedanken ständig mit ihm redest und so mit ihm in unmittelbarem Kontakt bleibst. Tu das während sechs Monaten ohne Unterbrechung und mit aller Hingabe – und dann schau, was dabei herauskommt! Ich habe es gewagt, und es kam dabei weit mehr noch heraus, als was die »Mutter« sagt.

In seinen »Psychologischen Betrachtungen« schreibt C. G. Jung: »In jedem von uns ist auch ein anderer, den wir nicht kennen. Er spricht zu uns durch den Traum und teilt uns mit, wie anders er uns sieht, als wir uns sehen. Wenn wir uns daher in einer unlösbar schwierigen Lage befinden, so kann der fremde andere uns unter Umständen ein Licht aufstecken, welches wie nichts geeignet ist, unsere Einstellung von Grund auf zu verändern, nämlich ebenjene Einstellung, die uns in die schwierige Lage hineingeführt hat.

Der Patient und ich wenden uns gemeinsam an den 2 000 000 Jahre alten Mann, der in uns allen ist. In der letzten Analyse rühren die meisten unserer Schwierigkeiten daher, daß wir den Kontakt zu unseren Instinkten, zu der uralten, unvergessenen Weisheit, die in jedem von uns gespeichert ist, verloren haben.«

Jung weist auch auf den Drang der Seele hin, die menschliche Ganzheit zu erreichen.
A. Maslow, C. R. Rogers u. a. sprechen von der Aktualisierungstendenz, einer immanenten Tendenz zur Entfaltung aller Kräfte, die der Erhaltung und dem Wachstum des Organismus dienen. In der westlichen Philosophie werden diese steuernden Kräfte seit Aristoteles Entelechie genannt.
Jesus sagt, er sei (als geistiger Christus) in den Menschen drin (Joh 14,20). Der Mystiker Meister Eckhart weist auf das leitende »Seelenfünklein« hin. Von Gott sagt er: »Gott und ich, wir sind eins. Er wirkt, und ich werde.«
Die Hopi-Indianer haben auch heute noch die Vorstellung des großen Mannes, der im Inneren des Menschen wohnt und alles steuert.
Im Westen sind seit langem verschiedene deterministische Systeme mit unterschiedlichen Vorstellungen über Lenkungsprinzipien bekannt.
Ann Faraday erwähnt den »inneren Guru«. Neurophysiologen schufen den Begriff des »Gesamtintegrators« für die oberste Koordinationsstelle des Zentralnervensystems. Die Physiker Geoffrey Chew (»Bootstrap-Theorie«) und David Bohm (»Holomovement«) sehen im Kosmos ein dynamisches Gewebe von Zusammenhängen und sprechen von einem kosmischen Ordnungsprinzip. Man ist versucht, in Anlehnung an den menschlichen Gesamtintegrator des Zentralnervensystems hier von einem kosmischen Gesamtintegrator zu reden. Stanislav Grof (Transpersonale Psychologie), Paul Davis (Physiker) und andere ziehen einen umfassenden Geist in Betracht. Grof vermutet in den Archetypen kosmische Prinzipien, die in der impliziten Ordnung eingewoben sind. Der Biologe Rupert Sheldrake propagiert ein »morphogenetisches Feld«, das durch evolutionär fortschrittliches Verhalten oder Denken einer Minderheit aufgebaut wird und sich auf die noch Zurückgebliebenen wie eine

geistig förderliche Stimmung überträgt und diese schließlich innerlich fördert und nachzieht. Schließlich hat der Basler Genetiker W. J. Gehring im Jahr 1984 sogenannte Kontrollgene entdeckt, die die anderen Gene und damit die Einhaltung des Entwicklungsplanes überwachen und steuern.

Die Liste könnte noch beliebig verlängert werden. Sie zeigt, daß die Menschen seit jeher und bis in die Gegenwart überall Führungsprinzipien gefunden und aufgrund ihrer Lebens- und Berufserfahrung zu beschreiben versucht haben. Der Verstandesmensch wird behaupten, daß diese einzelnen Aspekte grundverschiedene Phänomene seien, die großenteils nichts miteinander zu tun hätten. Das ist aber nicht so: Es sind vielmehr unterschiedliche Aspekte auf verschiedenen Wirklichkeitsebenen sowie mehr oder weniger treffende Darstellungsversuche eines umfassenden kosmischen Ordnungs- und Führungsprinzips oder eines kosmischen Gesamtintegrators. Immer geht es dabei letztlich um die Einstimmung der eigenen Schwingungen auf die kosmischen Rhythmen des Selbst.

Im Kapitel 5 über die Biologie haben wir gesehen, daß es beim Menschen, der ja ebenfalls ein selbststeuerndes und selbstorganisierendes System ist wie alle übrigen Systeme im Universum bis hinunter zu den Atomen, einen hochentwickelten nervösen Anteil am Führungssystem gibt, der »dreistöckig« ist: Zuunterst ist das vegetative Nervensystem, der biologisch älteste Teil, der sein Zentrum im Stammhirn hat. Dann folgt der nächstjüngere Teil des Zwischenhirns, das Zentrum der Instinkte. Die Veranlagung für diese Steuerungsorgane ist im genetischen Code verankert und damit in allen Körperzellen und Keimzellen potentiell präsent. Im dritten, »obersten« und biologisch neuesten Teil ist das Reaktionszentrum des Verstandes in der linken, und dasjenige der Intuition mit allen ihren Varianten in der rechten Großhirnrinde (s. Tabelle 4 im Anhang). Man muß hier den Begriff »Intuition« weit genug fassen; alle Reaktionen alles Seienden auf den Geist gehören im weitesten Sinn dazu. Beim Menschen reagiert insbesondere die rechte Großhirnrinde auf die höheren Eingebungen des Geistes, so gedankliche und optische Einfälle (Inspiration und Imagination), schöpferische Anregungen, evolutionäre Fortschritte und Ahnungen aller Art wie Vorauswissen und Telepathie, die heute als wissenschaftlich bewiesen gelten. Der »oberste« Empfangsteil für die Führung durch den zugleich immanenten und transzendenten Geist, der sich in der rechten Großhirnrinde befindet, ist eine wesentlich differenziertere und das Bewußtsein enorm ausweitende Ergänzung zu den älteren Steuerungsorganen, die im Verlauf der Evolution aber nicht ersetzt werden, sondern im Gesamtführungssystem integriert bleiben und weiterhin nötig sind. Die *linke* Großhirnrinde steuert den Eigenwillen und den Verstand bei. Niedrigeren Tieren genügt bereits das vegetative Nervensystem, und bei Einzellern braucht es nicht einmal dieses. Jede dieser drei Entwicklungsstufen des Führungssystems entspricht also der fortschreitenden Evolution. Nach der Bibel war die Schöpfung nach sieben Tagen abgeschlossen. Für die Hindus ist sie ununterbrochen fortlaufend wie die wissenschaftliche Evolution.

Da der menschliche Verstand über den freien Willen verfügt, ist ihm gleichzeitig Selbstverantwortung übertragen worden. Auch im anspruchsvollen Alltagsleben braucht der Mensch für seine mentalen Tätigkeiten den Verstand als mentalen Spezialisten. Aber dieser muß sich in ethischer Hinsicht und im Hinblick auf die Ganzheit seiner Person und seiner Umwelt sowie hinsichtlich seiner Veranlagung an die generellen Richtlinien halten, die ihm das intuitive Führungssystem empfiehlt. Gesetze und menschliche Satzungen haben dabei nur eine zusätzlich orientierende Hilfsfunktion zum besseren Verständnis, zur eigenen Auseinandersetzung und zur vergleichenden Überprüfung im konkreten Einzelfall. Dem äußeren Gesetz kommt im höheren

Verständnis nicht die Funktion einer Lebensanleitung zu, wohl aber dem verinnerlichten Gesetz als dem statischen Teil des inneren Führungssystems, wie es in Römer 2,14–15 beschrieben ist.

In der Auseinandersetzung zwischen Vertretern des von innen und Vertretern des von außen gesteuerten Prinzips sollte nicht übersehen werden, daß es sich auch hier um zwei Pole eines einzigen, ganzheitlichen Prinzips handelt. Keines der beiden Teilprinzipien ist verzichtbar. Aber der inneren Steuerung als dem generellen Prinzip kommt Priorität zu.

Analog kommt in den Gottesvorstellungen dem als Geist erkannten Gott Vorrang vor dem als Person begrenzten oder inkarnierten zu. Denn Geist ist immer, überall und in allem vorhanden, und Manifestationen wie Vorstellungen oder Inkarnationen sind nur entgegenkommende Gesten, damit der Verstand des mentalen Menschen besser be*greifen* kann.

Ebenfalls analog verhält es sich mit Patanjalis acht Yogastufen. Die von Aurobindo heftig kritisierten ersten zwei Stufen beginnen den spirituellen Weg zwar scheinbar mit dem alleinigen Einsatz des Willens unseres Verstandes, der den Übenden in einer ersten und für die meisten notwendigen bewußten Entscheidung zu einer ethischen und anspruchslosen Lebensführung zwingen muß. Die Fortsetzung einer rein weltlichen Lebensweise würde den Einstieg in die spirituelle Evolution verhindern – mit Ausnahme der ebenfalls vorkommenden, plötzlichen Erleuchtung wie im Fall des Saulus, der unvermittelt zum Paulus wurde. Auf der sechsten Stufe des Yogaweges werden der Verstand und sein Wille durch Konzentration eingeengt und in der Folge ganz ausgeschaltet. In der Meditation und im Samadhi (überbewußter Zustand) kommt dann der Intuition die entscheidende und schließlich die alleinige und totale Führung zu. Die Intuition wirkt als Gnade auf allen Ebenen.

Wenn man versuchen will, den Begriff der Gnade in wissenschaftlichen Vorstellungen auszudrücken, dann könnte man sagen, es geschehe alles aus dem Holomovement heraus, so auch als besonders positive Aspekte das, was die Theologen Gnade nennen. Mehr sagt auch die Gnade des als Person dargestellten Gottes nicht aus, denn das Göttliche entzieht sich unserem Verstand.

Am Anfang des Weges braucht der Mensch Steuerung von außen, am besten durch einen guten spirituellen Lehrer. Später entdeckt er dann die Steuerung von innen. Es ist nicht einzusehen, weshalb sich die mehr dem einen und die mehr dem anderen Steuerungsprinzip zugeneigten christlichen Kirchen nicht auch auf einen solchen gemeinsamen spirituellen Weg einigen könnten. Eine Voraussetzung dazu müßte allerdings gegeben sein: Die anfängliche Steuerung von außen, mit der alle institutionelle Macht und Autorität zusammenhängt, müßte in dem Moment aufgegeben werden, wo die innere Führung die Steuerungsaufgabe übernimmt.

Es wäre ein Mißverständnis, die Erziehung zu harmonischer innerer Führung mit dem gleichzusetzen, was die »antiautoritäre Kindererziehung« zu erreichen versucht. An sich ist zwar in jedem Menschen drin alles vorhanden, was er für den spirituellen Aufstieg braucht, so wie auch in der Außenwelt alles da ist, was er für ein weltliches Leben braucht. Aber in beiden Welten muß er zuerst angeleitet werden, das Benötigte zu finden und seine *wahren* Bedürfnisse zu verwirklichen. Antiautoritäre Erziehung zielt nicht auf Spiritualität, sondern auf mentale Autonomie. Denn eine supramentale Bewußtseinsebene kennt der mentale Westen kaum – oder nur theoretisch in einem nachtodlichen Jenseits. Man verzichtet auf sich autoritär gebärdende Erziehungsmethoden und Maßregelungen und läßt die (hoffentlich vorhandene) natürliche Vorbildlichkeit des in Vernunft und Lebenserfahrung gereiften Erziehers, der das Beispiel vorlebt, allein einwirken.

Vernunft bedeutet, daß der Verstand durch die Einwirkung des Geistes, auch indirekt über das Beispiel der Erzieher, vernünftig geworden ist. Im Osten wird – wenigstens dort, wo die Tradition noch wirkt – zunächst auf der Basis von strenger Moral und Sittlichkeit auf bestimmte Wertvorstellungen hin erzogen. Sathya Sai Baba nennt fünf menschliche Werte in seinem erfolgreichen Erziehungsprogramm: Wahrheit, rechtes Handeln, Frieden, Liebe und Gewaltlosigkeit. Die Zöglinge werden bewußt zur Wahrnehmung der inneren Autorität des Geistes hingewiesen und so allmählich auf die spirituelle Ebene geführt, wo sich dann die Anleitung des Lehrers erübrigt. Eine bewußte Führung der Zöglinge zur Spiritualität hin dürfte im Westen selten sein. Denn die westliche Erziehung basiert auf der Psychologie, und diese meint, der Geist entstehe in unserem Gehirn und sei in seinem zentralen Aspekt nichts anderes als das Ich. Dieses Ich soll zur Eigenständigkeit im existentialistischen Sinn erzogen werden, während der Osten die Hingabe des Ichs an das Selbst fordert. So ist es nicht verwunderlich, daß die antiautoritäre Erziehungsmethode im Westen gescheitert ist. Aus ihr wurde oft ein Verzicht auf Erziehung oder eine Erziehung zu Eigenwilligkeit und betonter Individualität.

Wer überwiegend über den Verstand anstatt durch das Beispiel des Herzens erzogen worden ist, der wird sicher dahin tendieren, die Bedingungen und die Folgen einer jeden beschlossenen »guten« Tat stets wohl zu überlegen, so wie es Paulus vermutlich auch getan hat (Röm 7,19) – mit dem Ergebnis, daß Böses herauskommt infolge der dialektischen Kritik des Verstandes. Gutes im Sinn des Harmonischen entspringt hingegen direkt dem spirituellen »Herzen« (= Bewußtheit), und zwar unbeeinflußt von Überlegungen im Hinblick auf eine bestimmte Absicht. Dieses Handeln ist dann natürlich, spontan, und es ist selbstverständlich, weil das Ich nicht der Handelnde ist. Das meinte Krishna, als er in der Bhagavadgita zu Arjuna sprach: »Gib alle

Dharmas (Gesetze) auf und gib dich Mir hin. Ich werde dich von aller Sünde befreien.«

Das vielseitige Prinzip der inneren Führung ist überall und in allem vorhanden, keineswegs also nur im supramentalen Bereich. Im mentalen Bereich kann es wahrgenommen werden, wenn der Verstand nicht zu dominant und nicht zu laut ist. Im inframentalen Bereich ist das Bewußtsein nicht in der Lage, es wahrzunehmen, weil es anderen biologischen Zwecken dient und nicht der Bewußtwerdung.

19
Der christliche und der hinduistische Heilsweg im Vergleich

»West und Ost sind Ergänzungen, nicht Gegensätze.« »Bewegt man sich bewußt im polaren Spannungsfeld der Ergänzung, leuchtet die Möglichkeit einer harmonischen Ganzheit auf.«

Jean Gebser

Die christliche und die hinduistische Religion möchten den Menschen zeigen, wie sie sich von der mentalen Evolutionsstufe zur supramentalen erheben können. In beiden Religionen geht dies allerdings weniger mit dem Willen als vielmehr durch Gnade. Denn der Wille des mentalen Menschen ist auf die Dinge dieser manifesten Welt ausgerichtet, und er hat nicht die Kraft, sich gegen diese natürliche extravertierte Veranlagung im Sinne einer Selbsterlösung durchzusetzen (*opus contra naturam*). Um die angestrebte Umkehr zu erreichen, ist er auf Gnade angewiesen.

In der Bhagavadgita muß der mentale Mensch (Arjuna) zuerst in der dualistisch polarisierten Welt lernen, mit seinem Verstand Gut und Böse zu unterscheiden und dann dem höheren Befehl des Krishna[34] zu gehorchen. Ebenso ergeht es in der Bibel dem Jona. Beide versuchen zunächst, ihren eigenen Willen durchzusetzen. Dabei führt sie ihr Verstand in die Depression und Ver*zwei*flung. Beide mußten so einsichtig und gehorsam gemacht werden. In der Tiefe und Einsamkeit der Depression wurden beide auf die innere Führung aufmerksam, die sie wieder aus der Depression herausführte. Arjuna erkannte, daß der Eigenwille nur vergängliches weltliches Glück (Preyas) erreichen kann. Daher bat er Krishna um Sreyas, um die unvergängliche Frucht supramentaler Verwirklichung durch Gnade. Im biblischen Sündenfall hatte das Urmenschenpaar die Frucht des Karmas, des Eigenwillens also, gewählt und verlor damit die Harmonie. Denn die Polarisierungstendenz ihres Verstandes führte sie in die dialektische Disharmonie zwischen Gut (positives Karma) und Böse (negatives Karma). Das ist auch heute noch so, darum ist unsere Welt so disharmonisch.

Depressionen sind meistens durch den Mißbrauch des Verstandes selbstverschuldetes Karma bzw. eine Folge davon. Sie erzeugen Kraftlosigkeit und das Gefühl von Verlassenheit und zwingen so den Eigenwillen des Verstandes zur Kapitulation und Übergabe. Darum sind Depressionen keineswegs nur negativ zu bewerten, sie bedeuten für die Betroffenen vielmehr eine entscheidende Chance. In der mutlosen Stille werden die diskreten Impulse der Intuition ganz plötzlich wahrgenommen und bewußt. Sie erweisen sich als der einzige Ausweg, der aus der Tiefe nach oben führen kann, auf die nächsthöhere spirituelle Stufe, von der aus sich das vorherige Problem als unwirklich, weil nur vom Verstand eingebildet, erweist. Die an die Mentalstufe (Manomaya-Kosha) anschließende, nächsthöhere Stufe ist die erste Stufe der Intuition (2. spirituelle Ebene, Vijñanamaya-Kosha). Entsprechend wendet sich Patanjalis achtfacher Yogaweg von der vierten Stufe an nach innen. Im Innern, im »Herzen«, befindet sich der Sitz des verinnerlichten Gottes, der die harmonische Liebe (Prema, Agape) ist. Jesus und Sathya Sai Baba bezeichnen die Entfaltung der Liebe als wichtigste Voraussetzung, um das »ewige Leben« zu erreichen. Auf den oberen Stufe des spirituellen Weges ist der Verstand völlig der Intuition untergeordnet. Auf diesen Stufen fühlt sich der Emporsteigende Gott so nahe, daß er – wie Jesus – seine Gotteskindschaft als verwirklicht erlebt und sich selber als wirklichen Sohn (oder Tochter) Gottes erkennt. Auf der letzten Stufe ist der Emporsteigende schließlich eins mit Gott. Auf dieser Stufe er-

klärte Jesus: »Der Vater und ich sind eins.« So erklärt auch Sathya Sai Baba Jesu Weg als Muster für den spirituellen Aufstieg der Menschen (vgl. Röm 8,14–17).
Sobald der Mentalbereich überwunden ist, tritt der Verstand mehr und mehr in den Hintergrund. Immer mehr wird das »Nicht ich, sondern Du (in mir)« verwirklicht. Der Verstand verliert seine Selbständigkeit schließlich vollständig. Er vereinigt sich mit dem göttlichen Logos, dem Geist, dem Schöpfer oder Vater; in Indien mit dem Brahmanaspekt Gottes oder mit Ishvara. Dann existiert nur noch der göttliche Wille, der den menschlichen Willen aufgesaugt hat. Darum existiert am Ende des spirituellen Weges keine Willensfreiheit mehr, weil kein Unterschied zwischen Mensch und Gott mehr besteht. Uneingeschränkte Willensfreiheit gibt es nur auf der Mentalebene. Dort tritt der aus der Ganzheit herausgelöste Menschenverstand als Konkurrent und Gegenspieler Gottes auf und bewirkt alles weltliche Unheil. Daher wird der isolierte Verstand auch als Satan personifiziert. Und nun folgt daraus etwas Schwerverständliches: Da Gott die übergeordnete Ganzheit ist, die alles enthält, die auch als das »Eine ohne ein Zweites« bezeichnet wird, enthält er auch den aufgesaugten Verstand und damit auch den Satan. Sonst wäre Gott nicht »alles in allem«. Da aber Gott die Harmonie ist, sind in ihm diese und alle anderen gegensätzlichen Pole harmonisch vereinigt und transformiert. Er läßt das Böse zu und bewirkt seinerseits auch Ereignisse wie Sintflut, Sodom und Gomorra oder die sieben Plagen in Ägypten und fordert Arjuna, der die Waffen hinlegen wollte, zum Kampf auf, wo das Übel übermächtig geworden ist. Dann wird dieses beseitigt, um die Harmonie wiederherzustellen. Das Übel *muß* in der Welt geschehen um der spirituellen Evolution willen, damit wir daran lernen können, sagt Sai Baba. Sonst gibt es keinen evolutionären Aufstieg. Und die Bibel sagt, daß Gottes Züchtigungen aus Liebe geschähen und daß alles, was er tue, letztlich zu

unserem Wohl diene, also auch das, was unser Verstand als »böse« bezeichnet (vgl. Tab. 9 im Anhang).

Auf dem spirituellen Weg werden zwei Sogwirkungen wahrgenommen. Der Sog der göttlichen Gnade und Liebe zieht nach oben, der Sog der Versuchung des Verstandes (der disharmonischen, weil dialektischen Führung) zieht nach unten in die Außenwelt. Dazwischen liegt die erste spirituelle Ebene mit dem Nadelöhr. Auf dieser Ebene wird die innere Führung wahrgenommen. Oberhalb des Nadelöhrs ist die Versuchung schwach, unterhalb ist die innere Führung schwach und wird weiter unten vom lauten und betriebsamen Verstand völlig übertönt. Um vom stetig ansteigenden Weg nicht abzukommen, wird empfohlen, sich regelmäßig der Meditation, der Kontemplation, dem Gesang, dem Gebet und der Rezitation von Namen Gottes hinzugeben.

Wer das Nadelöhr nach oben durchschritten hat, spürt einen starken Sog nach oben. Die Versuchung hat bei ihm kaum mehr eine Chance. Er tritt ins Paradies ein. Dort kann er so lange verweilen, als sein Interesse der Harmonie gilt. Lenkt er dieses jedoch weiter auf die materiellen Dinge der Alltagswelt und beansprucht er die Früchte seiner Arbeit für sich selber, dann verstärkt sich der Sog der Versuchung wieder, die ihn auf die Mental- und Inframentalebenen hinunterzieht, wo Polarisierung und Karma anstatt Harmonie und innere Führung herrschen. Dieser Absturz ist in der biblischen Symbolik als der Sturz der Engel dargestellt. Jeder kommt stets auf die Ebene, die ihm entspricht.

Auf der Mentalebene ist nach östlicher Erkenntnis alles nur theoretische Vorstellung und daher nur relative Wirklichkeit. Auch Spiritualität bleibt auf dieser Stufe theoretisch; sie besteht nur aus Gedanken, weil die zur Verwirklichung nötige Verinnerlichung fehlt. In der Ausdrucksweise der Bibel bleibt es beim »Lippenbekenntnis«.

Wir haben hier nur den hinduistischen und den christlichen Heilsweg verglichen. Es sei aber noch der kurze Hinweis angebracht, daß ebenso in anderen Religionen ähnliche Heilswege bestehen. Auch die Buddhisten kennen einen achtfachen Pfad (s. Tab. 6 im Anhang). Außerdem gibt es auf einer bestimmten Erkenntnisstufe des Mahayana-Buddhismus unzählig viele Buddhas, die in unzähligen vom Volk meist konkret verstandenen Paradiesen herrschen, in die sie alle Menschen zu retten gelobten. Dabei kommt es nicht auf die Verdienste an. Alles geschieht aus Gnade, ähnlich wie in christlichen Vorstellungen. Der wichtigste dieser Buddhas ist Buddha Amitabha, der das »Paradies des Westens«, das größte von allen, regiert. Das Paradies entspricht der Anandasstufe der Hindus. Darüber gibt es noch das Nirwana, das dem Brahman, dem Selbst oder dem Absoluten entspricht, was aber nicht statisch aufgefaßt werden sollte.[17]

Im Buddhismus gibt es auch einen Buddha-Maitreya, den zukünftigen Weltenlehrer im Zeichen der Liebe, vergleichbar mit dem wiedererwarteten Christus oder dem Messias.

Im Theravada-Buddhismus Südasiens (Burma, Sri Lanka) wird jedoch immer noch die Selbsterlösung durch willentliches Einhalten von Sittlichkeitsregeln und durch das Führen eines Mönchslebens als Arhat oder idealer Mensch gefordert, obwohl einst 1500 Jahre lang vergeblich versucht worden war, so den idealen Menschen zu schaffen. Dann war das Experiment ernüchtert abgebrochen worden.

Beim Studium verschiedener Heilswege ist es recht verwirrend, wenn die großen Meister einmal mit Nachdruck Moral predigen und dann wieder betonen, daß so keine Verdienste und Ansprüche auf dauerhafte Erlösung erzielt werden können. Das könne nur durch einen göttlichen Gnadenakt geschehen. Diesen scheinbaren Widerspruch erklärt Krishna dem Arjuna damit, daß auf den unterschiedlichen Entwicklungsstufen des spirituellen Weges auch unterschiedliches, angemessenes Wissen nützlich ist. Auf der mentalen Stufe ist das Wissen nützlich, das »Lehrer« übers »Ohr« weitervermitteln. Sie können behilflich sein, aber sie können dem Aspiranten »das Selbst nicht zeigen«. Auf den supramentalen Stufen hingegen wird dasjenige Wissen erworben, »das aus eigener Erfahrung resultiert«. Das Selbst muß man sich selber im Geist vergegenwärtigen.

»Welcher Gott Hingegebene auch immer ohne Nebengedanken alles Tun mir weiht, wer immer über Mich meditiert, Mir dient, Mich verehrt, an Mich denkt – wisse, daß Ich immer mit ihm bin, immer für ihn sorge, in dieser und in der nächsten Welt. Ich trage die Bürde seiner Erhaltung und Führung (Yogakshema). Hörst du Mich?« fragte Krishna den Arjuna, klopfte ihm auf den Rücken und verlieh seinem hoffnungslosen Herzen Mut. Dieser Satz der Gita wird als »höchst heilig« bezeichnet und gilt als »Nabel des Gita-Körpers«. Wenn er in die Tat umgesetzt und so verwirklicht wird, dann kann die ganze Bhagavadgita verstanden werden.

Ohne diesen Trost der Gnade würde der Mensch (Arjuna) mit hoffnungslosem Herzen aufgeben. Es erreichen nur extrem wenige Menschen die völlige Unabhängigkeit vom Körper und von den Sinnen, und auch für diese wenigen ist dies ohne Geschenk der Gnade nicht denkbar. Auf dem spirituellen Weg muß jedoch eine Stufe nach der anderen erreicht werden, und es scheint zweckmäßig, zunächst den Blick auf die nächsthöhere Stufe zu richten, die am ehesten erreichbar erscheint. Wieviel wäre doch allein schon damit gewonnen, das Nahziel der inneren Harmonie, die im unteren Teil der Vijñanastufe beginnt, erreicht zu haben! Dazu braucht es die Unterordnung des Verstandes unter die höhere Autorität des Selbst und ebenfalls die Unterordnung des Körpers, des Begehrens und der Sinne so, wie Krishna dies dem Arjuna dargelegt hat: »Die Sinne haben deinen besten Interessen zu dienen, und du solltest nicht den

Interessen deiner Sinne dienen. Sei kein Sklave der Sinne; mache sie lieber zu deinen Sklaven.« Es geht also um das Vermeiden der Sklaverei im Dienst von Verstand, Körper und Sinnen, um die Vermeidung des Verfallenseins an die materielle und physische Welt, die unterhalb der supramentalen Stufe so starke Anziehung auf uns ausübt. Dort herrscht das Ich, aber schon am Beginn des Vijñana macht sich die wachsende Kraft des Selbst bemerkbar und verstärkt sich zusehends beim weiteren Fortschreiten bis zum Punkt, wo sie gegen die Kraft des Eigenwillens zu überwiegen beginnt. Das ist die Kraft der Harmonie, die die Kraft der dialektischen Disharmonie der Mentalebene nun abzulösen beginnt. Das ist die entscheidende Stufe des spirituellen Aufstiegs, wo der Aspirant erstmals eine wesentliche Veränderung in sich wahrnimmt. Da spürt er, daß er tatsächlich vorangekommen ist, und alles kommt ihm von da an sinnvoll vor. Er spürt auch, daß es noch weiter aufwärtsgehen kann und daß alles Gelingen ein Geschenk ist, eine Anerkennung für seinen guten Willen. Die Christen haben von diesem Punkt an aufwärts nur in seltenen Fällen noch weitere spirituelle Wünsche. Nur wenige Mystiker ersehnen die Vereinigung mit Gott. Die anderen begnügen sich mit dem nun gewonnenen Gefühl, »Kinder Gottes zu sein«. Das Nadelöhr ist für sie in Sichtweite gerückt, und durch Gnade hoffen sie einmal hindurchzugelangen ins Paradies.

Wenn man berücksichtigt, daß auch die meisten Hindus nicht weiter vorankommen als bis vor die Schwelle des psychischen Paradieses, dann kann man kaum mehr einen grundsätzlichen Unterschied in der Praxis der beiden Heilswege erkennen. Die Unterschiede liegen im kulturellen Hintergrund und nicht im Grundsätzlichen.

Während dem hinduistischen Aspiranten sein Heilsweg im achtfachen Yogapfad des Patanjali und im Schema der fünf »Hüllen« in der Taittiriya-Upanishad anschaulich als Anleitung zur Verfügung steht, fehlt dem Christen eine vergleichbare, kurze Anleitung. Alles, was in den hinduistischen Anleitungen steht, findet er in christlicher Form in der Bibel zwar auch, so in der Bergpredigt (Mat 5–7), in der Szene am Jakobsbrunnen (Joh 4,1–42) oder bei Jona, aber nicht in so praktischer Kürze und nicht mit darauf abgestimmten spirituellen Übungen.

Ein Unterschied besteht auch in der Akzentsetzung, die die christliche Praxis vornimmt. Da die Hindus vor allem an den obersten Stufen des Heilsweges bzw. an der immanenten Quelle des Seins interessiert sind, ist ihr Blick vergeistigt und in der Tendenz monistisch. Das heißt, sie sehen mit ihrem geistigen Auge in allen Einzeldingen immer (nur) die allem übergeordnete Ganzheit, das Eine, Brahman. Die Christen blicken jedoch mit den dualistischen, physischen Augen des Schuldigen und Sünders auf den (personalen) Gott und auf die Alltagswelt, in der sie ihre Aufgaben sehen. Sie sehen sich als Sünder, weil sie nur die Person des Menschen sehen und nicht seine viel wesentlichere geistige Wirklichkeit, wie es Paulus im Brief an die Galater (2,20) formuliert hat: »Mein Ich ist mit Christus am Kreuz gestorben. Jetzt lebe nicht mehr ich, sondern Christus lebt in mir.« Hier identifiziert Paulus sich – und damit auch den Menschen (vgl.Gal 5,24) – mit dem innewohnenden Christus, dem Geist. Das entspricht der hinduistischen Auffassung, daß der Mensch in seinem eigentlichen Wesen der innewohnende Atman (Geist) sei. Atman ist eins mit dem Allgeist Brahman, und man könnte nach Joh 17,11 das Jesuswort beifügen: »... damit sie eins seien gleich wie wir.« Der immanente göttliche Geist, der eigentliche Mensch also, der aus seiner egoistischen Begrenzung herausgetreten ist und ein weites Bewußtsein erworben hat, kennt keine Absonderung vom ebenfalls göttlichen Allgeist. Absonderung ist die sündige Haltung des Gott trotzenden Menschen, der sich mit seiner physischen Person identifiziert und Gott als eine andere, von ihm getrennte Person ver-

steht. Das ist das dualistische Verständnis auf der Verstandesebene. Gott ist aber jenseits des Verstandes.
Christen denken kaum an ihr Einssein mit Gott. Würden sie die Erweiterung ihrer Person durch Einfließen in den Allgeist – wie beim Pfingstereignis, nur in der umgekehrten Richtung – ins Auge fassen, so wie es die Hindus mit der Auflösung in der Weltseele verstehen, dann bekämen die Christen Angst vor dem Verlust ihrer Individualität. Sie würden sich ausmalen, wie sie dann nach dem Tod nicht mehr ein Einzelwesen, sondern ein im Allgeist erloschenes »Nichts« wären. In Wirklichkeit waren sie immer schon Geist und bleiben dies auch – in grenzenloser Erweiterung. Auch diese Grenzenlosigkeit des Geistes war immer schon da. Sie kommt durch die unbegrenzte Kapazität unseres Gedächtnisses noch ein wenig in unser Bewußtsein, wird aber vom Menschen in der Praxis ignoriert. Schuld daran ist unser uns beengendes körperliches Menschsein, das unser Bewußtsein einschränkt. Nach dem Tod ist unser Bewußtsein von diesem Eingesperrtsein im Körper befreit, die Grenzen unsere Haut fallen weg. Das ist der ganze Unterschied. Wer das schon vor dem Tod verstanden hat und sich schon vorher mit dem unbegrenzten Geist oder mit dem immanenten Christus identifiziert hat, für den ändert sich mit dem Tod nur seine Umhüllung, nicht er selber. Die meisten mißverstehen den Menschen aber als physisch-psychische Person.
Für die Christen sendet die Gottperson ihren Geist in die Menschen (Pfingsten). Und der Geist ist es dann, der in den Menschen wohnt und eine gottgeweihte Lebensführung bewirkt (Röm 8,14). Diese einseitig dualistische Betrachtungsweise, in der das Ich dem Du gehorcht, ist beim Christen fast ausschließlich gebräuchlich, obwohl es nicht an Bibelstellen mangelt, die auch das spirituelle Einssein beschreiben. So etwa Joh 10,30, »Ich und der Vater sind eins«, Joh 14,20, »Ich im Vater, ihr in mir und ich in euch«, oder 1. Kor 15,28, »Gott ist alles in allem«.

»Eins« wird von den mystisch unerfahrenen Christen meist als »einig« verstanden. Wenn wir aber im wörtlichen Sinn »in Christus« sind und er »im Vater« und »eins mit dem Vater«, der »alles in allem« ist, dann gibt es auch einen christlichen Monismus. In der Praxis aber wird der Christ wohl Dualist bleiben, zumindest so lange, als er mit dem »Diesseits« so eng verbunden bleibt. Für Dualisten ist es aber viel schwieriger, die Harmonie zu erreichen, weil die ihnen entsprechende Ebene, die Mentalebene, durch die Denkweise in Gegensatzpaaren gekennzeichnet ist. Gemäßigte Nichtdualisten haben es leichter, weil sie die Einheit in der Vielheit kennen.

Für die geistig aufgeschlossenen Christen ist das Paradies das Ganzheitssymbol mit der darin entfalteten harmonischen Vielheit, und es enthält auch das untergeordnete Ich der zur Bewußtheit gereiften Heimkehrer wie dasjenige des erlösten Schächers von Golgata. Die Rückkehr des bewußtgewordenen neuen Adam ins Paradies ist in der Kunstgeschichte kaum bildlich dargestellt worden. Das ist einer der Gründe, weshalb sich im Westen die falsche Ansicht eingenistet hat, daß das Paradies das Symbol für Unbewußtheit sei. Es ist aber nicht nur für Unbewußte da, sondern ebensosehr für diejenigen, die die Bewußtheit der letzten Wirklichkeit erlangt haben: Das bedeutet, daß das im Sündenfall unabhängig gewordene Ich im geistigen Reifungsprozeß des spirituellen Lebensweges wieder der harmonischen Ganzheit in untergeordneter Funktion eingegliedert worden ist. Dieses Therapiekonzept gilt sowohl für die Christen als auch für die Angehörigen der anderen Religionen, da es überkonfessionell und interkonfessionell kompatibel ist. Individualität bedeutet dann nicht mehr Egozentrik oder Trennungsbewußtsein, sondern Bewußtsein der eigenen geistigen Unendlichkeit trotz gleichzeitiger endlicher Einmaligkeit.

Meister Eckhart hat das folgendermaßen beschrieben: »Darin, daß die Geschöpfe gehalten sind in dem, was Gott ist, sind sie eins in dem einen und sind Gott in Gott – für sich selbst genommen sind sie nichts.« Das »Fleisch« bzw. der Körper und das Ich sind eben allein »unnütz«.

Im Herbst 1989 hat Papst Johannes Paul II. den Katholiken die Ausübung des Yoga verboten. Yoga beginnt mit Selbstdisziplin beim mentalen Menschen und führt ihn durch zunehmende Verinnerlichung (Meditation) über die innere Führung zur Einheit mit Gott. Die Hingabe des Ichs ist daher die Hauptkraft des Yoga, wie Aurobindo sagt. Mit welchem Motiv kann man da etwas einwenden? Wieviel weiter war da das Bewußtsein von Meister Eckhart vor über 600 Jahren gewesen! Der Mensch darf offenbar auch heute noch nicht direkt unter Gott stehen und nach dem Beispiel Jesu mit ihm eins werden, weil sonst der katholischen Kirche die Macht über ihre spirituell am weitesten fortgeschrittenen Mitglieder entgleitet. Das war denn auch immer schon so. Darum bestanden schon immer Spannungen mit den Mystikern. Gerade am Beispiel des zur Spiritualität führenden Yoga kann man die gemeinsame Grundlage von Christentum, Hinduismus und anderen Religionen besonders deutlich erkennen, wie dies auf der nächsten Seite dargestellt ist. Bei dieser Lektüre sollten sich die Christen auch daran erinnern, wieviel aus ihrer Überlieferung aus dem Gedankengut des Zarathustra stammt, dessen Erkenntnisse teilweise aus der gleichen arischen Quelle stammen wie der Hinduismus. Eine andere »heidnische« Quelle der christlichen Religion, besonders hinsichtlich des Jenseitsglaubens, der Ideen des Königtums, der jungfräulichen Geburt, des Abstiegs zur »Hölle« und der Auffahrt in den »Himmel« war das alte Ägypten. Im 2. Kön 23,11 ist sogar vom altägyptischen Sonnengefährt als »feuriger Wagen mit feurigen Pferden«, das den unsterblichen Menschen abholt, die Rede! Und aus dem alten Griechenland stammt ebenfalls die Idee der Unsterblichkeit (Eugen Drewermann).

Die Liebe des spirituellen Aspiranten

Der Rajayogin ist des Herrn eifrigster Diener im Überwinden der Bindungen an das Physische und an trennende Gedanken.
Der Bhaktiyogin fühlt volle Hingabe seines Ego auf Schritt und Tritt, denn Hingeben ist Einswerden.
Der Karmayogin ist glücklich, sein Bestes in die Tat umsetzen zu dürfen um des Einen willen.
Der Jñanayogin schaut die Einheit in der Vielheit und erkennt alle Stufen des spirituellen Weges bis zur Erlösung im Einen.
Und fände der Jñanayogin die schönsten Worte und hätte die Liebe nicht, so wäre er ein tönendes Erz (vgl. 1.Kor 13,1).
Und schüfe der Karmayogin das schönste Werk der Welt nicht allein für das Eine – er hätte seinen Lohn dahin (vgl. Mat 6,2).
Und wenn der Bhaktiyogin nachläßt in seiner Liebe, weil er zu wenig Gegenliebe findet, so war seine Hingabe nicht echt (vgl Mat 5,46–48).
Und wenn der Rajayogin die Gnade nicht erkennt, die seinen Willen geführt hat, dann erliegt er der Verblendung (vgl.Phil 2,13).
Und wenn irgendeiner unter ihnen meint, nur sein Weg sei richtig und ohne die anderen Wege ausreichend, und er bemüht sich nicht auch um die übrigen Yogawege, so wird er die göttliche Ganzheit nie verstehen.
Wer aber verstanden hat und sich restlos in Liebe hingibt, für den wird Yoga als Übung überflüssig.

20
Die Krise in der Lebensmitte

> »Unsere Heimat liegt innen. Solange wir diese uralte Wahrheit nicht neu entdecken, und zwar jeder für sich und auf seine Weise, sind wir dazu verdammt, umherzuirren und Trost dort zu suchen, wo es keinen gibt – in der Außenwelt.«
>
> *James Bugenthal, Tiefenpsychologe*

Nach C.G. Jung verläuft die erste Lebenshälfte vorwiegend extravertiert, und die zweite Lebenshälfte sollte zu einer zunehmenden Verinnerlichung führen. So einfach gesagt mag diese Zweiteilung des Lebens allerdings etwas zu undifferenziert erscheinen.
Sobald die Unbewußtheit der frühen Kindheit allmählich vom erwachenden Ichbewußtsein verdrängt worden ist – eine Entwicklung, die ihren Höhepunkt mit der Pubertätskrise findet –, fühlt sich der Mensch immer deutlicher auf sich selbst gestellt. In der Ausbildung wird sein auf die Außenwelt gerichteter Verstand entwickelt und trainiert. Schule und Wirtschaft sind fast ausschließlich an der Ausbildung des Verstandes und der »Datenbank« des Gehirns interessiert. So steht denn der ausgebildete junge Erwachsene bereits als einseitig deformierter psychischer Krüppel da. Selbst diejenigen, die in religiösem Kontakt aufgewachsen sind, sind von ihren Kirchen vor allem in religiösen Außenweltprojektionen geschult worden. Unter »Verinnerlichung« oder »Innenwelt« können sich daher viele Erwachsene gar nichts vorstellen, oder sie stellen sich darunter Weltflucht oder Eigenbrötelei vor. Ihre Erziehung und Ausbildung hatten ja immer auf gute Chancen in der Außenwelt und eventuell auf konfessionelle Konformität abgezielt. Der Lebenszweck wurde ihnen definiert als das Streben nach Familie, nach

beruflicher und gesellschaftlicher Position, nach Wohlstand, nach gutem und sicherem Einkommen sowie nach einer meist gutbürgerlich verstandenen oder anderswie ideologisierten Moral. Da auch die Kirchen daran kaum etwas zu verändern mögen, da sie ein ebenfalls enges Bewußtsein pflegen, erstaunt es kaum, daß Sathya Sai Baba sich so dazu äußert: »Es ist gut, in einer Kirche geboren zu sein; es ist aber nicht gut, in den Grenzen einer Kirche zu sterben.« Wir leben, um die engen Grenzen unseres Bewußtseins zu sprengen, um ganze Menschen zu werden.
Dann kommen die Jahre nach der Mitte des Lebens, in denen das Nachlassen der Leistungsfähigkeit bemerkt wird. Die Erziehung der Kinder ist abgeschlossen. Das Alter kündigt sich bereits andeutungsweise an. Man merkt: Jetzt geht es ganz allmählich abwärts. Es drängt sich die Frage auf, was jetzt noch der Zweck des Lebens sein könnte.
Im Inneren des Menschen macht sich dann ein Gefühl der Leere und Sinnlosigkeit breit, obwohl ja der Zweck des Lebens erreicht ist und obwohl man Grund hätte, sich darüber zu freuen. In dieser Leere und Sinnlosigkeit wird der Erwachsene auf ein ihm unerklärliches Gefühl aufmerksam. Da er seine Innenwelt kaum je bewußt wahrgenommen hat, versteht er oft nicht, was sich da ankündigt und woher das kommt. So gerät er oft völlig unvorbereitet in eine Krise, die er nicht versteht.
Da er sein Leben lang immer nur in der Außenwelt Autorität erfahren hat (Eltern, Lehrer, geistige und geistliche Autoritäten, Fachleute, Obrigkeit), wird er auch weiterhin versuchen, von außen Hilfe zu bekommen. Es wird dann meist Sache des Psychotherapeuten sein, ihn wieder zu sich selbst und zu den eigenen Quellen in der Tiefe seiner Innenwelt zurückzuführen. Ein aufgeschlossener Therapeut wird ihn auf seinen eigenen psychischen Steuerungsapparat aufmerksam machen und ihm nicht nur Psychopharmaka verabreichen. Vielleicht wird er ihm

sagen, daß der Sinn des Lebens nicht mit dem Zweck des Lebens verwechselt werden darf. Der Zweck wird vom Ich und vom Verstand bestimmt. Der Sinn jedoch läßt sich vom Verstand nicht definieren, denn Sinn ist ein intuitiver Wert, die Gewißheit des Seins in Gott oder in der universalen Ganzheit. Auf der Gefühlsebene äußert er sich als das Gefühl, auf dem rechten Weg der eigenen Ganzwerdung zu sein, als das Gefühl, mehr oder weniger bewußt eine innere Führung und ein solides Lebensfundament zu spüren. Er vermittelt auch das Gefühl, mit sich selbst und mit der kosmischen Ordnung in Einklang zu stehen. Dann erscheint uns das Leben sinnvoll. Die Idee der Sinnlosigkeit kommt gar nicht erst auf.

Der einseitige Verstandesmensch wird das Leben eines »Ausgeflippten«, eines Träumers oder Landstreichers als sinnlos bezeichnen. Diese aber sind in vielen Fällen in dem Maße zufrieden und empfinden ihr Leben insofern als sinnvoll, als sie sich mit sich selbst und mit den Rhythmen des Kosmos in Einklang fühlen. Manche andere Menschen mögen sich mit der Gesellschaft in Einklang fühlen und sind trotzdem nicht glücklich. Denn unsere Gesellschaft ist krank. Sie ist den Verlockungen des isolierten Verstandes gefolgt und hat sich in seinen dialektischen Widersprüchen und Polarisationen hoffnungslos verirrt und betäubt sich mit Betriebsamkeiten, Wettbewerbsdenken, Unterhaltung, Psychopharmaka und anderen Drogen. Der Ölmilliardär und Kopfmensch Paul Getty war trotz seines märchenhaften Erfolgs und obwohl er seinen selbstgewählten Lebenszweck (Reichtum, Macht) mehr als erreicht hatte, ein unglücklicher, verängstigter und innerlich leerer Mensch. Er hatte den Zweck seines Lebens erreicht; aber den Sinn des Lebens hatte er gründlich verpaßt.

Die Krise der Lebensmitte macht uns mit Nachdruck auf die Notwendigkeit der Verinnerlichung in der zweiten Lebenshälfte aufmerksam. Wir sollen zusehen, daß wir auf das Alter und den

Tod hin nicht völlig unvorbereitet bleiben. Sonst werden uns die Gedanken an die bevorstehende letzte Lebensphase bis zuletzt peinigen. Die Krise macht uns auf unsere Unvollständigkeit aufmerksam in einem Moment, in dem noch genug Zeit vorhanden ist zur Ergänzung der fehlenden inneren Dimensionen. Krisen sind ein Werkzeug unserer inneren Führung, die stets zur psychisch-geistigen Ganzheit hin tendiert. Die psychische Ganzheit wird von der übergeordneten geistigen Ganzheit umfaßt und harmonisiert: Man will dann nichts mehr sein, hat kein Geltungsbedürfnis mehr, weil man eingesehen hat, daß man auf der geistigen Ebene, also in seinem Selbst, schon alles ist. Daraus entsteht ein Gefühl großer Zufriedenheit und beständigen Glücks.

Viele, die in der Krise den Psychotherapeuten aufsuchen, benützen die Psychologie als Ersatz für die fehlende Ausrichtung und für die Unfähigkeit, an die eigene Lebensquelle, zum Selbst, vorzustoßen. Ebenso sind Theologie und Kirchenmitgliedschaft oft nur Ersatz für die fehlende direkte Gotterfahrung infolge Unfähigkeit oder Ungeübtsein im Umgang mit tiefer Verinnerlichung und mystischer Vereinigung.

Beide aber, Psychologie und Theologie bzw. kirchliche Seelsorge, können durchaus nützlich sein, wenn man ihre eigentliche Funktion als Wegweiser wahrnimmt. Sie weisen die Hilfesuchenden auf ihr Selbst hin. Mehr können sie nicht tun, sie können weder heilen noch erlösen. Nicht selten halten sie sich für den Weg anstatt für den Wegweiser. Dann führen sie die Hilfesuchenden auf eine sterile und labile Ersatzebene ideologisierter Wirklichkeit, die sie ihr Konzept oder ihr Bekenntnis nennen, wo aber die Heilwerdung der Hilfesuchenden endgültig verhindert oder mindestens behindert wird. Denn die Ersatzebene ist eine Konstruktion des Verstandes und liegt weitab vom Urquell des Lebens.

Wer in ständigem Kontakt mit dem Urquell des Lebens steht,

wer also seine eigene Herkunft, seine eigentliche Identität, das Selbst, erkannt hat, der kann auch seine Sorgen tragen. Hilty hat das treffend formuliert: »Ohne Sorgen kann kein Menschenleben sein, sondern mit Sorgen, oft sogar mit viel Sorgen sorgenlos zu leben, das ist die Lebenskunst, zu der wir erzogen werden sollen.« Und Vivekananda gibt für das Erreichen dieser Sorglosigkeit inmitten von Sorgen folgenden Rat: »Das ganze Geheimnis des Daseins ist, keine Furcht zu haben. Fürchte nicht, was aus dir wird, und hänge von niemandem ab. Erst dann bist du frei, wenn du jede Hilfe zurückweist.« Solange man äußere Hilfe braucht, soll man sie annehmen; frei ist man aber erst, wenn man die Hilfe in sich selber findet.

21
Wortlose Kommunikation

»Wahre, reine und direkte Kommunikation von einer Person zur andern geschieht durch Schweigen.«

Sathya Sai Baba

»Ein Wissender redet nicht.«

Lao-tse

Neben der zwischenmenschlichen Kommunikation gibt es auch noch die Eigenkommunikation. Diese kann über Gedanken, Sinnesempfindungen, Gefühle oder – am allerbesten – über gedankenfreie Aufmerksamkeit stattfinden. Meditierende kennen bereits diese wortlose Kommunikation mit dem eigenen Selbst, was auch als stilles Gebet bezeichnet werden kann. Ebenso ist es möglich, daß man in der Vorstellung zunächst mit dem eigenen Körper kommuniziert, indem man »in ihn hineingeht« und ihn innen (oder auch außen) durchstreift und den Organen »einen Besuch abstattet«. Dann aber gilt es, den Körper zu vergessen, indem man ihn leichter werden und langsam aus der Aufmerksamkeit entschwinden läßt. Diese wird nun auf die körperlose, geistige Existenz konzentriert, bis nur noch die Aufmerksamkeit selber wahrgenommen wird. Wohltuende Empfindungen wie Wärme, Wonne, Glück und Liebe oder strahlendes inneres Licht bis hin zu ekstatischen Zuständen können bei dieser Eigenkommunikation erfahren werden.

Das gleiche kann gemeinsam zu zweit oder in Meditationsgruppen erfahren werden. Gedanken, Sinneseindrücke und Gefühle können dann die Enge des Individuums leichter überschreiten und das Glück des Beisammenseins zusätzlich vermitteln. Die Ausstrahlung der anderen kann wahrgenommen werden. So

geht die Eigenkommunikation in die wortlose zwischenmenschliche Kommunikation über.
Von Sokrates ist bekannt, daß er auf wortlose Art zuweilen mit seinen Freunden kommuniziert hat. Außer freudiger Begrüßung und Verabschiedung wurde nichts gesprochen. Beide empfanden diese Art des Beisammenseins als glücklich und bereichernd.
Man kann diese wortlose Kommunikation auch ausbauen, indem man gemeinsam etwas Schönes betrachtet, wortlos wandert oder einer harmonischen Musik lauscht.
Für den westlichen Gebrauch empfiehlt sich eine nicht allzu strikte Schweigepflicht, sondern eine Reduktion der verbalen Kommunikation auf das Notwendige oder Förderliche. Daraus entsteht dann eine wortarme Kommunikation. Etwas Ähnliches ist im Zen-Buddhismus üblich: Leben als »namenloser Mensch« (D. T. Suzuki). Dieses stille Verhalten entspricht den Gesetzmäßigkeiten der spirituellen Ebenen.
Manche »wortreiche« Menschen können das nicht verstehen. Es ist aber doch offensichtlich, daß die verbale Kommunikation als Produkt unseres Verstandes in der Alltagsrealität nur zu oft Mißverständnisse und Konflikte schafft. Die Polarisierungstendenz des Verstandes ist schwer zu vermeiden. Viele Menschen schätzen aber gemütliche Unterhaltung und heitere Fröhlichkeit und Spaß. Dagegen ist ja auch gar nichts einzuwenden, wenn es auf verbale Weise gelingt, Gemeinschaftssinn, Sympathie und Glücksempfindung für alle zu schaffen. Leider ist dies aber doch eher selten der Fall. Viele Menschen sind dazu nicht fähig. Häufig bringt die verbale Kommunikation von mentalen Menschen vorwiegend Probleme mit sich, während die averbale Kommunikation eher beruhigend und harmonisierend wirkt. Es gibt Psychologen, die den Menschen daher als weitgehend kommunikationsunfähig betrachten.
Die »Mutter«, Aurobindos Lebensgefährtin, sagt zum Thema

der zwischenmenschlichen Bindungen, die ja unter anderem auch auf verbaler Kommunikation beruhen: »Alles, was sich auf menschliche Bindungen gründet, ist unbeständig, vermischt und unbefriedigend; nur was im Göttlichen und durch das Göttliche errichtet wurde, kann andauern und Befriedigung gewähren.«

Für viele Menschen, die Schwierigkeiten mit der Selbstkommunikation haben und sich deshalb häufig langweilen, findet das Privatleben in der Kneipe, im Verein oder auf der Straße statt, im Alltagsklatsch. Dies sind keine geeigneten Orte für zwischenmenschliche Begegnungen. Kein Wunder also, wenn bei solchen Menschen auf längere Sicht häufig ein schales Gefühl der Leere und Sinnlosigkeit zurückbleibt. Manche beginnen zu merken, daß es sich bei dieser Art der Unterhaltung eigentlich bloß um Zeit-*Vertreib* und Ablenkung handelt. Am Ende bleibt kein geistiger oder psychischer Gewinn zurück, keine menschliche Förderung. Welch gewaltiger Unterschied besteht da bei einer wortarm-beschaulichen Wanderung durch Wälder und auf Bergen, auf der so viele erhebende Eindrücke das Gemüt bereichern und erfreuen können! Man merkt dabei, wie sich in uns drinnen manche Tür öffnet und neue Dimensionen erschlossen werden. Die Intuition findet Gelegenheit, sich in der Stille bemerkbar zu machen, und Anregungen bieten sich in großer Zahl an. Solche anregenden Gedanken, die da plötzlich aufsteigen können, bieten dann eine weitere bereichernde Möglichkeit zu einem sinnvollen, im Gesamterlebnis integrierten, kontemplativen Gespräch unter den Wanderkameraden. Das beglückende Wandererlebnis wird so zur Kontemplation der manifesten, göttlichen oder geistigen Herrlichkeit, zum überwältigenden Erlebnis der Allverbundenheit in Liebe.

Aus höherer spiritueller Sicht kommen die Gedanken »von außen an uns heran«. Sie werden insbesondere durch die Wahrnehmungen der Sinne in der Außenwelt angeregt. Das soll veranschaulichen, daß es nicht unser oder mein Gedanke ist. Man identifiziert sich nicht mit dem Gedanken, man ist nicht der Gedanke. So kommt es im Gruppengespräch auch nicht zur Notwendigkeit der Verteidigung der eigenen Meinung. Man hat den Gedanken, der in uns aufgetaucht ist, lediglich weitergeleitet und zur Diskussion gestellt. Diese verläuft dadurch sachbezogen und nicht personenbezogen. Das Ich bleibt aus dem Spiel. Mehr als in der realen verbalen Kommunikation wird in der averbalen zwischenmenschlichen Beziehung das Mitleid (Mitleiden) und die Mitfreude (Anteilnahme an der Freude und am Erfolg des anderen) großgeschrieben. Werkzeug dieser wortarmen Kommunikation ist hier das Gefühl, das, wie bei der verbalen Kommunikation der Verstand, durch Hingabe ganz »in die Hände« des Selbst gelegt und so dem Ich entzogen werden muß. Dann handelt man nicht selber, nicht als Person. Sondern man ist nur ein Rohr, durch das der Geist als Alleinhandelnder wirkt, denkt, fühlt, redet und seine Liebe sendet. Dieses ins Selbst verlegte Handeln widerspricht der westlichen Psychologie völlig.

Es ist daher notwendig, zu erkennen, daß es oberhalb der psychischen Ebene des Begrenzten, Veränderlichen und Vergänglichen noch eine spirituelle oder geistige Ebene des Unbegrenzten, Unveränderlichen und Unvergänglichen gibt, »wo Gott wohnt« oder »deren Verkörperung Gott ist«. Der Unterschied dieser beiden Ebenen beruht nur im ersten Fall auf einem begrenzten und im zweiten Fall auf einem unbegrenzt-offenen Bewußtseinshorizont.

22
Schlußbetrachtung und Rückblick

Der Mißbrauch des Verstandes hat die Welt polarisiert und in Widersprüche verwickelt. Dadurch wurden in dieser mental gewordenen Welt Morallehren nötig, um dem nun unabhängig und allein regierenden Verstand sichtbare (äußere) Richtlinien zu bieten. Die innere Führung wurde so durch ein äußeres Gesetz ersetzt. Daraus ergab sich eine von außen gesteuerte Lebensweise in dualistischer Gesetzlichkeit, die der Liebe kaum noch Raum läßt. Das war Jesu Hauptvorwurf an die Pharisäer und Theologen, und auch heute ist es in dieser Beziehung nicht besser. Die Menschen sind dem Verstand verfallen. Auf der Mentalstufe aber bleibt alles, auch Liebe und Glaube, theoretisch. Man ist nicht bereit zur praktischen Erprobung.
Jeder von uns kennt aus eigener Lebenserfahrung jene heiteren, unbeschwerten Momente stillen Glücks, die wir empfinden, wenn wir völlig wunschlos und zeitverloren dasitzen und »an nichts Böses denken«. Es sind Momente, in denen wir harmonisch in uns selber ruhen. So ruht der reife Mensch in sich selbst, in seinem Selbst.
Kann man sich vorstellen, wozu in solchen harmonischen Momenten Moral – oder deutlicher: äußere Moralgesetze – taugen sollen? In harmonischen Momenten regiert uns die immanente Ethik, die verinnerlichte Moral. Der mentale, polarisierte Mensch muß sich hingegen zuerst durch Nacherziehung und Öffnung für den Geist hingeben und »wie die Kinder werden«.
In dieser Welt der Gegensätze leben dennoch nicht wenige Menschen, die sich nicht polarisieren ließen (Beispiel der Minderheit von 120 000 Bewohnern in Ninive). Sie haben die Har-

monie als bestimmenden Faktor ihrer Persönlichkeit bewahren können.

Wenn wir uns darüber klarwürden, was alles uns polarisiert, und wenn wir die uns polarisierenden Vorstellungen und Umstände beseitigen könnten, dann fänden wir zurück ins Paradies der Harmonie. Dann müßten wir nur noch darauf achten, die zurückgewonnene Harmonie nicht mehr stören zu lassen. Wir wären sanftmütig. »So wie die Völker, die kein Gesetz haben, aber ganz von selbst tun, was das Gesetz verlangt, obwohl es ihnen nicht bekanntgemacht worden ist. Ihr Verhalten zeigt, daß ihnen die Forderungen des Gesetzes ins Herz geschrieben sind, und das Tiefenbewußtsein (Gewissen) bestätigt es durch lobende und tadelnde Beurteilung ihres Verhaltens« (Röm 2,14–15). Da ist also in uns ein zielstrebiger Drang nach harmonischer Ganzheit (verinnerlichtes Gesetz oder persönlicher Dharma), der uns immer spüren läßt, wenn der Verlust der Harmonie droht. Solange wir in der Harmonie bleiben, funktioniert auch diese Führung auf harmonisierende Weise. Wenn wir uns aber vom Verstand verführen lassen, dann fühlen wir diesen feinen inneren Regulator nicht mehr. Dann müssen wir nach äußeren Leitlinien suchen und uns in den Gesetzbüchern oder bei äußeren Autoritäten zu orientieren versuchen.

Viele Menschen fragen sich, wozu sie denn durch Verinnerlichung Wirklichkeitserkenntnis »mühevoll« erwerben sollen, wenn sie doch von ihren Kirchen ausreichend »mit Wahrheit versorgt werden«?

Das ist ein großer Irrtum. Denn die Wahrheit *hat* niemand, und niemand wird sie je besitzen. Wer die Wahrheit zu haben glaubt, der spricht aus einer Position geistigen Habens. Er ist ein »geistig Reicher«. Seine Wahrheit ist statischer Besitz. Aber Statik gibt es im Universum nicht. Der geistig Reiche wird die Wirklichkeit nie erkennen können, wie wir gesehen haben. Denn diese ist dynamisch und entzieht sich jedem besitzergreifenden

Zugriff. Die Wirklichkeit oder Wahrheit, das ist die umfassende Ganzheit des multidimensionalen Universums, das Sosein. Der statische Pol davon sind die unveränderlichen Prinzipien und Gesetzmäßigkeiten. Der dynamische Pol ist das Werden und Vergehen, das aber seinerseits wieder ein unveränderliches Prinzip ist. Die Wirklichkeit ist nur intuitiver Erkenntnis zugänglich, niemals der traditionellen Wissenschaft oder der Theologie, sondern nur dem »geistig Armen«. Er ist ein Mensch ohne Eigenwillen, ohne vermeintliches geistiges Haben. Er »weiß«, daß man die Wahrheit weder kennen noch besitzen kann. Sonst würde man sie zu etwas Endlichem, mit dem Verstand zweidimensional-polar Erfaßbarem verkleinern. Sie ist aber unendlich. Man kann sich von ihr leiten lassen oder in ihr stehen, indem man alle seine Aufmerksamkeit und Energie auf sie richtet.

Dorthin, wo wir unsere Aufmerksamkeit und unser Interesse richten, dorthin strömt auch unsere Energie. Lenken wir diese auf unsere Fehler der Vergangenheit, dann werden diese unangenehmen Erinnerungen verstärkt, und sie wirken störend auf unsere Psyche ein. Hat sich die Energie einmal auf eine solche Erinnerung fest fixiert, dann leiden wir unter einem Komplex. Das ist ein psychischer Energiestau. Lenkt dann unser Verstand, der die unguten Erinnerungen aus moralischen Gründen ablehnt, seine ablehnende Energie gegen diesen Komplex, bleibt erfahrungsgemäß die erhoffte Wirkung aus. Der unharmonische Verstand kann Unharmonisches nicht harmonisieren. Es liegt aber in unserer Wahl, unser reduziertes Denken multidimensional zu erweitern. Dann wird dem Komplex durch intuitive Einsicht seine Energie entzogen. Probleme sind nämlich stets Symptome dafür, daß das Bewußtsein zu eng und der betreffenden Situation nicht gewachsen ist. Es fehlen die intuitiven Dimensionen.

Dort, wo wir unsere Aufmerksamkeit und unser Interesse hinlenken, dort sammelt sich auch unsere Energie, dort findet

unser Leben statt: auf der inframentalen, der mentalen oder der supramentalen Ebene. Darum lebt der eine Mensch – bei äußerlich gleichen Verhältnissen – in einer herrlichen, der andere in einer schrecklichen Welt. Wer seine Energie an seine Fehler der Vergangenheit bindet, der kann das »Fegefeuer« der Schuldgefühle oder die »Hölle« der Depression erleben. Diese unharmonische, ins Dualistisch-Mentale gerichtete Fließrichtung der Energie ist im archaischen Verständnis der »Teufel«: Dieser befaßt sich mit den Polarisationen, am liebsten mit dem Gegensatzpaar Gut und Böse.
So bereiten wir uns mit der Ausrichtung unserer Aufmerksamkeit und unseres Interesses selber den Boden für das Paradies oder die Hölle, das Nirvana oder den Samsara. Das Paradies ist durch Einfügung in das kosmische Führungs- und Ordnungsprinzip zu erreichen, die Hölle durch Austritt aus dieser Ordnung und durch Unabhängigkeit des Verstandes oder des Ichs. Wegen seiner begrenzenden Eigenschaft will uns der Verstand außerdem einen Kerker bauen. Im Positivismus hat dieser Kerker das wissenschaftliche Denken eingeengt. In den Religionen ebenfalls. Hier heißen die Kerker Glaubensbekenntnis und Dogma.
Ob es ein solches kosmisches Führungsprinzip gibt oder ob der Verstand jedes einzelnen Menschen und menschliche Gesetzgebung die Welt zum Guten zwingen müssen, das war schon im alten China Gegenstand einer Auseinandersetzung zwischen Mystikern bzw. Anhängern des matriarchalischen Prinzips und Logikern bzw. Vertretern des Patriarchats gewesen. Lao-tse und Konfuzius sollen darüber ein – vermutlich aber von Tschuang-tse erdachtes – Zwiegespräch geführt haben. Konfuzius sprach: »Der Kern der Sache sind Güte und Pflichtgefühl.« – »So sag mir doch«, antwortete Lao-tse, »ob diese Eigenschaften den Menschen angeboren sind?« – »Freilich sind sie es«, meinte Konfuzius. »Es gibt ein Sprichwort, nach dem der Edle ohne

Güte nicht gedeihen und ohne Pflichtgefühl nicht leben kann. Güte und Pflichtgefühl sind in der Tat den Menschen angeboren. Wie könnte es anders sein!«

»Doch was verstehst du unter beiden?« – »Ein Herz haben ohne Arg und unparteiisch jeden Menschen lieben. In diesen beiden bestehen die wahre Güte und das Pflichtgefühl«, sprach Konfuzius.

»Hm«, überlegte sich Lao-tse, »der zweite Teil scheint mir doch gefährlich. Von ›jedem Menschen‹ zu sprechen ist eine törichte Übertreibung, und der Entschluß, stets unparteiisch zu sein, bedeutet in sich selber schon eine Art Parteilichkeit. Wenn du wirklich möchtest, daß die Menschen dieser Welt ihre angeborenen Eigenschaften nicht verlieren, so erwägst du am besten, wie es kommt, daß Himmel und Erde ihren ewigen Lauf beibehalten, daß Sonne und Mond ihr Licht bewahren und die Sterne ihre dichtgedrängte Bahn, daß die Vögel ihrem Zuge und die Tiere ihrer Herde folgen und daß Bäume und Büsche ihren Standort behalten. Dann wirst auch du lernen, deine Schritte von der inneren Kraft lenken zu lassen und dem Gange der Natur[35] zu folgen; und bald wirst du einen Punkt erreichen, wo du es nicht mehr nötig hast, herumzuwandern und mühselig Güte und Pflichtgefühl anzupreisen wie ein Marktschreier, der unter Getrommel ein verlorenes Kind ausruft. Nein! Was du machst, bedeutet die Natur des Menschen in Verwirrung zu bringen!«

Der Punkt, der nach Lao-tse erreicht wird, ist der ursprüngliche Zustand der Harmonie. Der Verstand darf das Ordnungsprinzip der Harmonie nicht mit seiner Polarisierungstendenz verwirren. Es wäre im Gegenteil Aufgabe des ins Selbst eingebundenen Verstandes, alles abzuweisen, was die Harmonie stören könnte. Er ist nicht fähig, einen harmonischen Zustand oder gar eine einseitig gute Welt zu schaffen (auch nicht mit Kants kategorischem Imperativ). Der Verstand kann nur helfen, die aus intuitiver Direkterkenntnis gewonnene Harmonie zu beschützen

durch folgsame Einfügung der Gesinnung in die Harmonie: Tao Te King, der rechte Weg und die rechte Gesinnung.
Lao-tse verwendet den Begriff des Wu-Wei, des »Nichtstun, und doch bleibt nichts ungetan«. Das erscheint Europäern als unmöglicher Widerspruch. Es bezeichnet das Verhalten des geistig Armen, der sich intuitiv führen läßt. Darum ist da kein Handelnder, sondern nur ein Geführter, der es geschehen läßt. Er moralisiert auch nicht, sondern fühlt, schaut, erkennt direkt (unkonditioniert) und identifiziert sich mit dem Ganzen, indem er darin aufgeht und sein Ich daher nicht mehr als etwas Wichtiges wahrnimmt. Er ist nicht mehr Subjekt und die Welt nicht mehr Objekt.
Wir haben hier die chinesische Variante der Auseinandersetzung zwischen einer gesetzlichen Denk- und Lebensweise (Konfuzius) und einer innerlich geführten Weise (Lao-tse). Auch Lao-tse hat also schon seine Auseinandersetzung mit den konfuzianischen Schriftgelehrten seiner Zeit über dieses Thema gehabt! Die gleiche Alternative wurde und wird immer noch in den christlichen und anderen Religionen diskutiert. Sie ist grundsätzlich eine Frage der Bewußtseinsstufe (mental oder spirituell).
Letztlich geht es bei der innerlich geführten Lebensweise um die Abstimmung der individuellen Schwingungsfrequenzen auf die kosmischen Frequenzen. Unsere schlechten Gewohnheiten sollten daher nicht durch den kategorischen Imperativ des moralisierenden und dadurch polarisierenden Verstandes bekämpft werden müssen; denn die Abgewöhnung solcher auf dumpfen, langsamen Schwingungen beruhenden Gewohnheiten vollzieht sich von selbst, sobald sich die Energieströme und deren Schwingungsbereiche in uns verändern. Vom inframentalen bis zum supramentalen Bereich steigen die Schwingungsfrequenzen stetig an. Dieser Aufstieg zu den feinen Schwingungsbereichen der Vijñana- und der Anandaebene geschieht

am nachhaltigsten durch kontemplative *Selbst*-Erkenntnis[36] und Meditation.
Wir haben gesehen, wie der Osten und der Westen sich ergänzen können. Beide sollten voneinander lernen, indem sie beim anderen neue oder verlorene Aspekte entdecken, die ergänzend ins eigene Konzept aufgenommen werden müssen. Die eigene Schau der Wirklichkeit wird dadurch umfassender und überzeugender. Es wäre aber ein Fehler, wenn Abendländer nun »Inder« werden wollten, wie dies bei gewissen Wahrheitssuchenden in der Tendenz beobachtet werden kann. Dieser Kulturwechsel gelingt kaum und ist auch völlig sinnlos. Denn das »eigentlich Gemeinte«, das Authentische, die letzte Wirklichkeit ist überall die gleiche. Sie wird nur verschieden dargestellt.

Anhang

Tabelle 1
GEIST

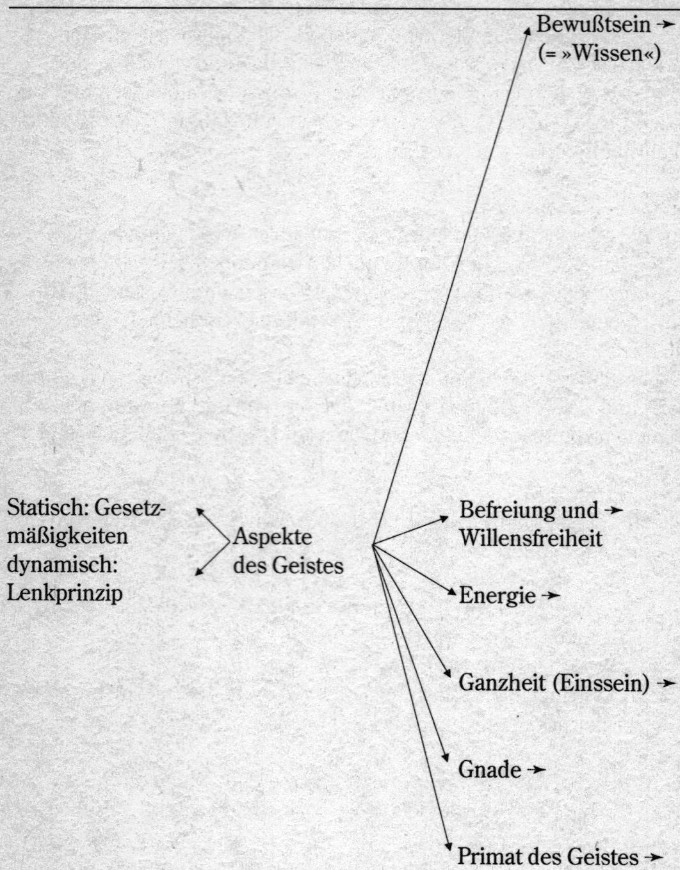

In der Materie »wissen« die Elementarteilchen, daß und wie sie um den Atomkern kreisen müssen. Die Atome »wissen«, daß und wie sie zusammenhaften und Moleküle und Formen bilden »müssen«. Biologisch in Pflanze und Tier: Phylogenese, Ontogenese, Verhalten, Instinkte, Triebe, Bedürfnisse, Wahrnehmungen.

Beim Menschen:
a) Psychisch: personenbezogen, begrenzt, mentales Wissen und Denken, bewußt und unbewußt im Sinn der westlichen traditionellen Psychologie.
b) Geistig-spirituell: Tiefenbewußtsein, tiefes Wissen, intuitive Einfälle (Inspiration, Imagination), das Wissen um die »wahre« Wirklichkeit, innere Führung, Liebe.
c) »Übermenschlich«: Allwissen, Potentialität, Schöpfungsprinzip: der göttliche »Plan« und »Wille« gibt den Anstoß, daß und wie durch bestimmte Kombinationen von Energiemengen Materie und Formen entstehen (und vergehen).

Die Weite des Geistes befreit, die Enge des Verstandes bindet. Der Mensch kann das eine oder andere wählen.

Der Aspekt der Energie des Geistes ist die Quelle *aller* Kräfte. Die wichtigste Kraft ist die Liebe; sie ist integrierende Kraft.

Der Geist als Urgrund allen Seins und als Potentialität. Der Geist als integrierendes Prinzip. Immanent und allgegenwärtig.

Wenn der Mensch Gott einen Schritt entgegenkommt, dann kommt ihm Gott zehn oder hundert Schritte entgegen. Loslassen des Ego.

Über die Materie, weil Geist ein unvergängliches, die Materie aber ein vergängliches Prinzip ist. Wenn die Materie vergeht, bleibt ihre geistige Entsprechung bestehen.

Dieser Versuch der Aufteilung des Geistes in geläufige Aspekte dient nur der Übersicht für das verstandesmäßige Begreifen und ist ein Kunstprodukt. In Wirklichkeit fließt alles zusammen.

Tabelle 2
DIE SIEBEN HAUPTEBENEN DER WIRKLICHKEIT
(auch Evolution, Lebensweg, Heilsweg, Weg der Erlösung)

Ebene	Unterebene	Typische Charakteristiken (Auswahl)
1. Materielle Ebene (*Annamayakosha*)		Atome, Moleküle, anorganisch und organisch/physisch.
2. Energieebene (*Pranamayakosha*)		Kosmische Energie, Strahlung, elektrisch, Gravitation, Wärme, Bewegung, Vitalkraft/physisch, psychische Energie, Gewohnheit.
	niedriger	Ego-Gefühl, emotional-affektives Verhalten, romantisch-verträumt, Anziehung und Abstoßung, Affenliebe, Haß, Zorn, Verstimmtheit, Trotz, hoher Unbewußtheitsgrad.
	Gefühl (3.) – mittel:	Mögen und Nichtmögen nach bestimmten Vorstellungen, Individualismus, die Polarisierung ist weniger ausgeprägt, betont wählerisches Verhalten, bedingte Liebe.
	höher:	Unbedingte Liebe, Streben nach Harmonie, versöhnendes Verhalten.
3.–4. Ebene: *psychische Ebene (Manomayakosha)*		
	niedriger:	Egozentrik, Schwatzhaftigkeit, Boulevardpresse, übernommene fremde Vorstellungen, inkompetente Wertungen, Argumente »aus dem Bauch ziehen«, recht haben wollen, »man« macht es so und nicht so, Streitsucht, stark emotional bestimmtes Denken, Undifferenziertheit, Schwarzweißmalerei, Sturheit, Trivialität.
	Verstand (4.)–mittel:	Durchschnittliche Gesprächsthemen und Interessen, Zeitung lesen, Nachrichten, Kreuzworträtsel, orthodoxe Vorstellungen, Gesetzlichkeit, Denken in Kategorien, einfache eigenständige Gedanken.
	höher:	Anspruchsvolle Lektüre, wissenschaftliche Interessen, humanistisch ausgerichtetes Denken, Bedürfnis nach einem höheren Verständnis.

Ebene	Unterebene	Typische Charakteristiken (Auswahl)

Hingabe der Person und des Ego

	1. spirituelle Ebene:	Man fühlt sich als Diener oder als Gesandter des Herrn. (Vijñanamaya-Kosha).
Spirituelle Ebene *(5.-7. Ebene)*	*2. spirituelle Ebene:*	a) Familiäre Nähe zum Herrn, man fühlt sich als dessen Kind oder Sohn. Trennungsgefühl und Trennungsbewußtsein beginnen zu schwinden. b) Man entdeckt, daß der Herr keine Person ist, sondern Geist, innewohnender Geist im Menschen und in jedem Atom, der von innen alles lenkt (innere Führung), in Indien Atman und innerer Wagenlenker (Anandamaya-Kosha I).
	3. Spirituelle Ebene:	a) Vorgang der Konformwerdung und Verschmelzung alles Seienden zum Einen. Alles ist Geist, es gibt (auf der tiefsten Ebene alles Seienden) nur Geist, und »der bin ich« (Skr. tat twam asi). Das Wesen des Geistes beruht auf Grundprinzipien wie Liebe, Harmonie, Integration, Sat, Cit, Ananda – das heißt Prinzipien des Seins, der Bewußtheit und der Glückseligkeit, die wir als dauerhafte und unveränderliche Grunderfahrungen erleben. Überbewußtheit. Gottesbewußtsein, Einheitsbewußtsein, kausale Ebene des bewirkenden Geistes, Ebene des bewußten Paradieses (Anandamaya-Kosha II). b) Göttliche Ebene. Was wir Gott nennen, ist etwas für uns Unerforschliches jenseits von allem bisher Erwähnten, jenseits vom Kausalen und vom Vereinzelten. Buddhistisches Nirodha.

Jede höhere Ebene enthält alle niedrigeren, diese werden nicht ersetzt, sondern überwachsen. Die Unterteilung ist künstlich und dienen nur der besseren Übersicht. In Wirklichkeit fließen die Ebenen ineinander. Das Materielle zum Beispiel verliert immer mehr an Bedeutung und verliert sich auf der dritten spirituellen Ebene vollständig durch Aufgehen im Geist. Das kommt uns nur so vor wie ein Sichverlieren, weil wir dem für uns Wahrnehmbaren nicht in die Vierdimensionalität (»Jenseits«, Raumzeit) folgen können und es hier nur endgültig aus der Wahrnehmung verlieren. Die Evolution »will«, daß der Mensch den Aufstieg in das Bewußtsein der Multidimensionalität schafft, indem er alles überwächst, was ihn in der Dreidimensionalität zurückhält, vor allem die Abhängigkeit vom Materiellen.
Bedingung für den Eintritt in die Spiritualität ist die Hingabe der Begrenzung des Ego und eine Ausweitung des Begriffs Person auf die kosmische Ganzheit. Das wird oft falsch verstanden. Nicht das Ich wird aufgebläht, sondern dieses wird vom unbegrenzten Selbst gewissermaßen aufgesaugt. Dann ist das unbegrenzte göttliche Bewußtsein erreicht, begrenzte Liebe ist zu unbegrenzter Liebe geworden, der Mensch ist Gott im Sinn von Gal 2,20: Der Mensch sieht sich Christus gleich (Röm 8,29).

Tabelle 3
Individuelle Psyche und Geist

Evolution des Menschen	Gefühlsebene	Psychologie und Gesamtpsyche	Denkebene
Unentwickelt	Unbestimmtheit, Schadenfreude, Eifersucht, Triebhaftigkeit, Getriebensein, Emotionalität, Animosität, Mögen und Nichtmögen, starkes Verspüren der Polaritäten, die das Gefühl beherrschen.	Unbestimmtheit, Egozentrik (alles geschieht aus dem Ich und für das Ich), Probleme mit den Polaritäten, Fühlen und Denken als unentwickeltes Gemisch.	Unbestimmtheit, Trennungsbewußtsein (Dualismus, Ich und Nicht-Ich), Denken in Gegensatzpaaren, Wettbewerbsdenken, Prestigedenken, die Polaritäten bestimmen das Denken.
		gegenseitige Beeinflussung und Durchdringung	
Bereich der Entwicklung der Persönlichkeit	Das Gefühl arrangiert sich mit der Umwelt, Erziehung der eigenen Persönlichkeit nach dem Vorbild anderer. Idole.	Anpassung an die Außenwelt, Ich-du-Beziehung unter der Kontrolle des gereiften Ichs (humanistische Psychologie).	Vernunft (=Vernehmen, was außen und innen geschieht, Hinhören, horchendes, empfangsbereites Verhalten, Lernwilligkeit), bewußte Toleranz (Duldung des Du), Erziehung der eigenen Persönlichkeit nach Aspekten der Vernunft.
	Gerechtigkeitsgefühl.	Wissenschaftliche, klare Abgrenzung von Ich und Nicht-Ich, von Fühlen und Denken etc.	Bewußtsein der Notwendigkeit von Recht und Gerechtigkeit.

Evolution des Menschen	Gefühlsebene	Psychologie und Gesamtpsyche	Denkebene
	Mitfreude, Mitleid, Sehnen nach Idealverhältnissen.	Tiefenpsychologie (forschende Introspektion von außen, vom Verstand her). Westl. prakt. Meditation.	Theoretische wissenschaftliche Erkenntnisse, daß Beobachter und Beobachtetes eins sind und alle Grenzen künstlich.
Hingabe des Ichs	Das Gefühl wird zum passiven Werkzeug des Allgeistes durch Meditation.	Östliche Meditation. Der Allgeist muß die Psyche beherrschen (=Zukunftsperspektive für die transpersonale Psychologie).	Denken und Verstand werden zu passiven Werkzeugen des Allgeistes durch Meditation.
Bereich des Geistes (Spiritualität)	Leben aus dem Selbst und für das Selbst.	Entdeckung der inneren Führung durch den Allgeist (Zukunftsperspektive).	Der Allgeist bestimmt den Denkhintergrund, aus dem heraus gelebt wird. Selbsterkenntnis (Sokrates! Im Sanskrit: *buddhi*).
	Das ganze Leben wird zur Meditation und zur beständigen Freude (Ananda). Transformation zur Harmonie.		
	Der Lebende und die Meditation werden eins.		
Hochentwickelt	Es gibt nur noch geistiges Sein, Bewußtsein und Freude (Sanskr. *sat-chit-ananda*).		
	Das Eine, der Allgeist, die Liebe (gr. Agape, Skr. Prema).		

Tabelle 4

Das intellektuelle Prinzip Linkes Hirn, patriarchalisches Prinzip, Verdichtung	*Das ganzheitliche Prinzip* Rechtes Hirn, matriarchalisches Prinzip, Verdünnung
Positivistische Wissenschaft, Theorie	Direkterkenntnis, Erfahrung, Primärprozeßdenken
Fachwissen, Lexikonwissen, Datenbank, äußeres Gesetz	Inneres Führungsprinzip, verinnerlichtes Gesetz
Westliche Philosophie, Erkenntnistheorie	Weisheit, Erkenntnisempirik, tiefes Wissen
Linear-logisches und abstraktes Denken, polarisierend-dualistisches Denken, Ratio	Bildhaftes, analoges, schöpferisches, gefühlsmäßiges und assoziatives, metaphorisches Denken
Trennendes Unterscheiden	Nichttrennendes Unterscheiden
Fragmentarisches Denken	Multidimensionales Denken
Morallehren, moralische Gerechtigkeit, Gesetzlichkeit, Entweder-Oder	Innere Führung, Gnadenprinzip, kosmisches Ordnungsprinzip, Sowohl-Als auch
Umsetzen von Bildern in Sprache	Umsetzen von Bildern in Erleben und von Sprache in Bilder
Signete, Zeichen	Mythen, Märchen, Träume, Symbole bzw. Anregungen derselben
Exaktes Bewerten	Gefühlsmäßiges Bewerten
Lupenprinzip, Beleuchtung von Einzelheiten	Gesamtschau, Übersicht
Analyse und Synthese	Integrale Schau, Visualisieren
Verdichtungsprinzip, Magie, Konzentration	Verdünnungsprinzip, Mystik, Ausdehnung
Spezialist, Denkkategorien, Orthodoxie, Dogma	Generalist, Zusammenhang, Vertrauen, Harmonie
Verstand, Sinnesorgane	Gefühl, Intuition, supramentaler Bereich, ASW
Vorstellungen, Vorurteile, Kritik	Pass. Imagination, Einfälle, Visionen
Yang, männlich, Luft, Patriarchat, Gewalt, Sport	Yin, weiblich, Wasser, Matriarchat, Yoga

Das intellektuelle Prinzip Linkes Hirn, patriarchalisches Prinzip, Verdichtung	*Das ganzheitliche Prinzip* Rechtes Hirn, matriarchalisches Prinzip, Verdünnung
Betonung der polaren Gegensätze	Integration der Pole im Ganzen
Die einseitige Psyche kippt ins Gegenteil	Konstanter Rhythmus in Harmonie
Statisches Denken, Standpunkt, Sein und Haben, am Ziel sein, das Ziel	Dynamisches Denken, Werden und Wandlung, unterwegs sein, der Weg
Wille (Eigenwille)	Hingebung, Gefolgschaft, Nachfolge, Liebe
Spannung, Anstrengung	Entspannung, Loslassen
Ichbewußtsein, das Ich als Zentrum der Welt und als Autorität	Tiefenbewußtsein, Unbewußtes, Selbst, Bewußtheit, passives Bewußtsein
Zweck (das Ziel des Verstandes)	Sinn (das Gefühl, auf dem rechten Weg zu sein)
Vollkommenheit (einpolig), intellektuelle Hingabe	Vollständigkeit (vielpolig)
Begierde, materielle Ansprüche	Anspruchslosigkeit, Zufriedenheit
Zukunftsplanung, Vergangenheitsinteresse	Die Herrlichkeit des Augenblicks
Raum und Zeit und die Dinge, das Endliche	Raumzeit, das Kontinuum, das Unendliche
Die Vorstellung über die Wirklichkeit	Die Wirklichkeit
Trennung, Detail, Vereinzelung	Vereinigung, Verknüpfung, Verflechtung
Machtstreben, Machen, Verändern	In sich selbst ruhen, Wu-Wei
Reden, Dialektik	Schweigen, Horchen, Schauen, Fühlen
Kant, Konfuzius (*ching*), Dualisten, Scholastiker, Pharisäer	Lao-tse (*ming*), Monisten, Nichtdualisten/Advaitisten, Matriarchatsvertreter (Jesus, Sai Baba)
Schwanzspitze des Ouroboros oder der Schlange	Schlund des Ouroboros

Kommentar zu Tabelle 4 siehe Seite 244

Die Trennungslinie in der Mitte ist im Grunde falsch, da beide Hälften ein verknüpftes Ganzes bilden. Trennungslinien wurden ja vom Verstand erfunden. In der Regel greift alles mehr oder weniger auf die andere Seite über, indem die andere Seite ebenfalls Beiträge leistet. Im Verstandesdenken findet man z. B. auch Beiträge des Unbewußten. Verschiedene Gehirnfunktionen sind (in unterschiedlichem Maß) beidseitig vertreten, und jede Hemisphäre kann Funktionen der andern teilweise zu übernehmen lernen. Das Gehirn ist eine Ganzheit innerhalb der größeren Ganzheiten Mensch und Kosmos und funktioniert entsprechend auch als Einheit mit diesen. Nach neuesten, holistischen Anschauungen wird es als Hologramm verstanden.

Tabelle 5
Der achtfache Yogaweg des Patanjali[11] (Raja-Yoga)

1. Stufe: Selbstbeherrschung durch willentliche Beachtung von Moral und Sittlichkeit (Yama)
2. Stufe: Askese im Sinn von Anspruchslosigkeit (Niyama)
3. Stufe: Aufrechte Sitzhaltung (Asana)
4. Stufe: Kontrolle der Atmung (Pranayama)
5. Stufe: Abschalten der Sinnesorgane (Pratyahara)
6. Stufe: Konzentration (Dharana)
7. Stufe: Meditation (Dhyana)
8. Stufe: Überbewußter Zustand (Samadhi)

Es gibt verschiedene Grade von überbewußten Zuständen bis hin zur hohen Erleuchtungsstufe des Nirvikalpa-Samadhi und der Vereinigung mit dem Göttlichen.

Tabelle 6
Der achtfache Pfad der Buddhisten

1. Glied: Vollkommene[*] Erkenntnis (Erkenntnis der vier edlen Wahrheiten und des Anatman [unpersönliche Daseinsform])
2. Glied: Vollkommener Entschluß (Entschluß zu Entsagung, Wohlwollen und Nichtschädigung von Lebewesen)
3. Glied: Vollkommene Rede (Vermeidung von Lüge, übler Nachrede und Geschwätz)
4. Glied: Vollkommenes Handeln (Gesetz und Sittlichkeit)
5. Glied: Vollkommener Lebenserwerb (Berufe wie Metzger, Waffenhändler, Handel mit Drogen aller Art etc. meiden)
6. Glied: Vollkommene Anstrengung (gutes Karma bewirken, schlechtes vermeiden)
7. Glied: Vollkommene Aufmerksamkeit (beständige Überwachung von Körper, Gefühlen, Denken und dessen Gegenständen)
8. Glied: Vollkommene Sammlung (des Geistes in den vier Versenkungen[***])

[*] Vollkommen ist hier im ursprünglichen Sinn von »vollständig, ganz« gemeint (Govinda).

[**] Die vier edlen Wahrheiten:
1. Das Leben ist Leiden.
2. Die Wahrheit von der Entstehung des Leidens.
3. Die Wahrheit von der Aufhebung des Leidens.
4. Die Wahrheit vom Weg, der zur Aufhebung des Leidens führt.

[***] Die vier Stufen der Versenkung des buddhistischen Pfades:
1. Loslösung von Begierden und unheilsamen Gegebenheiten durch Nachdenken (*vitarka*) und Überlegen (*vichara*). Auf dieser Stufe herrscht Freude und Wohlbehagen.
2. Zur-Ruhe-kommen von Nachdenken und Überlegen, Sammlung

und Konzentration auf ein Meditationsobjekt. Verharren in Freude und Wohlbehagen.
3. Die Freude schwindet, Gleichmut stellt sich ein. Man ist wachsam, bewußt und empfindet Wohlbehagen.
4. Auf der vierten Stufe verharrt der Übende nur noch in Gleichmut und Wachsamkeit.

Der achtfache buddhistische Pfad ist der Ausweg aus dem Leiden und führt zur Erleuchtung und ins Nirwana. Im höchsten Zustand des Nirodha erlischt auch die letzte Bewußtheit, was höchstens eine Woche lang aufrechterhalten werden kann.

Tabelle 7
Die Beziehung zwischen Gott und Mensch in Christentum und Hinduismus

Christlich	*Hinduistisch*
1. Gott als Herr, Mensch als Diener. Jesus als Bote Gottes. Also immer zwei Personen = dualistisch, *Trennungsbewußtsein.*	1. Gott als Herr, Mensch als Diener. Immer zwei Personen. Dualistisch, *Trennungsbewußtsein.*
2. Gott als Vater, Mensch als Kind. Familienverhältnis. Familiäre Einheit. Das *Zusammengehörigkeitsbewußtsein* ist aber schwächer als das Trennungsbewußtsein als Individuen. Alle Menschen werden als Kinder Gottes anerkannt, jedoch ohne verwandtschaftliches Zusammengehörigkeitsgefühl. Der Individualismus bleibt stärker als das Familiengefühl.	2. Gott als Vater, Mensch als Kind. Familienverhältnis. Nach asiatischem Empfinden identifiziert sich der einzelne Mensch jedoch nicht als Individuum, sondern mit seiner Sippe. Er ist eins mit der Sippe. Der Vorstand der Sippe ist Gott. In einem weiteren Sinn wird die ganze Menschheit als einzige Sippe oder Familie Gottes verstanden. Das Trennungsbewußtsein ist durch *Zusammengehörigkeitsbewußtsein* ersetzt. = bedingter Nondualismus.
3. Nicht ich, sondern du in mir. Wollen und Vollbringen sind Gnade. Der Mensch ist ein Werkzeug Gottes. Gott ist der Handelnde. Der Vater und ich sind eins. Er ist Licht, wir sind Licht. Der Mensch erkennt im Mitmenschen Gott. Was er diesem tut, hat er Gott getan. Dein Wille geschehe. Gott ist alles in allem und Geist. Jesus und der Vater sind eins. Völlige Hingabe, *Einssein.*	3. Es besteht kein Interesse mehr an einer Unterscheidung innerhalb der »Sippe«. Es besteht nur noch ein einheitlicher Wille und ein einheitliches Bewußtsein des Denkens und Handelns, und nur noch ein Handelnder und ein Bewußtsein. Atman = Brahman. Weltgeist, Weltseele, Vielheit ist Einheit. = Nondualismus, *Einssein.*
 Bildliche Darstellung von Joh 14,20 und 1. Kor 15,28: Christus im Vater und in uns, wir in ihm.	 Bildliche Darstellung mit hinduistischer Terminologie: Brahman, Atman, Jiva (Individuum).

Tabelle 8
Entsprechungen in der Innen- und Außenwelt

Innenwelt	Außenwelt
Individueller Dharma (verinnerlichtes Gesetz)	Dharma als erkennbare kosmische Ordnung
Innere Führung	Gesetz, Institution
Selbst, Intuition	Ich, Verstand
»Innere Sinne«, Tiefenbewußtsein	Äußere Sinnesorgane
Innewohnender Geist	Materie
Innerpsychische Prozesse	Konkretes, »Objektives«

Ganzheit

Innenwelt und Außenwelt sind nicht zwei verschiedene Welten, sondern zwei Ebenen oder Aspekte derselben Wirklichkeit.

Tabelle 9
Liebe

Ausgangspunkt	Eigenschaften
Materielle Ebene	Schöpfung, auch Materie ist Liebe.
Energie-Ebene	Liebe als die *Energie*, die dem Universum zur Verfügung steht (s.u.).
Physische Ebene	*Erotik*, triebhaft, bindend, animalisch unbewußt.
Gefühlsebene	*Gefühlszuwendung*, verlangend (egoistisch) und gebend (helfend). Gefahren: Affenliebe, kopfloses Verfallensein, Besitzgefühl, Mißbrauch zur eigenen Befriedigung, wenig bewußtes Verhalten, emotionales Gebundensein und Abhängigsein. Kann in Gewalt und Haß umschlagen. Positiv: Mitleiden und Mitfreude, Zuneigung, Verbundensein.
Mentalebene	*Verständnis* verlangend (niedrig, egoistisch) und gebend (höher), Wertschätzung. Besitzergreifend, bevormundend, berechnend, an Bedingungen geknüpft. Gegenleistung wird erwartet. Abhängigkeit durch die Erwartung, Verständnis zu finden. Kann in Arglist umschlagen. Durch Öffnung gegenüber dem Geist kann der Verstand vernünftig werden, er wird zu Vernunft.
Spirituelle Ebene	Vorbedingung für diese Ebenen ist die *Hingabe des Ichs* oder der Egozentrik.
1. Unterstufe:	Weitergabe der empfangenen Liebe im Dienst am Nächsten, im Dienst Gottes. Liebe wird als göttliche Gnade und Fülle wahrgenommen. Das Verständnis ist noch dualistisch; aber es besteht nur noch eine einzige Abhängigkeit: diejenige von Gott, der noch vorwiegend personal verstanden wird. Er ist der Herr, selber ist man Diener oder Werkzeug. Das Ich wird untergeordnet (Gehorsam = Liebe). Die empfangene Liebe wird bedingungslos weitergegeben, auch bei fehlender Gegenliebe, obschon man die Liebe anderer braucht.
2. Unterstufe:	Hier braucht der Spirituelle keine Liebe von außen mehr, weil er alles, was er braucht, in sich selber im Selbst findet. Er versteht sich nur noch als Rohr, durch das Gott oder der Geist seine Liebe strömen läßt. Gott ist der Alleinhandelnde. Aber es bleibt ein Rest Dualität: *das Rohr und der Geist.*
3. Unterstufe:	Hier ist der Spirituelle ganz im Einen oder Göttlichen aufgegangen. Seine Individualität oder vermeintliche Unabhängigkeit ist auf eine einzigartige Manifestation des Einen reduziert. Es gibt nur noch das absolute Bewußtsein. Daher ist auf dieser Erkenntnisstufe Liebe *Bewußtsein*, Einheitsbewußtsein als unveränderliches göttliches Prinzip, bedingungslos und grenzenlos. Es hat auch den Aspekt von Energie und ist in diesem dynamischen Aspekt schöpferisch, erhaltend, harmonisierend, zerstörend, erneuernd, züchtigend. Die Welt der Vielheit ist verdichtete und verkörperte Liebe. Es gibt nur noch eins: Liebe. Gott ist die Liebe. Es gibt nur Gott oder Geist und seine manifestierten Aspekte. Liebe zu Gott ist Verlangen nach der Erhabenheit der wahren Wirklichkeit.

Jeder Mensch nimmt die Liebe hauptsächlich nach den Gesetzmäßigkeiten der Wirklichkeitsebene wahr, auf der er seinen Schwerpunkt hat: Der physisch-animalische Mensch als Erotik, der Gefühlsmensch als Gefühl, der Verstandesmensch als Verständnis, der spirituelle als empfangene und weiterzugebende Gnade, Führung, Glückseligkeit oder als Einheitsbewußtsein. Normalerweise sind die Empfindungen aus Aspekten mehrerer Ebenen zusammengesetzt, aber mit dem Schwerpunkt dort oder auf derjenigen Ebene, die den Gewohnheiten des Menschen am meisten entspricht.

Texte für Meditationen

Meditation der Liebe

Diesen Text können Sie dreimal (vor)lesen oder von einer Kassette abhören:

Weit öffne ich mein Herz,
So weit ich nur kann,
Damit deine Liebe und Kraft
Wie die Flut in mich einströmen
Und alles mitreißen,
Was sich deiner Liebe entgegenstellt.

Laß deine Liebe durch meine Augen strahlen,
Laß sie meine Worte wählen
Und das einzige Motiv meiner Taten sein.
Laß sie leuchten aus meinem Herzen wie ein Leuchtturm
Und den Menschen ein Licht sein auf ihrem Weg.

5 bis 10 Minuten lang in Gedanken wiederholen oder abhören:

Ich reiße mein Herz auf,
Deine Liebe strömt ein
Und heilt mich
Und läßt meine Augen strahlen,
Und mein Herz wird zum göttlichen Licht.

Dann mindestens 5 Minuten Stille einhalten und die spürbar gewordene Liebe Gottes intensiv empfinden und so lange wie möglich einwirken lassen. Auch im Alltag immer wieder dieses Gefühl nachempfinden und so lange wie möglich einwirken lassen. Dann verwirklicht sich allmählich die Liebe und setzt sich durch. Denn sie ist die stärkste aller Kräfte.

Meditation der inneren Führung

Dreimal (vor)lesen oder von einer Kassette abhören:

Du bist in mir, ich bin in dir.
Du fühlst mein Denken, Fühlen, Handeln,
In *deinem* Sinn, wie *du* es willst,
Und nicht, wie ich es haben möchte.

Gefühl, Verstand und meine Hände
Sind Werkzeug nur in deiner Hand.
Ich will sie pflegen und verbessern,
Zu gutem Dienst und Tauglichkeit.

Mindestens 5 Minuten in Gedanken wiederholen oder abhören:

Du bist in mir.
Du führst mich.
Wie *du* willst,
Nicht so, wie ich will.
Dein Werkzeug bin ich nur,
Das ich vertrauensvoll in deine Hände lege.

Den Text mindestens 9 Minuten in der Gedankenstille nachwirken lassen, jeden Tag etwas länger. Tagsüber stets in sich auf die Impulse seiner Führung achten. Nach einigen Monaten intensiven Übens beginnt alles viel runder abzulaufen.

Lichtmeditation nach Sathya Sai Baba

Zünde eine Kerze vor dir an. Schau mit offenen Augen in das Licht. Schließe die Augen nach einer Minute. Sieh und fühle dann mit geschlossenen Augen das Licht in deinem Herzen leuchten. Fühle wirklich, wie das Licht in der Mitte deines Herzens brennt und dieses wärmt und erhellt. Wenn du dir das Kerzenlicht nicht plastisch vorstellen kannst, dann öffne die Augen wieder und schau in die Kerze. Versuche dann erneut, es in deinem Herzen zu sehen und zu fühlen. Dann laß es aus der Mitte deines Herzens heraustreten, und führe es durch alle Teile des Körpers: zum Kopf, wo es die finsteren Gedanken vertreibt, dann zum Genick, zum Mund, zu den Füßen, zu den Händen und zu den Füßen. Dann zurück zum Kopf, zu den Ohren und Augen. Dann laß das Licht aus dem Kopf austreten und zu all deinen Lieben, zu den Verwandten und Freunden wandern. Laß es aber auch über deine Feinde leuchten. Danach laß es über allen Tieren und in der ganzen Schöpfung leuchten, bis es nur noch eines gibt: Licht.
Dann bringst du das Licht wieder in dein Herz zurück, wo du es den ganzen Tag über am Leuchten hältst.

Meditation der Sorglosigkeit

Dreimal (vor)lesen oder von einer Kassette abhören:

Alles, was mich bedrückt, lege ich vor deine Füße,
Damit du es für mich trägst.
So bin ich meine Last los
Und denke nicht mehr daran.
Du findest für mich die Lösung
Und schaffst mir Erleichterung.

Ich vertraue dir voll und ganz
Und bringe dir meine Liebe.
Meine Sorgen sind jetzt deine Sorgen,
Und deine Freude ist jetzt meine Freude.

5 bis 10 Minuten lang in Gedanken wiederholen oder abhören:

Meine Last liegt nun zu deinen Füßen.
Du tust es für mich.
Ich vertraue dir und liebe dich.
Meine Sorgen werden deine Sorgen,
Und deine Freude wird meine Freude.

Mindestens 5 Minuten lang Stille einhalten und die erfolgte Entlastung fühlen. Dieses Gefühl so lange aufrechterhalten wie möglich, jeden Tag etwas länger. Den ganzen Tag an die Worte der Meditation denken.

Ananda-Meditation oder Meditation der Glückseligkeit

Dreimal vorlesen:

Wenn ich einen Schritt auf dich zugehe, kommst du mir hundert Schritte entgegen – wie gütig du bist!
Deinen treuen Anhängern versprichst du, daß du sie rund umsorgen wirst – wie groß ist deine Liebe!
Du zeigst mir, daß ich eins bin mit dir – welch herrliche Botschaft!
Dein Wesen ist Glückseligkeit, und weil wir eins sind, ist auch mein Wesen Glückseligkeit – wie unermeßlich ist deine Gnade!
Ich bin voller Glück und Wonne, voll grenzenloser Freude, hab tausend Dank von mir!

5 bis 10 Minuten lang in Gedanken wiederholen oder abhören:

Du kommst auf mich zu!
Du umsorgst mich täglich!
Ich bin eins mit dir!
Unser Wesen ist Glückseligkeit, unermeßliches Glück!

Dann folgt mindestens 5 Minuten Stille, stilles Glück. Man steigert sich in überschäumendes Glücksempfinden und versucht dieses jeden Tag etwas länger aufrechtzuerhalten. Tagsüber immer wieder an diese Verheißungen denken. Dann wird ständige Glückseligkeit allmählich zur bleibenden Grundstimmung unseres Gemüts.

Das Yin-Yang-Symbol

Wesentlich am Yin-Yang-Prinzip ist das totale Aufeinanderbezogensein der beiden komplementären Gegensatzpaare, die durch ihre Wechselwirkung einen harmonischen Gleichgewichtsstand einhalten, ganz ohne Kampf. Diese Wechselwirkung wird durch gegenläufiges Rotierenlassen der beiden gegensätzlichen Symbolhälften dargestellt bzw. simuliert. Bei diesem immer schneller werdenden Rotieren entsteht aus den Gegensätzen hell–dunkel ein einheitliches Grau. Die Gegensätze befinden sich nun im harmonischen Gleichgewicht. Die vermeintlichen beiden Urkräfte erweisen sich als zwei Pole einer einzigen Energie. Diese Pole erscheinen nur dann als zwei getrennte und

Abbildung 7
Yin (schwarz) und Yang (weiß) im T'ai Ch'i (Yin-Yang-Symbol)

gegensätzliche Kräfte, wenn die Rotation angehalten wird, wenn also statisch anstatt dynamisch gedacht wird. In der steten Bewegung des Kosmos sind sie harmonisch vereint oder latent und treten also nur in Erscheinung, wenn das statische Denken des Verstandes störend einwirkt. Dieses statische Denken hatte das komplementäre Symbol ursprünglich als Erd- und Himmelsgott personifiziert. Wenn ein »Störfaktor« in den harmonischen Zustand eingreift und ein »Ungleichgewicht« zugunsten von Yang herbeiführt, dann kommt die Schöpfung in Gang.

Hinweise für ein besseres Wirklichkeitsverständnis

Wir haben in Tabelle 2 sieben Hauptebenen der Wirklichkeit unterschieden. In der obersten Ebene der Potentialität des Geistes sind alle anderen Ebenen potentiell vorhanden, ähnlich wie im Genom einer Zelle alle Erbanlagen des ganzen Menschen potentiell vorhanden sind. Die grobe Einteilung in sieben Hauptebenen erlaubt allerdings keine exakte Beurteilung der Phänomene und Vorstellungen. Insgesamt unterscheidet die indische Philosophie meistens 108 Ebenen und Unterebenen niedrigerer und höherer Wahrheit. Aber auch das ist immer noch eine Vereinfachung. Anhand von zwei Beispielen soll nun gezeigt werden, wie man die Phänomene der Welt je nach Verständnisniveau auf verschiedenen Wirklichkeitsebenen interpretieren und diesen zuordnen kann. Wir bleiben bei diesen zwei Beispielen mit dem Zuordnen mit nur wenig Differenzierung im stark vereinfachenden Rahmen der sieben Hauptebenen.

Allgemein anerkannt und üblich ist die Höherbewertung des Geistigen gegenüber dem Materiellen und des abstrakten Denkvermögens gegenüber dem evolutionär älteren konkretistischen und mythischen Denken. Ebenso ist das wissenschaftlich-logische Denken eine evolutionäre Weiterentwicklung des gefühlsmäßigen Denkens. Das dürfte unbestritten sein.

Bei religiösen Erkenntnissen darf man sich nicht von den eigenen, anerzogenen Bekenntnissen beeinflussen lassen, die den Geist einengen wollen. Diese Fesseln müssen zuerst abgelegt werden, wenn man die authentische Wirklichkeit mit ihren vielen Ebenen und Abstufungen im Evolutionsprozeß unvoreingenommen erkennen will.

Wenn das anerkannt ist, dann können wir mit dem ersten Beispiel beginnen und die Mantratechniken betrachten. Mantras sind Namen Gottes oder Prinzipien, die wiederholt rezitiert oder gesungen werden, was ja auch im Christentum vorkommt. Welchen Sinn hat diese Übung? Im niedrigen mentalen Verständnis kann auf diese Weise eine Gottheit oder eine Macht beschworen und so für den Menschen verfügbar gemacht werden. Von ihr wird etwa die Verleihung übermenschlicher Kraft zu erwirken versucht, wobei der Mantra als Zauberformel verstanden wird. Oder der Rezitierende gibt seinen Mantra oder ein anderes Opfer, damit Gott das von ihm Erwünschte praktisch so hergibt wie ein Automat nach dem Münzeneinwurf: »Do ut des« heißt dieses Prinzip auf lateinisch, »Ich gebe, damit du gibst«. Das ist als Prinzip auch im Christentum anzutreffen. Der Rezitierende stellt sich dabei vor, das Mantra verfüge über eine eigene Kraft, die er durch die Rezitation freisetzt. Im niedrigen Hinduismus gebietet so der Priester über den Mantra und dieser über die Götter. Alle diese Verständnisse sind magisch und beruhen auf einem Mißverständnis über die Kausalität infolge des Trennungsbewußtseins. Magie ist daher auf der Mentalebene einzuordnen. Der Verstand ist das verdichtende und konzentrierende Organ oder Prinzip, das zwar mit seinem freien Willen Kräfte freisetzen kann. Er hält diese aber irrtümlich für seine eigenen und übersieht, daß sie alle aus derselben (göttlichen) Quelle kommen oder, wissenschaftlich ausgedrückt, aus dem Holomovement. Was geschieht beim Rezitieren eines Mantras aus der Sicht des höheren Verständnisses? Mantras haben, besonders wenn sie gesungen werden, eine harmonisierende Kadenz und sind so Hilfsmittel zur Einstimmung in die kosmischen Rhythmen. Die eintönige Wiederholung engt den Verstand ein und zwingt ihn so, an nichts anderes zu denken als an das Mantra und seine Bedeutung. Es handelt sich dabei also um eine Yogaübung der Konzentration entsprechend der sechsten Stufe des achtfachen Yogaweges des Patanjali (Tab. 5). Durch die Ausrichtung der Aufmerksamkeit und des Interesses auf die Wirkkraft des Geistes oder auf das Göttliche wird dessen Einfluß verstärkt, und die weltlichen Ablenkungen fallen weg. Wer das ausprobiert, bemerkt, daß er dabei allmählich ermüdet und wie von selbst in die Meditation hinübergleitet (= Stufe 7 nach Patanjali). Für das höhere Verständnis ist also die Mantrarezitation eine Vorübung zur Meditation, und diese erstrebt durch die Opferung des Ichs die Einswerdung mit dem Geist, der sich nun frei und unbehindert durch das Gefühl und den Verstand als Werkzeuge manifestieren kann. Dieses Verständnis gehört deshalb zur supramentalen Ebene. Das Rezitieren oder Singen von Mantras kann auch als Kurzform des Gebets um Gottes Kraft oder Gnade gedeutet werden, die dann einwirken kann, aber nicht muß. Wenn die Christen sagen, das Gebet verleihe Kraft, dann meinen sie es in der Regel auch nicht im magischen Sinn. Als zweites Beispiel wählen wir das Abendmahl, weil sich hier religiöse Beispiele besonders gut eignen. Das Abendmahl beruht auf dem traditionellen Brauch des Brotbrechens der Juden, dessen Form Jesus verwendet, weil sie den Juden vertraut war und sich so gut eignete, um mit einem neuen Sinn gefüllt zu werden.

Brot und Wein sind Leib und Blut Jesu. Die erste Verständnismöglichkeit ist materiell: Brot gleich Leib und Wein gleich Blut, bzw. das jeweils erstere wird zum letzteren verwandelt und bedeutet ganz konkret *leibliche* Gegenwart Jesu, an der man durch das Essen des »Fleisches« Anteil hat, sowie Stärkung im neuen Bund. Es handelt sich hier um ein ganz einfaches, materiell-mentales Verständnis oder Ritual ohne weitere Verarbeitung wie Symbolisierung oder geistige Abstraktion. Auch eine magische Auffassung (Transsubstantation) ist auf dieser Ebene möglich. Zuzuordnen wäre dieses also der unteren Mentalebene, wo nur konkret (materiell wahr) erkannt wird. Die zweite Verständnismöglichkeit ergibt sich durch symbolische Auffassung der Handlung. Das konkretistische Verständnis, das die

Handlung als materiell oder physisch wahr betrachtet hat, ist nun durch eine erste Abstraktion vom Materiellen weg zum Symbolischen und in Richtung auf das Geistige hin abgelöst worden. Das Brot *symbolisiert* nun den Leib, der Wein das Blut, ohne daß das eine in das andere verwandelt wird. Die Handlung wird als *symbolisch* veranschaulichendes Ritual erkannt, nicht mehr als konkretes Verwandlungswunder. Es geht hier um Gemeinschaft in der Erinnerung an die Erlösungstat durch stellvertretenden Opfertod (veranschaulicht mit dem Brechen des Brotes als Symbol des Leibes) und um die daraus resultierende psychische Stärkung im neuen Bund. Aber auch in dieser symbolischen Deutung des Abendmahls hat der Verstand nicht den gesamten Symbolgehalt erkannt.

Gibt es also noch einen weiteren Aspekt in der Bedeutung des Abendmahls? Den weitaus meisten Christen ist nicht aufgefallen, daß etwas übersehen wurde, da ihre Vorstellungen zu sehr am Konkreten und am Mentalen haften und das darüber hinaus Weisende nicht bemerken. Die verheißenen späteren Abendmahlsfeiern im Reich des Vaters sind gerade noch konkret genug vorstellbar. Wieso aber Brot als Fleisch Jesu *gegessen* wird, das bleibt den meisten unverständlich.

Welches ist also dieser zusätzliche geistige Gehalt, und welches göttliche Prinzip enthält er?

Das *Kommen* Jesu wird in der Bibel mit der »Fleischwerdung« (Inkarnation) des Logos oder Geistes versinnbildlicht und in der Weihnachtsgeschichte noch weiter veranschaulicht. Bei der *Verabschiedung* Jesu in der Abendmahlsszene geht es umgekehrt um die »Geistwerdung bzw. Immanentwerdung des Fleisches«. Das Brot bzw. »Fleisch« wird in der Abendmahlshandlung aus der Außenwelt ins Innere der Essenden aufgenommen und integriert (essen = in sich hineinnehmen, gemäß Symbolik). Dieser Essensvorgang versinnbildlicht das Entstehen des verinnerlichten (immanenten) Christus aus dem inkarnierten. Physisches (»Fleisch«) wird geopfert oder hingegeben und wird (wieder) immanenter Geist. Darum ist dieses Verständnis der Supramentalebene zuzuordnen. In der Abendmahlsszene wird also nicht nur an die Erlösungstat erinnert und damit auch an die Notwendigkeit der Hingabe des Physischen, sondern darüber hinaus in einer rituellen Handlung veranschaulicht, wie sich der *geistige* Christus aus dem leiblichen Jesus heraus und in uns hinein begibt, um trotz seinem leiblichen Tod immer in uns präsent *(immanent)* zu sein. Und in der späteren »Himmelfahrt« Jesu wird gleichnishaft dargestellt, wie das »Fleisch« in die geistige Welt zurückkehrt, um wieder *allgegenwärtiger* Geist zu sein. Im Abendmahl wird die Immanenz des Geistes (indisch: Atman), in der Himmelfahrt die Transzendenz (indisch: Brahman) verdeutlicht. Immanent war er schon immer. Man sollte dies raumzeitlich zu verstehen versuchen, weil der Geist oder Gott jenseits von Raum und Zeit ist.

Leider werden der auf die Immanenz des Geistes verweisende Aspekt des Abendmahls und die Komplementarität zum Aspekt der Transzendenz in der Himmelfahrt Christi von den meisten Christen übersehen. In den Lehren der Kirchen kommt der immanente Aspekt des Geistes auch heute noch zu kurz, und die Hinweise auf die göttliche Immanenz in der Bibel, vor allem bei Johannes, werden mangels Vorstellungsvermögen vernachlässigt.

Der Übende kann sich anhand der Tabelle 2 auch darüber orientieren, wie begrenzt sein bisheriges Denken und Wahrnehmen war oder welche Ebene sein Gemüt am meisten prägt oder woher sein Leiden, die kurzlebige Freude oder die dauerhafte Glückseligkeit kommen. Will er feststellen, auf welcher Stufe des spirituellen Weges er steht, dann soll er vornehmlich nachsehen, welches die *tiefste* Ebene ist, die er noch nicht beherrscht oder überwunden hat. Er kann auch feststellen, wie viele Ebenen von der positivistischen oder von der neuzeitlichen Wissen-

schaft umfaßt werden, und sich fragen, wieso eine Universität nicht alle Ebenen zu erforschen versucht, wenn sie doch universal sein will. In Tabelle 9 wird der Begriff »Liebe« nach seinen Gesetzmäßigkeiten auf den verschiedenen Ebenen dargestellt.
Bei der Anwendung der Tabelle 2 zum Zweck des Zuordnens ist streng zu beachten, daß nicht willkürlich zugeordnet werden darf. Das wäre eine unabhängige Bewertung durch den Verstand, der sich ein Urteil anmaßen würde, für das er nicht zuständig ist. Anstatt auf diese Weise den Sündenfall nachzuvollziehen, gilt es, als unbeteiligter Beobachter aus dem Selbst heraus hinzusehen, auf welche Ebene ein Sachverhalt gehört, welcher Realitätsebene er von sich aus aus eigener Gegebenheit entspricht. Seine Charakteristiken oder Gewohnheiten müssen den auf der ihm zugehörigen Ebene geltenden Gesetzmäßigkeiten entsprechen.
Wenn bei der Zuordnung hingegen das Ich mit seinem Bekenntnis und seinen Wünschen und Vorstellungen hineinspielt, dann führt das zu Überheblichkeit und Kopflastigkeit. Folgen davon sind Rechthaberei und Streit.
Der spirituelle Mensch vergißt nie, »wer« der wirklich Handelnde und Spender unserer Fähigkeiten ist, und wo die Quelle liegt, aus der alles fließt: Es ist das Selbst, der immanente und zugleich allgegenwärtige Geist, der Urgrund aller Realitätsebenen.
Was geschieht aber, wenn ein spiritueller Aspirant zum Beispiel auf der mentalen Verständnisebene steht und sich nicht entsprechend den Gesetzmäßigkeiten seiner evolutionären Stufe verhält, also nicht mental? Er hat beispielsweise von der auf der spirituellen Stufe verwirklichten inneren Führung gehört, wo Gott schließlich zum Alleinhandelnden wird. Aus seinem mentalen Verständnis heraus wird er denken: O wie fein, jetzt bin ich ja geführt, ich muß mich nicht mehr bemühen und mache keine Fehler mehr! Dann legt er seine Hände in den Schoß und »läßt Gott handeln«. Dieses Mißverständnis, das auf der Nichtver-

wirklichung einer vermeintlich erreichten Stufe beruht, führt zu Verwirrung, Frustration, Apathie und schließlich zur Abwendung vom Interesse an der Spiritualität und zu Gleichgültigkeit. Diese Erscheinung ist nicht selten.

Mißverständnisse um Hingabe und Magie, Denken und Fühlen

Der magisch denkende Mensch hat nicht verstanden, daß alle Kraft und alles Gelingen aus der einzigen göttlichen Quelle fließen. Er nützt die Tatsache des freien Willens dazu aus, die göttlichen Kräfte seinem eigenen Willen zu unterstellen. Er verhält sich also genau umgekehrt wie der hingebungsvolle Mensch, der seinen Eigenwillen hingibt. Der Magier sammelt durch geistige Konzentration göttliche Energie, die er als seine eigene mißversteht, und richtet sie auf die Ziele seiner Wünsche. Der Magier arbeitet also mit eigenwilliger Konzentration von Energie. Der hingebungsvolle Mensch hingegen läßt sein Ich los, öffnet sein Herz so weit wie möglich, gibt seinen Eigenwillen auf und läßt sich führen. Er konzentriert sich nicht auf die Ziele oder Wünsche seines Willens, sondern auf die göttliche Quelle des Geistes. Er versteht sich als leeres Gefäß oder als Rohr, durch das der Geist fließt und handelt. Hat er auf dem Weg der Hingabe (Bhakti) sein Mitgefühl zu grenzenloser Weitergabe der empfangenen Liebe ausgeweitet, dann ist seine hochentwickelte Liebefähigkeit zu seinem effizientesten Werkzeug für den einfallenden Allgeist geworden. Hat er auf dem intellektuellen Weg (Jñana) höchste Erkenntnis über die Wirklichkeit gefunden, dann ist sein hohes Bewußtsein zu seinem tauglichsten Werkzeug für den durch ihn fließenden Geist geworden. Beide sollten aber auch ihre andern Fähigkeiten zu tauglichen Werkzeugen werden lassen; denn der Liebende muß auch erklären können, und der Wissende muß auch Liebe weitergeben können.

Denken und Fühlen sind beide an den Körper und seine äußeren Sinnesorgane gebunden. In unserem Gehirn ist gewissermaßen ein »Zipfel« des Allgeistes eingesperrt (Abb. 6, S. 87), und des-

halb ist der Geist nicht mehr frei, sondern beengt. Der Verstand reagiert auf den eingeengten Geist, und das Denkresultat des im Gehirn in selbstgewählter »Isolierhaft« befindlichen Verstandes ist entsprechend »engstirnig«, sofern er seine vermeintlich unabhängige Existenz nicht aufgibt und mit dem Allgeist nicht eins wird. Ohne den beengenden Körper gibt es keine Absonderung des Verstandes vom Allgeist. Ebenso gäbe es ohne den Körper kein Gefühl, weil dieses einen Resonanzkörper zum Fühlen braucht. Der Körper reagiert emotional auf die Impulse, die ihm über die Sinnesorgane und das Nervensystem zugetragen werden. Wird der Körper aus dem Mittelpunkt des Interesses und der Aufmerksamkeit durch Hingabe entfernt, dann gibt es aus eigener Initiative kein Fühlen und Denken mehr, sondern nur noch die innere geistige Schau und das Zur-Verfügung-Stehen als Werkzeug des alleinhandelnden Geistes.
Ein häufiger Irrtum der sich als Gefühlstypen verstehenden Menschen ist es, das Denken zu verurteilen und dabei zu übersehen, daß das Fühlen eine ebenso körperbeengte und personenbezogene Fähigkeit ist, sofern es sich absondert und sich nicht dem Geist hingibt. Fühlen ist kein Ersatz fürs Denken, und die Vereinigung beider Fähigkeiten kann nur auf der psychisch-körperlichen Ebene einen Ausgleich schaffen. Dieser Ausgleich hat also mit traditioneller Psychologie zu tun und nicht mit Spiritualität, die jenseits vom Fühlen und Denken der Person liegt. Aber Denken und Fühlen können Werkzeuge des Allgeistes werden, der den spirituellen Menschen führt und harmonisiert. Nur der Geist vermag zu harmonisieren, nicht der Verstand noch das Gefühl; denn beide tendieren zur Polarisation, zum Denken und Fühlen von Gegensätzen. Es ist die Einwirkung des Geistes, die den Verstand und das Gefühl die Polaritäten zu überwinden lehrt. Die westliche Psychologie hat das noch nicht erkannt. Sie will den disharmonischen Verstand durch Förderung des Gefühls harmonisieren, was nur eine Bearbei-

tung der Spannungen auf einer zusätzlichen, analogen Ebene bedeutet und auf verbalen Umwegen weniger erreicht, als mit direkter Zentrierung auf den immanenten und allgegenwärtigen Geist, auf die wirkliche Quelle der Harmonie, erreicht werden kann.

Wenn wir nun nochmals an den unbewußten Adam im Paradies zurückdenken, dann erkennen wir, daß dieser nicht darum von harmonischem Gemüt war, weil er noch völlig unbewußt war. Zur Zeit von Karl Marx waren die von der frühkapitalistischen Ausbeutung betroffenen Arbeiter ebenfalls noch so unbewußt, daß sie die Ursachen ihrer Misere nicht erkennen und durchschauen konnten. Trotz ihres unentwickelten Verstandes lebten sie aber nicht etwa in Harmonie und Ausgeglichenheit, sondern im unverstandenen Elend und in Verzweiflung. Ihr Verstand war noch zu elementar, um Zusammenhänge erkennen zu können. Und die Ursache ihrer Not war die um sie herum herrschende Disharmonie als Folge eigensinnigen Gebrauchs des Verstandes durch die Herrschenden. Im Paradies war jedoch die herrschende Harmonie nicht etwa der einseitigen Herrschaft des unbewußten Gefühls zu verdanken, sondern dem harmonisierenden Prinzip des göttlichen Geistes. Und Marx war ebenfalls kein Gefühlsmensch, sondern ein eigenwilliger Intellektueller, der die Ungerechtigkeiten *erkannt* und *verstanden* hatte. Mit unbändigem Gerechtigkeitswillen schuf er seine mentale Ideologie, den Marx*ismus*, der gerade in unserer Zeit an seiner eigenen mentalen Dialektik endgültig gescheitert ist. Auch ein einseitig mitleidender Reformer wäre gescheitert, wenn nicht neben seinem Mitgefühl gleichzeitig auch sein Verstand zu einem tauglichen Werkzeug entwickelt gewesen wäre und wenn er nicht beides, das Fühlen und das erkennende Handeln, dem harmonisierenden Geist unterstellt hätte, der alles emotionale und mentale Polarisieren verhindert.

Man kann es in unserer Zeit des weltweiten Demokratisierungsprozesses erkennen: Das Volk und seine Regierenden beginnen zwar, immer mehr Zusammenhänge zu erkennen und Vernunft zu entwickeln. Daraus entsteht eine Art Pattsituation zwischen den Meinungen der Regierenden und denjenigen der Regierten. Keine Seite kann sich der andern aufzwingen. Die echte, spirituelle Gleichheit und Brüderlichkeit ist aber immer noch weit weg. Das Ich regiert überall weiter, und die geistige Ebene der Einheit in einer umfassenden Ganzheit und Harmonie wird mangels höherer Erkenntnis wohl noch lange Zeit nicht betreten. Das bleibt einem vorläufig selten bleibenden Zukunftsmenschen vorbehalten, der bereit ist, sich vom Geist führen zu lassen. Das Idealbild des Menschen ist nicht ein Mensch, der aus einem moralbewußten Ich heraus handelt und so der eigenen Dialektik ausgeliefert bleibt. So hat man sich das seit jeher gedacht. An der Schwelle zum dritten Jahrtausend hat nun aber der Mensch die notwendigen experimentellen Erfahrungen gesammelt, um für den Start zu einem neuen Bewußtsein gerüstet zu sein. Er muß nur wollen und bei sich selber anfangen …

Nagarjuna und die Logik

»Gott hat alle Eigenschaften.«
»Gott hat keine Eigenschaften.«

Sri Sathya Sai Baba

Nagarjuna lebte im 2./3. Jahrhundert und war einer der wichtigsten buddhistischen Philosophen. Er war der bedeutendste Interpret des Diamant-Sutras und des ebenfalls bekannten Herz-Sutras sowie der übrigen gegen 40 Sutras, die das Prajñaparamita-Sutra ausmachen (= Sutra der transzendentalen Weisheit). Nagarjuna arbeitete mit Buddhas negierender Formulierungsmethode. Ausgangspunkt war die Ablehnung der Gegensätze, die durch die polarisierende Logik des Verstandes künstlich entstanden sind. Sie müssen wieder rückgängig gemacht werden, weil sie unwirklich sind und die wahre Wirklichkeit verzerren. »Gut« kann ja nur dadurch existieren, daß es auch »Böses« und »Schlechtes« gibt. Wie käme man ohne das Böse dazu, vom Guten zu sprechen? So existiert jeder Begriff und jedes Ding nur durch sein Gegenteil, von dem ihre Existenz abhängt. Diese bedingte Existenz wird also von den Buddhisten wegen ihrer Unwirklichkeit abgelehnt, während die ganzheitlich denkenden Hindus sie trotz ihrer Unwirklichkeit als bloße Erscheinungen integrieren. Der Unterschied liegt also nur in der ausschließenden oder einschließenden Formulierungsmethode: Für die Buddhisten liegt die Wirklichkeit zwischen den ausgeschlossenen Extremen, für die Hindus zwischen den als bloße Möglichkeiten oder Vorstellungen erkannten Extremen, die aber als solche eingeschlossen und dadurch harmonisch transformiert werden.

Für Buddhisten ist die Wirklichkeit »vollkommen leer«, das heißt anders als alle Vorstellungen, jenseits von diesen, ohne

Wesen und in der Alltagswelt nur an den unwirklichen oder an den bloß bedingten wirklichen Phänomenen erkennbar. Diese Leere wird als »Shunyata« bezeichnet. Sie ist nicht leer im Sinn des Nihilismus, sondern es handelt sich um »die Leere, die alles (potentiell) enthält«. Govinda verwendet dafür den Ausdruck der »Potentialität« oder des »Absoluten« (= des von aller Vorstellung Losgelösten), aus dem die Dinge als bloße Erscheinungen entstehen. Nagarjuna bezeichnet seinen Weg als »Weg der Mitte«, der zwischen den Extremen hindurchführt. Damit folgt er dem Prinzip von Buddhas Mittelweg, der zum Beispiel zwischen Askese und Völlerei hindurchführt.
Nagarjuna pflegte die Meinungen seiner Gegner durch eine verneinende Logik ins Absurde zu führen. So zeigte er, daß weder das Gute noch das Böse, noch alle anderen Polarisationen wirklich im Sinn von unbedingt existierend sind. Dazu benützte er die Verneinung von vier Gegensatzpaaren: weder Erzeugung noch Aufhebung, weder Vernichtung noch Ewigkeit, weder Einheit noch Vielheit, weder Ankunft noch Aufbruch.

Zusammenfassend kann man die Logik folgendermaßen darstellen:

Ein Ding existiert – oder es existiert nicht.

Prinzip: Entweder-Oder, dialektisch-widersprüchliche Aussage. Dualismus.

Ein Ding existiert sowohl – als auch nicht.

Prinzip: Sowohl-Als-auch (und doch anders). Integrierend-paradoxale Aussage. Ganzheit, transformierte Harmonie.

Man kann weder sagen, ein Ding existiere – noch kann man sagen, es existiere nicht.

Prinzip: Weder-Noch. Keine Aussage möglich. Der Verstand ist ausgeschaltet.

Das erste Prinzip ist die traditionelle westliche Logik seit Aristoteles. Das zweite entspricht der integrierenden hinduistischen Logik des (gemäßigten) Advaitismus sowie des richtig verstandenen Advaitismus oder Monismus des Shankara. Das dritte Prinzip ist für den Buddhismus charakteristisch, der alle Extreme ausschließt, da sie bloße Erscheinungen seien. Existenz und Nichtexistenz sind zwei solche, künstlich geschaffene Extremzustände. Die Wirklichkeit, die »Leere«, liegt dazwischen.

In der Verneinung des Buddhismus steckt trotzdem sehr viel Bejahung. Wie auch Hans Küng zeigt (siehe Kapitel »Gott«), kann die letzte Wirklichkeit oder Gott auch negativ umschrieben werden und trotzdem eine eminent positive Bedeutung erlangen. Govinda zeigt dies auch mit seiner Erläuterung des Begriffs der Leere (Shunyata), die er als »Potentialität« sehr gehaltvoll umschreibt. Das dritte, negativierende Prinzip gibt also zu verstehen, daß die letzte Wirklichkeit alles Seienden dem Verstand unzugänglich bleibt. Das ist in Wirklichkeit keine Negierung, sondern nur eine konsequente Absage an die Vorstellungen und die Logik des Verstandes.

Im gemäßigten Hinduismus bleibt auf höherem Verständnisniveau auch das Negative und das Verneinte in der übergeordneten Ganzheit als relative Realität eingeschlossen. So enthält das Göttliche, von der Mentalebene aus gesehen, nicht nur die »guten« Eigenschaften, sondern alle. Von der höchsten, supramentalen Ebene aus betrachtet, enthält es keine Eigenschaften, weil Eigenschaften als Produkte des Verstandes oder der Maya nichts Wirkliches, das heißt nichts Unvergängliches sind, sondern vergängliche Unwirklichkeit oder Erscheinung, demnach also etwas nicht wirklich Vorhandenes. Diese »nicht wirklich vorhandenen«, potentiellen oder latenten Eigenschaften werden auch als »göttliche Eigenschaften« bezeichnet. Die an die Entweder-oder-Logik des Westens gewöhnten Leser(innen) mögen sich nicht an solchen scheinbaren Widersprüchen ärgern, die in

Wirklichkeit nur Paradoxa sind, in denen die Extreme *als Möglichkeiten* am Rand eben doch eingeschlossen sind. Wie wir am Symbol des Paradieses gesehen haben, werden die Extreme der manifesten Ebene (»Raubtiere«) durch die Integration im Ganzen entschärft, und das Resultat ist ein harmonischer Zustand. Das ist der Vorgang, der sich auf der Vijñanastufe, also nach der Überwindung des rein Mentalen, abspielt: Dort gibt es nicht mehr das Gute und das Böse, sondern nur noch das Harmonische mit den entschärften oder transformierten Extremen. Noch höher oben gibt es dann nur noch das eigenschaftslose Eine, den unveränderlichen Ursprung allen Seins, der alles potentiell enthält, so wie das farblose Licht alle Farben potentiell enthält und im Regenbogen manifestiert.

Die Ernährung

Da die besprochenen spirituellen Wege des Ostens die Ernährungsfrage nicht erwähnen, mag der Eindruck entstehen, daß der menschliche Körper im Osten unbeachtet bleibt oder sogar verdrängt wird. Dem ist aber nicht so, zumindest nicht von einem gewissen Verständnisniveau an. Die ganzheitlich denkenden Yogis und Swamis achten auf Reinlichkeit und besonders auf unveränderte natürliche Kost. Nach ihrer Auffassung besteht der Körper aus der Nahrung, die er zu sich nimmt (= Nahrungshülle, Nahrungsleib). Denn aus der aufgenommenen Nahrung bilden sich die neu entstandenen Körperzellen. Es wird daher sathwische Nahrung gefordert, die mild und ohne Reizstoffe ist. Entsprechend sathwisch (harmonisierend) ist die Auswirkung auf Leib und Seele. Alkohol, Nikotin, Koffein und andere rajasische (antreibende) Genußmittel werden strikt abgelehnt. Shri Yukteswar bezeichnet den Menschen aufgrund seiner Untersuchung an den Gebissen des Menschen und der Tiere als »Früchteesser«. Fleischgenuß wird abgelehnt, da Fleisch den Menschen »tierisch« macht. Außerdem verbietet die Ehrfurcht vor dem Leben das Töten von Tieren. Der Mensch soll sich von dem ernähren, was ihm von Natur aus zugewiesen ist.

Der Körper ist sowohl für die Hindus als auch für die Christen das »Haus« oder der »Tempel«, in dem der Mensch »wohnt«. Da alles in der letzten Realität göttlich ist, ist es auch der Leib. Trotzdem wird aber von manchen Indern mit niedrigem Verständnis der Körper mißachtet, mißhandelt oder sogar umgebracht.

Wenn man den beschriebenen, naturgemäß-pflegerischen Umgang der anderen Inder mit dem Körper beobachtet und bedenkt, daß diese Haltung – insbesondere hinsichtlich der Ernährung – seit Jahrtausenden beachtet wird, dann muß man ihnen alle Achtung entgegenbringen. Denn wie plagen und malträtieren wir »wissenschaftlichen« Abendländer unsern Körper durch völlig falsche Lebens- und Ernährungsweise! Unsere Medizin ist zwar sehr fortschrittlich und leistungsfähig – und trotzdem sind die Abendländer infolge ihrer falschen Theorien und Gewohnheiten kränker als je. Die Krankheitskosten werden allmählich untragbar. Und die Schuld daran liegt bei uns selbst! Sogar die meisten modernen Ernährungslehren sind falsch. Diätvorschriften erweisen sich häufig als unwirksam oder sogar als verschlimmernd. Hier wäre noch so viel zu sagen, daß dies allein ein Buch füllen könnte. Es sei darum hier lediglich auf das ausgezeichnete Werk des Arztes M. O. Bruker hingewiesen, »Unsere Nahrung, unser Schicksal«, E.M.U.-Verlag, mit dem ich trotz einer gewissen Einseitigkeit einig bin und daher daraus die folgenden Hinweise anführe.

Das Grundprinzip von Bruker wie auch von Prof. Kollath ist dasselbe wie dasjenige der indischen Yogis: »Laßt die Nahrung so natürlich wie möglich.« Umkehr zu vegetarischer Lebensweise wird empfohlen. Unsere größten Feinde in der Nahrung sind die raffinierten Kohlehydrate Fabrikzucker und Auszugsmehl. Unserem Mehl wurde der wichtigste Bestandteil, der Keim des Getreidekorns, entzogen, um das Mehl haltbar zu machen. Denn der Keim ist fetthaltig und daher im Mehl nicht haltbar. Er enthält aber zahlreiche lebenswichtige Vitalstoffe, besonders Vitamin B_1 und weitere B-Vitamine. Die Europäer – und nicht nur diese – essen Brot aus Auszugsmehl und leiden deshalb an Mangelerscheinungen, die erst nach vielen Jahren auftreten und dann fälschlicherweise als »Abnützungserscheinungen« oder »Altersbeschwerden« verstanden werden. Schuld daran ist aber weder Abnützung noch Alter, sondern Vitalstoffmangel infolge unnatürlicher Ernährung. Der in Fabriken raffinierte Zucker kann als Vitamin-B-Räuber bezeichnet werden. Denn der

Abbau des Zuckers benötigt viele B-Vitamine, besonders das B_1, so daß nicht mehr genug von diesen für den Stoffwechsel so wichtigen Vitalstoffen übrigbleibt, die durch den Entzug aus dem Mehl ohnehin in zu geringer Menge gegessen werden. Der deswegen nicht abgebaute Zucker überschwemmt dann das Blut und bewirkt die Symptome des Diabetes.

M. O. Bruker schreibt: »Blicken wir nochmals zusammenfassend zurück auf die erarbeiteten Ursachen der ernährungsbedingten Zivilisationskrankheiten, so hat sich ergeben, daß allen diesen Krankheiten vorwiegend ein Mangel an den verschiedenartigsten Vitalstoffen gemeinsam ist. Dies gilt für die Zahnkrankheiten (Zahnkaries und Parodontose), die vielfältigen Erkrankungen der Verdauungsorgane (Leber, Gallenblase, Magen, Darm, Bauchspeicheldrüse, Verstopfung), der Bewegungsapparate (Rheuma, Arthrosen, Arthritis, Wirbelsäulenveränderungen, Bandscheibenschäden), die Stoffwechselkrankheiten (Zuckerkrankheit, Gicht, Fettsucht), Thrombose, die Gefäßkrankheiten (Arteriosklerose, Herzinfarkt, Schlaganfall), mangelnde Infektabwehr, bestimmte Erkrankungen des Nervensystems und teilweise auch für den Krebs.«

Im Zentrum gesunder Ernährung steht unser tägliches Brot. Aber auch die als »Vollkornbrote« bezeichneten Produkte enthalten meistens den Keim des Korns nicht. Das ist nur bei Broten der Fall, die aus täglich frisch gemahlenem Korn hergestellt sind. In Indien ist das beim Brot, das auf dem Land direkt aus Korn und nicht aus lagerfähigem Mehl hergestellt wird, noch zutreffend. Daher ist dort auch kein Diabetes anzutreffen – im Gegensatz zu den indischen Städten, in denen wie bei uns das Brot aus Auszugsmehl hergestellt wird.

Da auch heute noch die weitaus meisten Ärzte über die Erfordernisse einer gesunden, ganzheitlichen Lebensweise völlig ungenügend informiert sind, weiß das Volk noch weniger Bescheid. Es glaubt ja den Ärzten als Vertretern der medizinischen

Wissenschaft. Diese aber hängen zum Teil immer noch längst überholten Ernährungslehren an, die sich als falsch erwiesen haben.

Aber selbst wenn ein Patient das Glück hat, von einem informierten Arzt über gesunde Ernährung und deren Bedeutung beraten zu werden, muß er selbst einen folgenschweren Entscheid über die Änderungen liebgewordener Eß- und Lebensgewohnheiten fällen. Nichts fällt den Menschen so schwer wie dies! Das ist zunächst eine Aufgabe des Verstandes, der auf allenfalls schon vorhandene Symptome reagieren muß. Auch hier gibt es wieder ein Nadelöhr, das durchschritten werden muß, um nachher – innerlich verändert und geführt – eine neue Lebensgestaltung und Ernährungsweise auf Dauer einhalten zu können. Man muß zunächst einmal wollen; später geht's immer leichter; schließlich möchte man keinesfalls mehr zurück. Die neue Eßgewohnheit und der neue Charakter sind dann nicht mehr vom Verstand und seiner Laborwissenschaft bestimmt, sondern primär von der Lebenserfahrung. Diese hat den Vorrang. Die Wissenschaft hat die Aufgabe, die ganzheitliche Erfahrung zu überprüfen und zu untermauern.

Als weitere gesundheitliche Hinweise fehlen hier noch die Notwendigkeit ausreichender Bewegung an der frischen Luft und die Problematik unserer Umweltvergiftung, die hier nur kurz erwähnt werden können.

Als Ergänzung zu den Untersuchungen Shri Yukteswars an den Gebissen von Mensch und Tier und seinem Vorwurf, daß der Mensch trotz anderer Veranlagung Fleisch ißt, sei hier noch eine entsprechende Formulierung von M. O. Bruker zitiert:

»Vieles spricht aber dagegen, daß diese Ernährungsform (des rohes Fleisch fressenden Raubtiers; der Verf.) die dem Menschen von Natur aus angemessene ist. Es fehlen ihm nicht nur die zum Aufspüren, Fangen und Ergreifen der Tiere nötigen Sinne, Fähigkeiten und Greif- und Kauwerkzeuge; auch sein

Instinkt ist nicht auf das Erlegen von Tieren und den Genuß rohen Fleisches ausgerichtet. Im Gegenteil, einem natürlich empfindenden Menschen ist der Anblick und der Geruch rohen Tierfleisches zuwider. Erst bei der Zubereitung durch Kochen und Braten entstehen Geschmacksstoffe, die manche zum Genuß reizen.«
Was die Menschen am meisten nötig hätten, wäre eine umfassende Lebensschulung!

Kontaktadresse des Autors:

Dr. Sven Jaeggi, Hohlweg 24, CH-4104 Oberwil (Basel)
(Vorträge und Ferienkurse zu Selbstkosten)

Anmerkungen

1 Da das ganze Universum aus Atomen und Elementarteilchen besteht, deren tiefste Realität Bohms »Fließen« ist, findet man im Universum wie im einzelnen Atom zuletzt immer nur dieses nebelhafte Fließen als letzte Realität von allem noch Feststellbaren. In dieser Grenzenlosigkeit ist der Punkt zugleich der Kosmos.

2 Das einzige Statische im Universum sind seine immer gleichbleibenden Grundprinzipien und Gesetzmäßigkeiten.

3 Über den Geist siehe Tabelle 1 am Anfang des Anhangs.

4 Man vergleiche die sieben Hauptsünden der Wirklichkeit nach indischen Vorstellungen auf Tabelle 2 im Anhang.

5 Jes 31,3 und 4. Mos 23,19.

6 Joh 4,24; 2. Kor 3,17; Röm 8,11; Jak 4,5.

7 Mat 4,17: Kehrt um, denn das Himmelreich ist nahegekommen. Das bedeutet: Erkennt die Wirksamkeit des Geistes!

8 Die Höhe des geistigen Niveaus ist eine Frage der evolutionären Entwicklungsstufe, die von den Völkern im Lauf der Jahrtausende erreicht worden ist, aber zugleich auch die Stufe oder Unterstufe, die jeder einzelne Mensch auf den Ebenen seines persönlichen Weges der Evolution bisher erreicht hat (vgl. Tab. 2). In Indien lassen sich seit der Zeit des ältesten spirituellen Wissens, der Veden, in knappster Übersicht folgende Etappen feststellen: Die früharchaische Zeit der Veden (ganz grob vor 500 v. Chr.) zeichnete sich durch polytheistischen Ritualismus mit einer übergeordneten Hauptgottheit und schließlich mit der Frage nach der eventuellen Existenz eines Schöpfergottes aus (Rigveda X,129,7). Im Rigveda I, 164,46 sind sogar bereits der Monotheismus und die All-Einheit erwähnt. Diese Stellen wirken aber im Gesamttext erratisch, weshalb die Kapitel I und X von den westlichen Indologen für spätere Einschübe gehalten werden, was aber eventuell auch nur für einige der Zeit vorauseilende Erkenntnisse in diesen Kapiteln gilt. Für die Inder sind es überhaupt keine späteren Einschübe, da sie ein anderes, »raumzeitliches« Verständnis der Historizität in bezug auf das göttliche Wissen besitzen. Die Priester und Herrscher (Brahmanen) strebten jedenfalls in der Frühphase noch wenig nach tieferer Wirklichkeitserkenntnis. Ihre *Ausdrucksweise* war, wie überall, wo das Bewußtsein noch wenig entwickelt ist, das *Ritual*. In einer nach exakten Vorschriften ablaufenden Zeremonie werden einer Vielzahl

von Dämonen, Halbgöttern und Göttern zur Besänftigung, aus Dank und zur Ehrerbietung konkrete Gaben als Opfer dargebracht. Der Vollzug von Riten entspricht einem noch wenig entwickelten Abstraktionsvermögen und ist allgemein die evolutionäre Vorstufe der später aufkommenden Suche nach Erkenntnis der *geistigen* Wirklichkeit. Ethik und Moral kamen vorerst noch zu kurz, und viele Gebete galten weltlichen Bedürfnissen wie Schutz, Wohlstand, Gesundheit und materielle Wünsche. Erst in der zweiten geistig-evolutionären Phase der stärker werdenden Betonung des Monotheismus (Rama- oder Krishnakult etwa) mit immer noch konkretistisch-personifizierender Wirklichkeitsauffassung bildete sich ein dualistisch-moralisches Bewußtsein aus mit den vorwiegenden Werten Tugend, Gehorsam, Pflicht und Mut, wie dies im älteren Teil der Bhagavadgita zum Ausdruck kommt. Die fortschreitende Ausweitung des Bewußtseins führte dann in einer dritten Phase (Upanishaden und Vedanta sowie neuerer Teil des Bhagavadgita) zur dominierenden Erkenntnis eines *in allem und überall* vorhandenen Geistes (Atman-Brahman, »Weltseele«), der die eigentliche Wirklichkeit darstellt. In diesem Moment wurde folgerichtig der personale und alleinige Gott Krishna (oder Vishnu, Brahma etc., je nach Glaubensgruppe) mit dem Brahman oder Geist gleichgesetzt. Heute ist den bewußteren Indern diese geistig-physische Doppelnatur des Göttlichen und die geistig-materielle der Dinge ohne Widerspruch selbstverständlich. Sie streiten sich nur darüber, ob der geistigen oder der manifesten Wirklichkeit der Vorrang zusteht oder ob die letztere eine Täuschung sei. In der letzten Etappe zu einem *multidimensional-dynamischen Bewußtsein* und zu höchster Gotteserfahrung rückten die *Prinzipien der Liebe und der Gnade* ins Blickfeld. Auf dieser Stufe wurde auch erkannt, daß das früher materiell-physisch verstandene Opfer von Dingen und Tieren eine konkretistische Veranschaulichung einer geistigen Opferung oder Hingabe des Ichs an das Göttliche ist (so etwa bei Sathya Sai Baba, der aber die elementaren Menschen weiterhin nach alter Tradition opfern läßt, entsprechend ihren Verständnismöglichkeiten).

9 Ebenso ist im Atharvaveda II,1–4 Agni, im Rigveda X,90 Purusha, in der Bhagavadgita Krishna als Gottperson und zugleich als alles umfassender Gott bezeichnet. Viele Götter weisen außerdem mehrere Inkarnationen mit unterschiedlichen Aspekten auf, wie zum Beispiel Vishnu als Rama und als Krishna.

10 Leider wird in vielen Büchern das Wort »Geist« gleichbedeutend mit

»Verstand« gebraucht und führt dadurch oft zu Verwirrung. Verstand ist beengter Geist.

11 Patanjali lieferte um 200 v. Chr. in den Yoga-Sutras I–II die früheste Systematisierung des Yoga in der Form des Raja-Yoga.

12 Shankara interpretierte und systematisierte um 800 n. Chr. alte Überlieferungen zur »Advaita-Philosophie« des Nondualismus oder Monismus.

13 Andere Forscher stellen hingegen psychische Reaktionen bereits bei Pflanzen fest.

14 »Auch der Buddhismus kann sich nicht auf einen festgelegten Moralkodex oder auf eine Anleitung zum ›Gutes tun‹ beschränken, sondern muß zur Sphäre jenseits von Gut und Böse vordringen, zur Sphäre eines über alle Dualismen erhabenen, auf tiefster Erkenntnis und innerer Schauung basierenden Ethos« (Lama Anagarika Govinda).

15 Jos. Pieper, Hinführung zu Th. v. Aquin, Herder TB, 1967, S. 141, mit Zitat von Aymé Forest (Lizenz Kösel 1958). M. D. Chenu, Introduction à l'étude de St. Th. d'Aquin, Paris–Montreal 1950, S. 158: »Alles, was ich geschrieben habe, erscheint mir wie Stroh, verglichen mit dem, was ich geschaut und was mir offenbart worden ist.« M. D. Chenu, Th. v. Aquin, Rororo rm 45/680, S. 150. O. H. Pesch, Th. v. Aquin, Grunewald Verlag 1988, S. 51. J. Weisheipl, Th. v. Aquin, Styria Verlag 1980, S. 294/295. B. Wulf, Th. v. Aquin, Verlag freies Geistesleben, Stuttgart 1982, S. 89–92.

16 W. Obrist, Neues Bewußtsein und Religiosität, S. 174. Walter-Verlag, Olten.

17 Denkdynamik: Im Sanskrit haben die Substantive Verbcharakter. Sogar das von uns statisch empfundene »Sein« wird wie »das Sich-Ereignen von Sein« verstanden, und auch »Brahman« bedeutet »Aufgehenlassen von Sein aus dem Nichtsein«. Beide, Sein und Brahman, enthalten die Dynamik der Schöpfung und Zerstörung vom Nichtsein zum Sein und umgekehrt. Sie umfassen daher beide Pole, sowohl das Sein als auch das Nichtsein. Im Nichtsein ist somit auch das Sein enthalten und umgekehrt. Das »Nichts« ist der für den Verstand unvorstellbare Pol des Seins und bildet mit diesem eine Einheit, so wie Energie und Materie. Der statisch denkende Abendländer verwendet anstelle des Begriffs »Brahman« gern das Äquivalent »Urgrund«, ein Wort, das seinem statischen Denken entsprechend für ihn etwas Statisch-Seiendes ist. Erst vor kurzem hat hier der Westen auch eine dynamische Bezeichnung gefunden: »Holomovement«. Damit beginnt sich auch im Westen ein dynamisches

Denken abzuzeichnen. Dieses erlaubt uns auch, sich den Denkmustern und Denkstufen der Gesprächspartner anzupassen. Diese können magisch, einseitig mental, konkretistisch-personifizierend, wissenschaftlich, philosophisch, spirituell oder nondualistisch sein.

18 Im hinduistischen »Atman gleich Brahman gleich Selbst« liegt der Schlüssel zum Verständnis, wie die Inder dazu kommen, Menschen als göttliche Inkarnationen oder sogar als Gott zu bezeichnen. Uns fehlt hier der Begriff der Verwirklichung des Selbst, und wir verwechseln dieses mit dem Ich. Nicht das Ich, sondern das Selbst ist Gott. Vermutlich ist das biblische »Ihr seid Götter und Söhne des Höchsten« (Ps 82,6/Joh 10,34) ungefähr im gleichen Sinn einer Identifikation des Bewußtseins mit Gott, dem Höchsten, dem Selbst oder Geist zu verstehen. So konnte auch der Mensch Jesus (bzw. sein Ich) von sich sagen, er sei Gottes Sohn (Atman) und mit Gott eins (Atman = Brahman bzw. Christus = Gott). Interessant ist, daß in der orthodoxen Kirche von der »Vergottung« des Menschen durch die Liturgie die Rede ist. Das geht in die gleiche Richtung wie die indische Verwirklichung. Die Liturgie ist geeignet, der Verwirklichung des Selbst Vorschub zu leisten, indem sie das Gefühl völliger Hingabe (= Ablegen des Ichs) und die Bewußtheit des Einsseins erzeugt. Wahre Hingabe ist nach hinduistischer Auffassung nichts anderes als Einswerdung mit dem Selbst (Geist, Gott, Joh 10,30) oder Unio mystica.

19 Ein dem hinduistischen Atman = Brahman entsprechendes Selbst gibt es in der Gnosis und als Pneuma auch im apokryphen Thomas-Evangelium (Vers 14). Pneuma = Atem = Atman = Atem Gottes = Lebensatem = hebr. Näpäsch = Seele = belebtes Wesen = der eigentliche Mensch, geistig und ganzheitlich inklusive fleischlicher Inkarnation = der Atman mit seiner leiblichen, vergänglichen Manifestation.

20 Das leere Gefäß ist das Symbol unvoreingenommenen Offenseins für den Geist. Ein geschlossenes Gefäß wäre hingegen symbolisch für einen plafonierten, konfessionell abgegrenzten Glaubensinhalt in der Form eines in Worten formulierten Bekenntnisses, was der Haltung geistigen »Habens« im Sinn des vermeintlichen »Besitzes der Wahrheit« entspricht.

21 In der Bibel ist »Gerechtigkeit« ein Beziehungsbegriff. Er meint soviel wie »in Beziehung zu Gott stehen, rechtes Dastehen vor Gott durch Einstimmung in seine Harmonie oder wie ein leeres offenes Gefäß sein«. Gerechtigkeit im moralischen Sinn bedeutet jedoch, daß der *Verstand* sich bemüht, in Berücksichtigung der gesetzlich-

moralischen Bestimmungen Gerechtigkeit walten zu lassen, wie es auch der Richter bei seiner Gesetzauslegung tut. Es geht in der Bibel jedoch nicht um das Gerecht-sein-Wollen, sondern um Hingabe. Analog gibt es übrigens im Hinduismus den Begriff der »Reinheit«. Er ist ebenfalls als Beziehungsbegriff und – auf hoher Verständnisebene – nicht im moralischen Sinn zu verstehen. »Rein« ist das Bewußtsein dann, wenn es ganz auf das Göttliche, den Kosmos, Krishna, Brahman oder auf das Selbst ausgerichtet ist.

22 Im Hinduismus gibt es noch ein höheres Glück jenseits der Harmonie, wo es keine Eigenschaften mehr gibt.

23 Der archaische Mensch war noch nicht in der Lage, Innen- und Außenwelt zu unterscheiden. Seine inneren Impulse und Träume waren für ihn daher gleich wirklich wie das Geschehen in der Außenwelt.

24 Für die schweizerische Volkszählung 1990 hätte die Beantwortung der bisher obligatorischen Frage der Konfession fakultativ werden sollen. Aber der entschiedene Widerstand der Kirchen hat es verhindert.

25 Das biblische Einssein reicht von einig bis zu identisch, so wie auch der Begriff der Seele vom ganzen Menschen inklusive Körper bis zum unabgrenzbaren Geist reicht. Im Sinn von einig wird es zum Beispiel in Amos 3,3, Mat 18,19 oder Mat 20,2 gebraucht. Im Sinn von identischem Einssein des Geistes oder auf der geistigen Ebene in Joh 10,30, 17,11 und 21.

26 Wenn der Mensch seine Aufmerksamkeit hingegen mit offenen Augen in das Geschehen der Alltagswelt richtet und dabei seine Gedanken abschaltet, dann verhält er sich wie ein Tier. Dann wird das menschliche Verhalten nur noch durch Triebe, Instinkte, Prägungen und Verdrängungen bestimmt. In akuten Notsituationen schaltet das unbewußte Nervensystem die Gedanken des menschlichen Großhirns automatisch ab, weil die automatisierten tierischen Reflexe rascher als das Überlegen reagieren und so zur Rettung tauglicher sind. Bei Menschen mit psychischen Problemen können ebenso in der Meditation die angestauten Verdrängungen oder Komplexe, die im Alltag vom Denken zurückgehalten werden, in der gedankenleeren Stille plötzlich aufsteigen und den Meditierenden überwältigen. Um diese Gefahr zu vermeiden, soll anfänglich nur geführte Meditation betrieben werden.

27 Wege der Weisheit, der Hingabe, der Selbstbeherrschung und der selbstlosen Betätigung.

28 Um einen Einblick in das biblische Verständnis des Geistes zu

bekommen, können folgende Bibelstellen zusammengefaßt werden: 1. Mos 1–2 (der Geist schwebte bei der Schöpfung über dem Wasser). Hiob 33,4 (der Geist Gottes hat mich gemacht). Apg 2,17–18 und 10,45 (Ausgießen des Geistes). 2. Kor 3,17 (der Herr ist der Geist), Joh 4,24 (Gott ist Geist). 1. Kor 12,4–8 (mancherlei Gaben, aber es ist *ein* Geist, der alles bewirkt), auch Verse 11–13. 1. Joh 5,6 (der Geist ist die Wahrheit), Mat 3,16 (der Geist als Taube). Jak 4,5 und Röm 8,9–11 (der Geist wohnt in euch). Luk 23,46 (in deine Hände befehle ich meinen Geist. Geistseele). Man vergleiche auch Joh 1,1: Das Wort (= apersonal) *war Gott*. Das »Wort« (Logos) als apersonaler göttlicher Aspekt. Ferner: Apg 2,4–11 und 10,45: »Zungenreden« bedeutet, daß der Geist alle Sprach- und Völkergrenzen überschreitet. In 1. Kor 15,28 ist Gott alles in allem, wobei wohl nur der apersonale göttliche Geist als Ganzheit gemeint sein kann (Pan[en]theismus). In der Bibel ist das Göttliche sowohl personal als auch geistig aufgefaßt, und der Geist ist Schöpfer, transzendent und immanent, und er inkarniert sich als Logos im Fleisch. Es ergibt sich das Bild eines allmächtigen Gott-Geistes, der alles vermag und bewirkt – auch Sintflut, Gomorra, »Hölle« und Tod (dem der »Stachel« genommen wird) – und der auch das Böse zuläßt. Mose hat er sich mit folgenden Worten vorgestellt: »Ich bin das Sein«, was meistens mit den Worten »Ich bin der Ich-bin« oder »Ich bin da« übersetzt wird. Gemeint ist, daß Gott als allgegenwärtiger Gott da ist, als geistiger Urgrund oder Ursprung von allem, was ist und was sich in der Schöpfung bzw. Evolution entfaltet hat.

29 Diese göttliche Vollständigkeit oder Vollkommenheit ist vergleichbar mit einem völlig gesunden Menschen, in dem gleichwohl viele Krankheitserreger und Stoffwechselgifte vorhanden sind. Aber seine Gesundheit ist in einem harmonischen Zustand. Besser kann es gar nicht sein, denn ein steriler Zustand wäre für den Menschen lebensgefährlich, weil er mit den Erregern nicht vertraut wäre.

30 Das Wesen der Prädestination wird oft darum nicht verstanden, weil es ein raumzeitlich-spiritueller Begriff ist und eine entsprechende Denkweise erfordert, in der Vergangenheit, Gegenwart und Zukunft eins sind. Prädestination und freier Wille schließen sich nur dann aus, wenn einseitig mental, also im Trennungsbewußtsein, darüber nachgedacht wird.

31 Man vergleiche 2. Kor 11,15: … deren Ende wird sein nach ihren Werken = Karma.

32 Geist im Sinn von verstandesmäßigen Gedanken.

33 Auch die Hindus sind der Meinung, daß Gott *alles* bewirke. Denn

aus spiritueller Sicht ist er der allein Handelnde, die einzige Kraftquelle, und durch Hingabe an ihn, was Einswerdung mit ihm bedeutet, wird Erlösung erlangt.

34 Krishna wurde später mit Brahman (Allgeist, Intuition) gleichgesetzt.

35 Lao-tse versteht hier »Natur« im Sinn von »kosmischer Ordnung«.

36 Hier ist Selbsterkenntnis im östlichen Sinn der Erkenntnis des Selbst gemeint. Im Westen versteht man unter Selbsterkenntnis das Erkennen des Ichs und von Teilen des Unbewußten.

Fremdwörterverzeichnis

Apodiktisch: Keinen Widerstand duldend, verurteilend.

Apperzeption: Wahrnehmungen werden mit früheren Erfahrungen verglichen und zu einer bestimmten, erfahrungsgemäßen Auffassung gebracht. Man »sieht« zum Beispiel, daß ein Hut weich ist. Oder man »weiß«, daß Zeus den Blitz gesandt hat.

Archaisches Denken: Altertümliches Denken. Früharchaisch: Hinter den Dingen wurde eine versteckte zweite Wirklichkeit vermutet (z. B. Dämonen). Spätarchaisch: Die Welt wurde dreischichtig gedacht mit Himmel, Erde und Unterwelt. Die Steuerung erfolgte aus dem Himmel (oder von Götterbergen aus).

Archetyp: Grundprinzipien hinter den Urbildern und Urvorstellungen, die seit Urzeiten genetisch überkommen und allen Menschen gemeinsam sind. Sie sind Inhalte des kollektiven Unbewußten (Jung).

Avatar: Inkarnation Gottes in Indien.

Boddhisattva: Seelenführer, zukünftiger Buddha. Er braucht keine weitere Inkarnation mehr (oder nur noch eine), um ein perfekter Buddha zu werden.

Code: Zeichensystem für Kommunikation und Informationsverbreitung, auch für die Registrierung der Erbanlagen in den Genen.

Darshan: Wortlose Kommunikation. Im Fall des Darshans mit Heiligen gilt der bloße Anblick des Heiligen als Segnung.

Dualismus: Gegensätzlichkeit, Polarität zweier Faktoren. Auch im Sinn von Dualität = Zweiheit verwendet.

Elektroenzephalogramm: Messung und Aufzeichnung der Hirnströme.

Enantiodromisch: Ins Gegenteil umschlagend (griechisch: der Lauf ins Gegenteil).

Entoptisch: Inneroptisch, im optischen Apparat drin entstehend (und nicht in der Außenwelt).

Genom: Gesamtheit der Gene oder Erbfaktoren.

Gestaltpsychologie: Psychophysische Arbeitshypothese (W. Köhler, Gestalttheorie 1925). Entsprechung zwischen psychischen und ihnen zugeordneten physiologischen Vorgängen, physischen Erscheinungen und der Ganzheit.

Hologramm: Umfassender, verschlüsselter Informationscode. Laserstrahlen sind Bündel von Lichtstrahlen mit gleicher Frequenz. Werden sie auf ein Objekt gerichtet und von diesem auf eine Platte reflektiert, die von einem zweiten, direkten, interferierenden Laserstrahl getroffen wird, dann wird in der Platte das Objekt in Strichen und Punkten codiert gespeichert und von einem andern Strahl wieder als dreidimensionales, »naturgetreues« Abbild in den Raum projiziert. Wird die Platte zerstückelt, dann kann mit jedem einzelnen Stück das *ganze* Bild erneut projiziert werden.

Holomovement: Das Universum als zusammenhängendes System von Prozeßabläufen.

Immanent: Innewohnend, drin befindlich.

Intuition: Der einfallende Geist. Inspiration und Imagination u. a. Einwirkungen.

Karma: Das bewußt gewollte Handeln und die Folgen davon im Schicksal.

Kartesianer: Anhänger des Philosophen René Descartes (1596–1650): »Ich denke, also bin ich.«

Kausalität: Die Ursächlichkeit.

Koanpraktik: Übung im Lösen von für den Verstand unlösbaren Rätseln mittels Intuition. Ziel ist das Leben aus oder durch Zen, innerlich geführt, und Erleuchtung.

Konditionierung: Durch Beeinflussung erzeugter Zustand, Programmierung der Psyche.

Konstitution: Angeborene körperliche oder psychische Verfassung.

Korrelat: Entsprechung.

Maya: Die trügerische Alltagswelt des Dualismus und der Vorstellungen. Das materiell-physische Dasein.

Monade: In sich geschlossene Einheit, Einzelbestandteil.

Mythos: Von den Völkern erzählte Geschichten über Götter, Universum, Welt, Natur, Paradies, Sündenfall, Untergang und Erneuerung und deren Deutung.

Mythologem: Muster eines bestimmten Mythostyps.
Noogenese: Entstehen des Geistes.
Ontogenese: Entwicklung des einzelnen Lebewesens von der Eizelle bis zum erwachsenen Zustand.
Paradigma: Muster, Denkmuster.
Phylogenese: Stammesentwicklung.
Positivismus: Enge Wissenschaftsauffassung im 19. Jahrhundert nach Auguste Comte, nach der nur das als wissenschaftlich gilt, was im Labortest wiederholt nachweisbar ist.
Potentialität: Die Allmacht, alle Möglichkeiten Wirklichkeit werden zu lassen oder auch latent zu belassen, die Wirkungsfähigkeit.
Raja/Rajoguna: Energie, Dynamik als eine der drei Grundeigenschaften der Wirklichkeit.
Raumzeit: Das »Jenseits«, die rein geistige Welt oder die Ebene der Vier- und Mehrdimensionalität, wo die Zeit als vierte Dimension mit dem dreidimensionalen (»diesseitigen«) Raum verschmolzen ist. Dann sind Vergangenheit, Gegenwart und Zukunft eins. Es gibt nur den umfassenden Augenblick und immer wieder nur diesen einen Augenblick (nicht im additiven Sinn).
Sathwa/Sathwoguna: Die Grundeigenschaften der Harmonie und Ausgewogenheit.
Satori: Erleuchtung im Zen-Buddhismus. Mehrstufig.
Subatomarphysik: Physik der kleinsten Teilchen des Atoms.
Thamas/Thamoguna: Die Grundeigenschaft der Trägheit, Materie, Schwere, Unbestimmtheit.
Transzendenz: Übergang auf eine andere Realitätsebene. Christlich: Übergang ins Jenseits.
Vedanta: Von den Veden und Upanishaden ausgehende indische Philosophien von Shankara (Advaita-), Ramanuja (Vishistadvaita-) und Madhva (Dvaita-Vedanta).
Veden: Das älteste heilige Wissen der Inder.
Vegetativum: Das unwillkürliche Nervensystem, das z. B. Kreislauf und Atmung reguliert.

Literaturverzeichnis

Auswahl einiger weiterführender Bücher, die auch dem nicht fachkundigen Leser empfohlen werden können.

Aurobindo, Sri	Alles Leben ist Yoga	O. W. Barth Verlag 75
	Der integrale Yoga	Rororo 680 24
Blakeslee, Th. R.	Das rechte Gehirn	Aurum Verlag, Freiburg
Bruker, M. O.	Unsere Nahrung, unser Schicksal	E.M.U. Verlag 86
Capra, F.	Wendezeit	Scherz Verlag 83
	Das Tao der Physik	O. W. Barth 84
Cornelsen, L.	Ramana Maharshi und die Suche nach dem Selbst	Ansata Verlag 85
Govinda, A.	Schöpferische Meditation und multidimensionales Bewußtsein	Aurum Verlag 82, 2. Aufl.
Grof, St.	Geburt, Tod und Transzendenz	Kösel, München 85
Haag, H.	Vor dem Bösen ratlos?	Piper, München 78
Hariharananda, Swami	Kriya-Yoga	H. Hugendubel 86
Hislop, J.	Mein Baba und ich	*
Jung, C. G. u. a.	Der Mensch und seine Symbole	Walter, Olten 68
Kakuska, R.	Andere Wirklichkeiten (New Age)	Goldmann 1401, 1986
Küng, H. u. a.	Christentum und Weltreligionen	Piper 84
Küng, H.	Theologie im Aufbruch	Piper 87
Lao-tse	Tao Te King	Ullstein 20067
Obrist, W.	Die Mutation des Bewußtseins	Peter Lang, Bern 80
Patanjali	Die Wurzeln des Yoga	O. W. Barth 82, 4. Aufl.
Ring, K.	Den Tod erfahren – das Leben gewinnen	Scherz 84
Sai Baba, Sathya	Githa Vahini	Verlag Sathya Sai Baba Vereinigung e. V. Bonn*

Sandweiss, S. H.	Sai Baba. Der Heilige und der Psychotherapeut	Verlag Sathya Sai Baba Vereinigung e. V. Bonn*
Suzuki, D. T.	Leben aus Zen	Suhrkamp 846
	Zen-Buddhismus und Psychoanalyse	Suhrkamp 37
Tepperwein, K.	Die hohe Schule der Hypnose	Goldmann-Ratgeber 1062
Vivekananda, N.	Jñana-Yoga I & II	H. Bauer, Freiburg 73/83
Waelti, E. R.	Der dritte Kreis des Wissens	Ansata, Interlaken 83
Walsh, R. N., Vaughan, F.	Psychologie in der Wende	Scherz 80
Wilber, K. u. a.	Das holographische Weltbild	Scherz 86
Yutang, L.	Die Weisheit des Laotse	Fischer Taschenbuch

* Auf direkte Bestellung erhältlich im Sathya Sai Baba Buchzentrum, Grenzstr. 33, D-63128 Dietzenbach